国家出版基金项目
NATIONAL PUBLICATION FOUNDATION

重庆市出版专项资金资助项目
重庆市"十三五"重点出版物出版规划项目

山地城市交通创新实践丛书

山地城市跨江大桥设计
创新和关键技术

任国雷　刘安双 ◇ 编著

重庆大学出版社

内容提要

本书针对山地城市的桥梁建设特点，从山地城市跨江桥梁设计理念的创新、施工技术的研发以及工程案例出发，形成了概述、跨江大桥创新综述、特色施工关键技术、结构组合突破极限、依山借势隧道锚碇、人文主题设计思路、多层空间建设理念、山地城市人车协调、中国桥都标志工程9个方面的内容。

图书在版编目（CIP）数据

山地城市跨江大桥设计创新和关键技术 / 任国雷，刘安双编著. -- 重庆：重庆大学出版社，2019.10
（山地城市交通创新实践丛书）
ISBN 978-7-5689-0823-8

Ⅰ.①山… Ⅱ.①任… ②刘… Ⅲ.①山区城市—桥梁设计 Ⅳ.①U442.5

中国版本图书馆CIP数据核字（2017）第241079号

山地城市交通创新实践丛书
山地城市跨江大桥设计创新和关键技术
Shandi Chengshi Kuajiang Daqiao Sheji Chuangxin he Guanjian Jishu

任国雷　刘安双　编著
策划编辑：雷少波　张慧梓　林青山

责任编辑：肖乾泉　　版式设计：黄俊棚
责任校对：邬小梅　　责任印制：张　策

*
重庆大学出版社出版发行
出版人：饶帮华
社址：重庆市沙坪坝区大学城西路21号
邮编：401331
电话：（023）88617190　88617185（中小学）
传真：（023）88617186　88617166
网址：http://www.cqup.com.cn
邮箱：fxk@cqup.com.cn（营销中心）
全国新华书店经销
重庆新金雅迪艺术印刷有限公司印刷

*
开本：787mm×1092mm　1/16　印张：14.25　字数：324千
2019年10月第1版　2019年10月第1次印刷
ISBN 978-7-5689-0823-8　定价：128.00元

序 一

FOREWORD

多年在旧金山和重庆的工作与生活，使我与山地城市结下了特别的缘分。这些美丽的山地城市，有着自身的迷人特色：依山而建的建筑，起起落落，错落有致；滨山起居的人群，爬坡上坎，聚聚散散；形形色色的交通，各有特点，别具一格。这些元素汇聚在一起，给山地城市带来了与平原城市不同的韵味。

但是作为一名工程师，在山地城市的工程建设中我又深感不易。特殊的地形地貌，使山地城市的生态系统特别敏感和脆弱，所有建设必须慎之又慎；另外，有限的土地资源受到许多制约，对土地和地形利用需要进行仔细的研究；还有一个挑战就是经济性，山地城市的工程技术措施同比平原城市更多，投资也会更大。在山地城市的各类工程中，交通基础设施的建设受到自然坡度、河道水文、地质条件等边界控制，其复杂性尤为突出。

我和我的团队一直对山地城市交通给予关注并持续实践；特别在以山城重庆为典型代表的中国中西部，我们一直关注如何在山地城市中打造最适合当地条件的交通基础设施。多年的实践经验提示我们，在山地城市交通系统设计中需要重视一些基础工作：一是综合性设计（或者叫总体设计）。多专业的综合协同、更高的格局、更开阔的视角和对未来发展的考虑，才能创作出经得起时间考验的作品。二是创新精神。制约条件越多，就越需要创新。不局限于工程技术，在文化、生态、美学、经济等方面都可以进行创新。三是要多学习，多总结。每个山地城市都有自身的显著特色，相互的交流沟通，不同的思考方式，已有的经验教训，可以使我们更好地建设山地城市。

基于这些考虑，我们对过去的工作进行了总结和提炼。其中的一个阶段性成果是2007年提出的重庆市《城市道路交通规划及路线设计规范》，这是一个法令性质的地方标准；本次出版的这套"山地城市交通创新实践丛书"，核心是我们对工程实践经验的总结。

丛书包括了总体设计、交通规划、快速路、跨江大桥和立交系统等多个方面，介绍了近二十年来我们设计或咨询的大部分重点工程项目，希望能够给各位建设者提供借鉴和参考。

工程是充满成就和遗憾的艺术。在总结的过程中，我们自身也在再反思和再总结，以做到持续提升。相信通过交流和学习，未来的山地城市将会拥有更多高品质和高质量的精品工程。

美国国家工程院院士
中国工程院外籍院士　邓文中
林同棪国际工程咨询（中国）有限公司董事长

2019 年 10 月

序 二
FOREWORD

山地城市由于地理环境的不同,形成了与平原城市迥然不同的城市形态,许多山地城市以其特殊的自然景观、历史底蕴、民俗文化和建筑风格而呈现出独特的魅力。然而,山地城市由于地形、地质复杂或者江河、沟壑的分割,严重制约了城市的发展,与平原城市相比,山地城市的基础设施建设面临着特殊的挑战。在山地城市基础设施建设中,如何保留城市原有的山地风貌,提升和完善城市功能,处理好人口与土地资源的矛盾,克服新旧基础设施改造与扩建的特殊困难,避免地质灾害,减小山地环境的压力,保护生态、彰显特色、保障安全和永续发展,都是必须高度重视的重要问题。

林同棪国际工程咨询(中国)有限公司扎根于巴蜀大地,其优秀的工程师群体大都生活、工作在著名的山地城市重庆,身临其境,对山地城市的发展有独到的感悟。毫无疑问,他们不仅是山地城市建设理论研究的先行者,也是山地城市规划设计实践的探索者。他们结合自己的工程实践,针对重点关键技术问题,对上述问题与挑战进行了深入的研究和思考,攻克了一系列技术难关,在山地城市可持续综合交通规划、山地城市快速路系统规划、山地城市交通设计、山地城市跨江大桥设计、山地城市立交群设计等方面取得了系统的理论与实践成果,并将成果应用于西南地区乃至全国山地城市建设与发展中,极大地丰富了山地城市规划与建设的理论,有力地推动了我国山地城市规划设计的发展,为世界山地城市建设的研究提供了成功的中国范例。

近年来,随着山地城市的快速发展,催生了山地城市交通规划与建设理论,"山地城市交通创新实践丛书"正是山地城市交通基础设施建设理论、技术和工程应用方面的总结。本丛书较为全面地反映了工程师们在工程设计中的先进理念、创新技术和典型案例;既总结成功的经验,也指出存在的问题和教训,其中大多数问题和教训是工程建成后工程师们的进一步思考,从而引导工程师们在反思中前行;既介绍创新理念与设计思考,也提供工程实例,将设计理论与工程实践紧密结合，既有学术性又有实用性。总之，丛书内容丰富、特色鲜明，表述深入浅出、通俗易懂，可为从事山地城市交通基础设施建设的设计、施工和管理的人员提供借鉴和参考。

中国工程院院士
重庆大学教授　周绪红

2019 年 10 月

前　言
PREFACE

江河是人类生存的依赖，也是文明的发源地。傍水而建的山地城镇不断地发展壮大，逐渐形成了城市。我国的山地城市（镇）分布极为广泛，我国的西部地区、中部地区、东南沿海丘陵地区以及沿海岛屿中的城镇，很多都属于山地型城市（镇）。据统计，全国超过一半的县城都属于山地型城市（镇）。

随着人们生活水平的提高、城市规模的扩大及其功能的不断完善，新建、改建和扩建跨江通道已成为城市跨江发展重要的交通节点。这就要求只有合理地规划布局跨江通道，发挥其便捷、迅速、高效、畅通的交通优势，形成多种运输方式有机组合的综合跨江通道体系，才能满足城市日益增长的跨江需求。

特别是跨江大桥作为山地城市交通连接的动脉，既相对便宜又可进行景观打造，已经成为现代化山地城市赖以生存和发展的重要载体，它在山地城市现代化进程中发挥着越来越重要的作用。然而，山地城市建设跨江大桥也很不容易，应从山地形态、江河特征以及城市规划出发，将"山、水、城、桥"完美组合。山地城市跨江桥梁建设具有以下特点："V"形或"U"形河谷形成不对称地形、地貌；弯道处多，使航道形成主航道偏离河床中心；山地城市地形高差大，大桥跨江时形成了大量的高墩桥结构；跨江桥梁一般多为主干线网连接，由于两岸地形高差变化，形成多层次的路网空间；都市核心区域有星罗棋布的高楼，也有纷繁复杂、参差错落的路网以及纵横交错、盘根错节的地下管网；在城市长期发展过程中的历史文化积淀——老街区，古建筑较多；作为山地居住区户外空间的有机组成部分的步道慢行系统。通过对各种建设因素进行分析、研究，同时借鉴已经修成的市民普遍认可的桥梁，可为山地城市跨江大桥设计创新和关键技术提供一套思路。

本书通过在泸州、重庆等山地城市跨江大桥的新建、改建和扩建过程中，设计理念的创新、施工技术的研发，形成了长联大跨一体化、特色桥型、多层次空间、隧道锚固设计等一批具有山地城市跨江大桥的设计创新技术和山区桥梁建设时渡洪、城市桥梁超宽结构施工、重大结构运输吊装以及单元件拼装的施工关键技术。

将上述实例汇集总结，希望能使大家面对山地城市跨江大桥设计挑战时，获得一点启示，为以后改建、扩建或新建的桥梁找到更新的创新理念和更多的关键技术，为山地城市跨江桥梁建设发展作出贡献。同时，希望对从事城市桥梁建设的同行有所助益。由于作者水平有限，书中难免存在一些错误，恳请各位同行、专家及读者斧正。

感谢编写组成员马振栋、邓宇、卢光明、冉崟、刘亢、漆勇、杨寿忠、陈家勇、乔云强、赵亮、赖亚平、黄东、李岳等为本书付出的辛勤劳动!

在本书的编写过程中，得到了招商局重庆交通科研设计院有限公司、重庆交通大学、重庆建工集团股份有限公司和中铁大桥局集团第八工程有限公司的大力协助，在此一并表示感谢!

最后，向参与本书编写和技术审核的林同棪国际工程咨询（中国）有限公司的专家、同事表示感谢! 感谢重庆大学出版社。感谢你们的鼓励、信任和支持。

任国雷　刘安双
2019 年 3 月于重庆

目 录
CONTENTS

第 1 章 概 述 / 1

1.1 山地 / 2
1.2 山区河流 / 3
1.3 城市建设 / 7

第 2 章 跨江大桥创新综述 / 18

2.1 跨江大桥创新 / 18
2.2 融合创新索辅梁桥 / 21
2.3 长联大跨一体化设计 / 25
2.4 特色桥型设计 / 28
2.5 山地特色多层次空间设计 / 43

第 3 章 特色施工关键技术 / 45

3.1 渡洪施工技术 / 45
3.2 超宽桥梁挂篮施工技术 / 41
3.3 超大结构的运输、吊装技术 / 57
3.4 钢主梁的拼装、架设技术 / 71

第 4 章 结构组合突破极限 / 87

4.1 重庆石板坡长江大桥复线桥——神奇
第一跨，双姝跃长江 / 87

4.2 重庆菜园坝长江大桥——瘦身只为山城美，多层次组合效率高 / 102

第5章 依山借势隧道锚碇 / 110

5.1 概述 /110
5.2 创新理念 /116
5.3 桥梁设计 /116
5.4 桥梁施工方案 /127

第6章 人文主题设计思路 / 130

6.1 合川涪江一桥——古典传承，风格依然 / 130
6.2 泸州沱江一桥——古今交融，凤凰涅槃 / 137
6.3 重庆红岩村嘉陵江大桥——留住城市历史，传承红岩精神 / 142

第7章 多层空间建设理念 / 147

7.1 多层桥梁空间设计 / 147
7.2 多层次桥头接线设计 / 149
7.3 三层桥构思——重庆郭家沱长江大桥 / 150
7.4 泸州长江二桥——双层交通分快慢，城市组团添纽带 / 156
7.5 涪陵乌江二桥螺旋匝道设计 / 160

第8章 山地城市人车协调 / 168

8.1 重庆嘉悦嘉陵江大桥——纤纤玉手迎宾客，观光长廊览风景 / 168
8.2 山地城市桥梁过江步道思考 / 175

第9章 中国桥都标志工程 / 183

9.1 重庆两江大桥——独具匠心双子桥，两位一体新标志 / 184
9.2 重庆朝天门长江大桥——雄伟壮观第一拱，矗立门户望雾都 / 199

参考文献 /213

第1章 概 述

　　山地城市自从形成之时就与河流密不可分，山地城市多伴有大的江河。四川泸州从沱江和长江的交汇处逐渐拓展，重庆朝天门则是长江和嘉陵江的汇合口，合川则有渠江、嘉陵江和涪江三江汇合。同时，由于山地、江河、河谷等自然地形的影响，城市不可能集中连片地建设，而是结合地形条件选择相对平坦完整的用地。然而，这些城市中的大江大河将城市分割成两岸三地或更多区域以及多维度的城市立体空间。大江大河的阻隔严重制约了城市的发展，跨江成为这类城市发展的必然规律。

　　随着我国国民经济和人民生活水平的快速提高，一些大型城市的交通拥堵问题逐渐凸显。城市的交通功能需要提升、完善，尤其是在人口密集的大型城市，原有的跨江桥梁需要改建、扩建，城市发展新区需要新建过江通道。改建、扩建和新建的跨江大桥成为城市"内联"的有机结构，托起城市发展的未来，成了城市发展的脊梁，更好地改善了人们的生活水平。

　　然而山地建桥不易，山地城市建跨江大桥更不易，其建设受到山地城市地形、地貌、航道等的影响，在选址定点、结构设计、与现有路网的衔接、景观设计、施工技术、管理方式等方面与平原地区的城市桥梁建设有很大的不同。因此，如何在满足桥梁设计"安全、适用、经济和美观"四个基本要素的同时，使得山地城市跨江大桥的安全价值、适用价值、经济价值和美观价值的总和得以提升则需创新。

　　结合山地城市的建桥特点，总结分析泸州、重庆等地跨江桥梁设计、施工的关键技术，使桥梁结构形式融入自然景观和人文景观，使桥梁这个百年工程更具山地城市特性，或成为一座城市的符号。通过在跨江大桥的设计、施工过程中设计理念的创新、施工技术的研发，形成了长联大跨一体化、特色桥型、多层次空间、隧道锚碇设计等一批具有山地城市跨江大桥的创新技术，总结形成了山地跨江桥梁基础施工、城市桥梁超宽结构施工、重大结构运输吊装以及桥梁拼装的架桥关键技术。然而，以后还有更多的山地城市跨江桥梁的建设，这种创新还需继续……

1.1 山 地

1.1.1 地表形态

山地是地貌类型的一种，是具有一定海拔高度和坡度的地貌类型。山地有广义和狭义之分。狭义的山地包括低山、中山、高山、极高山；广义的山地包括山地、丘陵和高原。黄光宇在《山地城市学原理》一书中给出"山地"一个广义的概念，它泛指具有较高的海拔高度与地形起伏的地貌，包括自然地理学上的山地、丘陵和崎岖不平的高原等。按广义的概念，我国山地面积约为 650 万 km^2。其中，山地面积（包括极高山、高山、中山、低山）占 33 %，丘陵面积（包括高丘、低丘）占 10%，高原面积占 26%。

1.1.2 山地分布

我国山地面积分布甚广，全国大部分省区都有很大面积的山地分布。就全国而言，有所谓"七山一水二分田"的通俗说法，其中贵州、云南、四川、重庆、福建、广西、陕西、湖南等省区市山地面积都超过了区域总面积的 80%。重庆市有"三分丘陵七分山，真正平地三厘三"，贵州省则有"九山一分田和水"和"地无三尺平"等说法，体现了我国山地面积的基本情况。就是地处长江三角洲和珠江三角洲平原的沿海地区及岛屿，也有很大比例的丘陵山地分布。例如，浙江省就有"七山一水二分田"，广东省也有"六山二水二分田"的说法，只有上海市无山地分布，江苏省、天津市山地面积也很少，只占 4.9%。而地处华北平原地区的北京市山地面积也占了总面积的 65.4%。

1.1.3 山地城市

山地城市泛指城市选址和建设在山地地域上的城市。山地城市具有两个方面的自然特征：一是城市修建在坡度大于 50° 的坡地上，其居住、交通、绿化等各项功能都在山体上实现；二是城市虽然修建在平坦的用地上，但周边山体对城市的布局、结构及城市发展影响重大。

山地城市不仅要考虑"坡度"的基本特征与影响，还应考虑作为山地城市的其他重要特征，如垂直梯度的变化、城市周围的地貌、环境的不同等，这些都会对山地城市的规划与建设带来重要影响。因此，可从以下两个方面定义山地城市的自然特征：

①无论其所处的海拔高度如何，城市修建在坡度大于 50° 的起伏不平的坡地上而区别于平原城市，如重庆、兰州、攀枝花、香港、青岛、延安、遵义等。

②城市虽然修建在平坦的用地上，但由于其周围复杂的地形和自然环境条件对城市的布局结构、发展方向和生态环境产生重大影响，如贵阳、昆明、桂林、杭州、烟台等。

我国的山地城市（镇）分布极为广泛，我国的西部地区、中部地区、东南沿海丘陵地区以及沿海岛屿中的城镇，很多都属于山地型城市（镇）。

1.2　山区河流

1.2.1　水　文

1）水位和流量特征

山区河流的水流来源，洪水期主要是降雨，而枯水期主要是地下水补充。暴雨季节，水位较高，流量较大；少雨季节，水位和流量比较平稳，流量较小，出现比较稳定的枯水期。山区河流汇流地面坡度大，河床狭窄，暴雨很快汇入干流，引起水位暴涨，流量猛增；山区河流纵坡陡峻，水流湍急，能很快宣泄洪水，使水位急剧下降，因而山区河流有明显的暴涨暴落现象，山区河流的水位变幅和流量变幅都很大。2011年 4 月—2017 年 3 月长江寸滩站水位、流量变化如图 1.1 所示，可以看出每年在 7—9 月流量比较大，处于洪水期间，除此之外，此期间还有一个特点就是水位落差、洪水流量变化非常大，如图 1.2 所示。从图 1.3 可以看出，2012 年 7 月 16 日—2012 年 8 月 13 日水位变化达 20 多米，然而 7 月 22 日到 7 月 24 日，两天水位差达到 12 m。

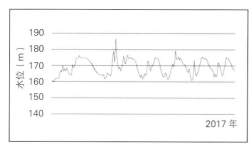

（a）水位变化图　　　　　　　　（b）流量变化图

图 1.1　2011 年 4 月—2017 年 3 月长江寸滩站水位、流量变化图

图片来源：根据交通运输部长江航务管理局数据整理而得。

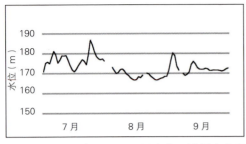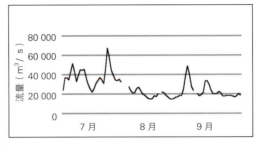

图 1.2　2012 年 7 月—9 月水位、流量变化图

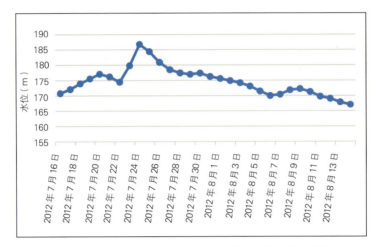

图 1.3　2012 年 7 月 16 日—2012 年 8 月 13 日水位变化图

2）比降特征

山区河流纵坡很陡，因而比降也陡，由于山区河流滩槽相间，所以比降沿程分布很不均匀。在枯水期，深槽水面平稳，比降较小，而滩段水面陡峻，比降很大。山区河流由于有较多的河湾、石梁、石盘、突嘴等，因而也常存在横坡比降，而且数值较大。图 1.4 所示为重庆红岩村嘉陵江大桥附近的礁芭石。

图 1.4　重庆红岩村嘉陵江大桥附近的礁芭石

3）流速特征

山区河流流速普遍较急，滩上流速往往达 3～5 m/s，由于滩槽相间出现，流速沿程变化很大，有明显的不连续性。在枯水期，滩上流速很大，水流湍急，而深槽水流平稳，流速较小；在洪水期，滩上流速减缓，而深槽流速增大，沿程流速趋于均匀。

1.2.2　地形特征

1）河谷地形特征

峡谷河段和宽谷河段是山区河流的基本河型，峡谷河段谷深狭窄，谷底被水流切削较深，谷坡陡峻，甚至两岸高山、峭壁挟持，基岩裸露，谷槽水深，洪、中水位河宽没有多大差异；宽谷河段谷深比较开阔，谷底被水流切削较浅，河床比较宽浅，两岸常有台地，河中常有边滩、江心洲，洪、中、枯水位有明显差异，而且山区河流由于沿途地形、地质构造以及岩性的差异，峡谷河段和宽谷河段相间出现。

2）河床的纵断面特征

山区河流纵断面形态，是呈上陡下缓、突高突低、起伏不平、逐渐向下游倾斜的台阶状。纵向河底起伏不平，致使山区河流浅水河段及深水河段相间，沿程水流极不均匀，深水处水深达几米甚至几十米，而浅水处水深往往不足 1 m。

3）河床平面形态特征

山区河流岸线不规则，两岸经常有石嘴、石梁和乱石堆伸入江中，致使河岸线极不规则，特别是枯水河岸线，河道狭窄，河面时宽时窄，卡口、窄槽、急弯较多。

4）石质河床

山区河流河床主要由基岩和粗粒径的卵石组成。石质河床没有明显的冲淤现象，引起石质河床形态改变，主要是受水流长期的下切和侧蚀，但因石质河床抗冲性能很强，水流下切和侧蚀速度异常缓慢，故石质河床十分稳定。但滑坡、山崩以及溪沟爆发山洪等外部原因，引起局部河段变形却很激烈、频繁。图 1.5 所示为重庆红岩村嘉陵江大桥河床地质纵断面图，右侧为滑坡地带，在修建桥梁时经过专项处理。

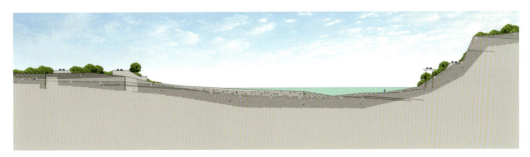

图 1.5　重庆红岩村嘉陵江大桥河床地质纵断面图

5）卵石河床

山区河流也存在一定的由卵石和砂砾组成的较厚覆盖层的卵石河床。卵石经过水流长距离搬运摩擦，表面光滑，没有棱角；卵石河床有明显的冲淤变化现象，但由于卵石粒径大，质量大，卵石河床也相对稳定。

1.2.3　航　道

山区河流不但通航里程长，而且广泛分布于我国西南、华南等地，如川江、金沙江、岷江、大渡河、嘉陵江、涪江、乌江、澜沧江、西江上游等。

1）航道条件随水位变幅而发生改变

山区河流因河道多变，洪、枯水间流量的变化导致河道水位的巨大变幅，从而引起航道条件的变化。在弯曲河道中，枯水扫弯、洪水取直的水流特性表现尤为明显，即随着水位变化，河道主流位置及流速将发生变化，从而使船舶适航区域发生变化，船舶须根据水位及水流条件的变化调整航向及航线，以保证安全快捷航行。此外，水位变化对航道尺度的影响最为直接，中、洪水期尺度充足的航道会在枯水期因水深不足而不能行船。水位变化还将导致沿江的航标也需要根据水位变化进行跟踪调整，以引导船舶沿正确的航道行驶。

2）急流险滩影响航行安全

山区河流急流险滩一般位于河流弯道下口和狭窄河谷地段。滩口处凸岸和礁石阻水，水流扫弯，流速较大通常超过 6～8 m/s 且分布不均匀，并伴随有泡漩和回流；较长的狭窄河谷地段，洪水期随流量增加、流速增大，在滩口局部形成较大比降。上水船舶常因没有足够的推力去克服水流及坡降阻力，使上行困难；在高流速情况下，下水船舶为保持一定的操控性能，使得下水船舶对岸航速超大，稍有失控将酿成大祸。

重庆红岩村嘉陵江大桥桥区河段位于嘉陵江土湾河段，土湾为汊道石质浅滩，如图 1.6 所示。该滩右岸为凹岸，左岸为岩石大碛坝，坝中有一副槽，为洪水期航道。从平面上看，浅滩所处河段呈胃状，上游进口较窄，河宽约 270 m，江中顺卧两巨大石梁，石梁顶面高程约 170 m，至滩段，江面放宽至 600 m 左右，其中右岸为枯水河槽，

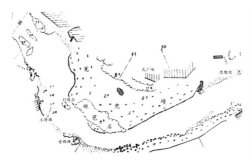

图 1.6　土湾滩河势示意图

河道弯曲，而后河道逐渐缩窄至 300 m 左右。这种河道形态决定了该滩段洪、枯水主流平面摆动较大，枯水时水流坐弯，主流归于右槽。随着流量的增大，主流取直，逐步左移，在洪水期原枯水河槽位置形成回流或缓流区，泥沙在此大量淤积，汛后退水，水流归槽，冲刷洪期淤积物，但洪期淤积物来不及冲净而导致短时间碍航。目前，航道最小水深 1.3 m，槽宽 35 m，弯曲半径 350 m，只能满足 Ⅴ 级航道标准。

3）大比降和水位落差导致水流条件的复杂性

对通航条件的影响山区河流水面比降多在 1‰ 以上，而且沿程变化较大，洪水汇流时间短、暴涨暴落，昼夜水位使得下水船舶变幅往往可达 10 m 以上。洪、枯水间流量变化不仅导致了水位的较大变幅，也使得水流流态紊乱。复杂的水流条件给船舶的操纵和安全行驶增加了难度，特别是当船员对水流结构的认识不够时，极易诱发海损事故。

4）支流河口通航条件的复杂性

支流河口是山区回流通航条件较复杂的区域，其主要特点是河口处水流运动受两江汇流影响，泥沙冲淤演变不稳定，容易导致枯水航槽改变。此外，在中、洪水期，因两江涨水时间不一致，水流条件变化较大，猛涨水的一方将出现较大流速，对行船威胁大；受顶托的一方则水域扩宽，流速大幅减小，给船舶航行和航道维护带来很大困难。

5）山区河流变动回水区的通航问题

以三峡工程为例，2008 年试验性蓄水后，回水区范围将由天然河道变成库区河道。按计划的 175 m ~ 145 m ~ 175 m 水库运行方案：即每年年汛后的 10—11 月，水库将逐渐蓄水至 175 m；次年汛前的 5—6 月，为迎接洪水到来，坝前水位将逐渐下降至 145 m，淹没河道又将恢复至天然情况。三峡工程的这种运行方式，导致库区的干支流河段每年水位变幅达到 30 m，在重庆河段形成长达 160 多千米的变动回水区。三峡工程在蓄水期，因水位上升，过流断面增大，河道流速大大减小，通航条件有很大改善。但是水位变幅将导致变动回水区泥沙淤积，将引起航道发生变化。水位变幅还将引起通航水流条件、沿岸码头和航道设施的改变，给船舶的通航安全带来了许多新的技术难题。

1.3 城市建设

1.3.1 山地城市布局

1）山地城市布局结构类型

受山区地形条件和环境条件的影响和制约，山地城市的布局结构呈现出与平原城市不同的类型特点，一般常见的有组团式布局结构、带状布局结构、串联式布局结构以及星座式布局结构4种类型。

（1）组团式布局结构

在山区，由于山地、丘陵、江河、河谷等自然地形的影响，城市不可能集中连片地建设，而是结合地形条件选择相对平坦完整的用地，分成若干区块，形成组团式的分布。这是山地城市最常见的布局结构形式，较多出现在山区两条河流的交汇口，或在河流环绕蜿蜒的山峦之间形成，如重庆市、四川省泸州市。

（2）带状布局结构

在山地丘陵地区，由于受高山、峡谷和江河等自然地理条件的限制，城市多沿河的一侧或两岸，或沿谷地的狭长地带逐渐伸长，形成带状的布局结构，如三明市、达州市。

（3）串联式布局结构

在山区，由于丘陵蜿蜒起伏，或由于河道弯曲回转，城市受自然地形条件的影响，形成了一个以中心城市(镇)为核心的若干个城镇断续分布的城镇群，城镇之间保持较大的间隔距离，并由公路、铁路或河流将它们串联起来，形成"长藤结瓜"式的串联布局。

（4）星座式布局结构

在经济比较发达而自然地形条件又比较复杂的山区大城市或特大城市地区，由于受山地丘陵、河流等影响和制约，城市的布局结构往往呈星座式发展形态，即以中心城区为核心,城镇居民点或工业区由中心城区逐渐向周围地区作跳跃式的分布和延展，形成较为密集而又相互间隔的城市建设集群。

在城市建设的不同阶段和城市的不同区域表现出不同的布局结构。自然山体在城市中所处的地位和所扮演的职能也并非单一固定，而是多元复合的。例如，达州市城市空间重构如图1.7所示。由图可知，1990年以前，城市扩展主要为朝阳路和通川北路以南、州河以北大部分老城区，建筑布局整体上以多、密布局形态为主。1990年至1995年，老城区突破朝阳路和通川路向北（凤凰山片区）朝坡度较大区域发展，城市在水平方向发展受到约束的情况下，逐渐形成向三维空间发展的趋势。1995年至2000年，南外组团进行了集中的发展建设，并延续了老城区建设的趋势，即形成了"高、大、密"的城市空间形态。老城区建筑更高更密，用地基本上达到饱和。2000年至2005年，开发西外组团，形成了建筑密度相对适当、强度较高的开发模式，老城区及南外的开发在空间上过于饱和,在横向和纵向上都超过了用地的空间承载力。2005年至今，在火烽山、大尖子山以南建设能源化工产业区，西外组团继续发展并对内部用地进一步开发。

达州市城市总体规划
URBAN COMPREHENSIVE PLANNING FOR DAZHOU CITY

历史沿革及空间形态发展演变分析图

一、1990年以前
- 老城区：朝阳路和通川北路以南、州河以北大部分区域。
- 南外：紧临通川大桥700 m内及南坝区域。
- 西外：西外镇火车站及达钢集团。
- 城市人口主要聚集在老城区，建筑布局整体上以多、密布局形态为主。

二、1990年至1995年
- 老城区突破朝阳路和通川北路向北（凤凰山片区）朝坡度较大区域发展。
- 城市在水平方向发展受到约束的情况下，逐渐形成向三维空间发展的趋势。

三、1995年至2000年
- 南外组团进行了集中的发展建设，并延续了老城区建设的趋势，即形成了"高、大、密"的城市空间形态。
- 老城区建筑更高更密，用地基本上达到了饱和。

四、2000年至2005年
- 开发西外组团，形成了建筑密度相对适当、强度较高的开发模式。
- 在莲花湖片区初步形成了城市的休闲及科研教育组团。
- 老城区及南外的开发在空间上过于饱和，在横向和纵向上都超过了用地的空间承载力。
- 城市南外组团以南沿国道210线形成城市零散工业组团。

五、2005年至今
- 在火烽山、大尖子山以南建设能源化工产业区。
- 西外组团继续发展并对内部用地进一步开发。

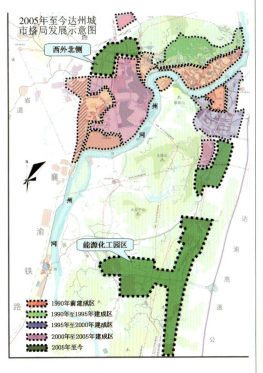

图 1.7　四川省达州市城市空间拓展过程示意图

2）山地城市设计

（1）亲水

自古以来，人们都对水怀有一种特殊的情感，许多山地城市是沿河发展的。亲水是人类的天性。不同的水的形态，会形成不同的城市空间布局。对于山地城市而言，水是其景观和形象的重要组成部分。设计山地城市时，应该充分利用自然水体，呈现城市景观的"山水一体"格局。

（2）择高

山地城市是一个三维的城市空间，比平原城市多了一维。因此，在设计山地城市时，要注意空间的多维性。高度的变化，不仅会影响气候、生态环境、植被，还会影响城市的建设，如建设运输较大、工程较大的公共建筑应布置在位置较低的地方。

（3）择坡

坡地对于山地城市来说，是十分常见的。因而，坡地对山地城市的设计影响很大。在设计山地城市时，应考虑坡度的不同、坡向的不同而决定山地城市的总体规划布局、用地选址、建筑设计、道路交通组织和景观设计等。

（4）留顶

留顶是指山体的顶部需要留出来，用以作为城市的绿化景点。山地城市的设计需要留顶，是因为山地城市有多种山体分布，加之山地城市用地紧张，为了节约城市用地，争取生存空间，城市发展多维空间。设计山地城市时，应该考虑多维设计，使城市空间集约化。

1.3.2　城市建设条件

1）山地城市建设的有利条件

在山地城市的建设过程中，以下因素为其有利条件：

（1）地形地貌使城市景观丰富

山地城市地形、地貌丰富，有山有水，山水交融，有利于形成丰富的城市景观，如长江流域的重庆、宜宾、乐山、泸州、武汉、南京以及云贵高原的贵阳、昆明、大理、丽江等。

（2）资源丰富

山地城市天然动植物资源、矿产资源、水力资源丰富，具有发展多种经济的优越条件，为我国现代化建设的后劲所在。

（3）多民族文化交融

多为少数民族分布广泛的地区，多民族文化互相交流渗透、融合，形成中华民族丰富多彩的民族文化与人文景观。

（4）时空景观变化丰富

地形变化、气候变化、垂直植被变化、起伏的景观变化，使城市具有动态美。一山有四季，十里不同天，规划建设得好，非常具有吸引力。

（5）旅游资源、人文景观丰富

旅游资源的好去处，山、人文景观丰富，有利于发展旅游事业，是开展自然生态旅游的好去处，泉、水、瀑、森林、动物和丰富的民族风情是发展无烟工业、生态旅游、中医药和绿色食品的有利场所。

2）山地城市建设的不利因素

①地形复杂，建设难度大。山地城市区别于平原城市的主要特征是地形复杂，有高度、坡度和小气候等所引起的各种变化。

②基建投资费用高。山地城市建设投资费用普遍比平地城市高，如基建费用的投资一般要增加 15% ~ 30%。

③交通困难，联系不便。山地区域，山与山水阻隔，地形起伏，增加了交通联系的复杂性与难度。

④居住地矛盾突出。山地城市宜建地、平坦地较少，与居住矛盾突出。

⑤生态环境脆弱。山地城市生态环境脆弱，易发生环境灾害问题，如水土流失、山洪水灾、滑坡、泥石流、崩塌、地震等，并易诱发次生灾害，危及人身和城市安全。

1.3.3　山地城市跨江发展演进过程

城市自从形成之时就与河流密不可分。在城市发展进程的各个不同阶段，城市规模不断扩大，城市空间形态由点到面到体，城市滨江地区从远古时期的临水而筑到现代的拥江而居。城市与河流的关系也在不断地变化演进，城市跨江发展主要分为"沿江—跨江—拥江"3 个阶段。

1）沿江发展阶段

由于受到生产力水平和城市发展规模等因素的制约，城市在很长一段时间内都是处于沿江发展的状态，城市空间形态的扩展只沿河流沿线和地域纵深两个方向，且以河流沿线的方向为主，向内陆方向为次要方向。此阶段水域两岸交通联系不密切，通常只有少数几条轮渡线或根本无联系，人们除了感觉到空间距离，在心理上也有不敢跨越的距离感。这个阶段通常比较漫长，是城市不断积累的过程，城市规模一般是中小城市的发展水平。

2）跨江发展阶段

在沿江发展阶段末期，随着社会发展和城市发展规模的不断扩大，水域两岸人口不断增加，滨水地区的土地使用殆尽，城市发展缺乏可以利用的土地资源，严重制约了城市的扩大发展。此时，城市继续扩大的压力急剧增大，当达到一定的程度，跨过河流发展的成本相近时，人们把目光移向了河流对岸的广阔空间和发展潜力，因此对岸成为城市扩张方向的首选。此时，修建跨江通道成为城市发展的必然选择。

随着跨江交通通道的建立，起初大多数河流对岸区域的城市功能只是作为城市的新兴产业区或居住区。由于配套服务设施还不完善,相当长一段时间内,新区都只能充当主城的一座卧城的角色,其发展需要依赖老城的辐射。随着开发商的关注,人口的逐渐集聚和人气的增加,新区也逐步出现了简易的商业服务功能以及进一步的居住开发,逐渐发展成为具有一定服务职能的社区。

跨江发展又将是一个长期积累的阶段。此时,城市中心偏离了滨江地区,城市发展依托老城区为主,发展新区为辅,形成了两岸并举、共同发展的空间布局形态。城市发展方向也由原来的单侧发展,转变为同时向河流两岸的纵深发展。此时,城市的跨江通道也越来越密集,跨江交通得到了一定的改善,两岸的联系较密切,为以后的发展奠定了基础。

3)拥江发展阶段

随着跨江通道的不断增加和布局的不断优化,城市各滨水功能区的升级和置换,城市空间布局走向合理和完善,城市走向了集约化发展,实现了跨江一体化,进入拥江发展阶段。

在拥江发展阶段,河流不再是城市发展的天然屏障和阻碍,而成为城市最重要的核心公共空间和自然景观元素,城市的扩展不再以粗放外延式为主,而更注重城市整体集约化的协调发展,城市的产业空间向外拓展方式呈跳跃式,城市向中心、向滨江段聚集,形成"河流—公共服务—生活—生产"空间布局形态。这个阶段的城市跨江设施密集且布局合理。

城市经历着从沿江过渡到跨江发展阶段,经过一定的积累达到拥江发展阶段,各阶段的特征和面临的问题不尽相同。而我国大多数山地城市目前仍处于沿江或跨江的初级阶段。

1.3.4　跨江桥梁

桥梁因其造价低、工期短、风险小、景观壮美、行车条件好、对地质勘察和施工条件要求相对较低等特点成为最主要的跨江交通通道形式。桥梁的施工技术现已较成熟,跨江桥梁成为沿江城市交通的重要组成部分。

以重庆为例,重庆境内高山成阵,江河纵横,长江干流横穿全境,160余条次级河流汇入其中。江河在给重庆人民带来巨大便利的同时,也给两岸的畅通带来了巨大困难,影响了城市的均衡发展,只有修建桥梁才能改善重庆交通质量。重庆现已成为一座名副其实的"桥都",桥梁数量、形式和建造技术都居全国首位。目前,全市境内现有桥梁达9 700余座,另外还有2 000多座正在建设之中。图1.8所示为重庆城区桥梁分布图。

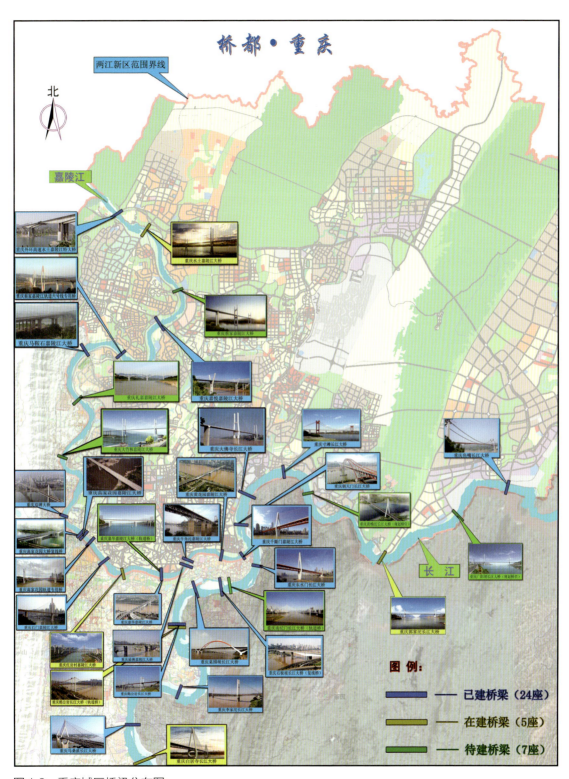

图 1.8　重庆城区桥梁分布图

1.3.5 都市核心区

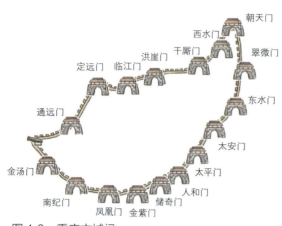

图 1.9　重庆古城门

都市核心区域往往发展比较成熟，除有星罗棋布的高楼外，也有纷繁复杂、参差错落的路网以及纵横交错、盘根错节的地下管网。

同时，都市核心区多数是山地城市的老街区、旧建筑；是城市长期发展过程中逐渐形成的，历史文化积淀深厚、建筑体量小、街道狭窄、尺度宜人。老城区邻里关系和谐，富有地方社会文化生活气息，带有明显的旧城遗留的痕迹和厚重的历史记忆，许多历史事件在这里发生过，许多动人的故事在这里上演过。逝者如斯，来者可追，后人生活在这些有历史文化积淀的城镇环境中，看到这些老街区、旧城墙、旧建筑、名人故居或古树、古井，就会触景生情，勾起人们对历史文化的记忆（图 1.9—图 1.11）。一个没有历史的城市，就像一个失去记忆的城市，一个没有灵魂的城市，一个没有文化的城市。

图 1.10　湖广会馆

图 1.11　洪崖洞

在山地城市都市区，人们主要的交通方式是汽车、轨道、轮船以及步行。同时，人行步道是山地城市户外步行交通系统中最常见的交通方式。为了解决步道出行，老城区出现了特有的出行方式——梯步、扶梯、缆车以及索道等，如图 1.12 所示。人行步道系统的设计较车行道路交通系统占地少，结合地形，布置灵活自由。除了满足交通的基本需要外，步行系统也作为山地居住区户外空间的有机组成部分，而常与户外的街道、广场、健身步道等活动场地联系在一起，成为体现山地居住区景观特色的有机组成部分。根据城市居民出行特征调查，重庆这样的山地城市以步行作为出行方式的比重约占 70%。大量立体步行空间，如室外连续踏步、不同标高的平台、天桥、地下通道、扶梯、垂直电梯等，不仅解决了山地城市天然的地形阻隔，同时还创造了大量与建筑相结合的公共空间平台，提供了连续变化的空间体验，塑造并强化了山地特色，化不利因素为积极条件。

图 1.12　梯步、扶梯、缆车及索道

1.3.6　山地城市跨江大桥的建桥特点

山地城市具有"山、水、城、桥"有机组合的特点，如图 1.13 所示的重庆城市风貌。这也是山地城市跨江大桥建设创新的源泉，山地城市跨江桥梁建设的特点可以归纳为以下 5 个方面。

图 1.13　重庆城市风貌图

1）融合城市景观

山地城市境内的每座桥梁都应结合山地城市景观设计的要求,与城市景观相融合,使之成为一个城市标志建筑,如重庆两江大桥[1]、朝天门长江大桥以及重庆菜园坝长江大桥。

2）基础条件好

山地城市建桥一般地质条件较好,地基持力层一般为基岩,覆盖层较浅甚至裸露。下伏基岩多为砂岩、泥岩或石灰岩等。

3）地形、航道多样化

平面地形范围受到限制,主航道偏离河床中心以及枯、洪水期航迹线变化大等因素,使得山地城市桥梁孔跨布置受到约束,通航孔跨度大,结构形式多样、复杂。

（1）不对称地形

受河床两侧山地的影响,虽然山地河流基本呈"V"形或"U"形河谷,但由于两侧山地地形高低不同(图1.14),以及规划道路标高及接线等综合因素考虑,由于山、江、城的特殊组成,高程差异大,低处为江、高处为山的特殊地形,或一侧由于山地较高且陡,主跨之外两侧桥梁的长度非常不对称,会给跨江桥梁设计带来极大的困难。如四川省泸州龙透关大桥,重庆红岩村嘉陵江大桥,重庆黄花园嘉陵江大桥和石板坡长江大桥紧接石黄隧道,重庆嘉华嘉陵江大桥紧接嘉华隧道、华村隧道和虎头岩隧道,重庆菜园坝长江大桥紧接南城隧道、八一隧道等。

图 1.14 重庆红岩村嘉陵江大桥原景风貌

图 1.15 珊瑚坝长江航道

（2）航道偏向江岸一侧

山区河流一般都位于弯曲河道中,河流枯水扫弯、洪水取直的水流特性表现尤为明显,一般在弯道处多是航道,航道偏离河床中心的情况经常发生,如重庆石板坡长江大桥和菜园坝长江大桥航道偏南岸侧(图1.15)、重庆红岩村嘉陵江大桥偏向渝中区侧、重庆水土嘉陵江大桥偏向两江新区的水土侧。这些桥梁的跨径布置明显具有不对称性。

---

[1] 重庆两江大桥是指东水门长江大桥和千厮门嘉陵江大桥。

4）高墩高塔

山地城市地形高差大，结构在跨江时形成了大量的高墩桥梁，一般多超过60 ~ 70 m，有的甚至超过 100 m。例如，重庆蔡家嘉陵江大桥主塔下塔柱高 111 m，引桥桥墩高 37 ~ 93 m，如图 1.16 所示。

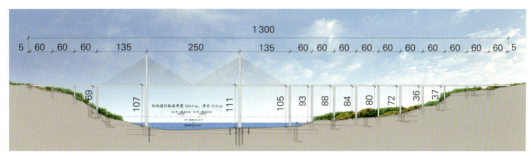

图 1.16　重庆蔡家嘉陵江大桥桥型布置图（单位：m）

5）城市空间多层次连接

山地城市受山地地形影响，城市道路难以形成横平竖直的网格结构，大量道路因地制宜，城市空间设计依据亲水、择高、择坡、留顶为原则，城市主要干线路网也主要选择沿江、沿山（穿山）以及坡顶等地方。由于高差变化，跨江桥梁一般多为主干线网连接，这样就必然形成多层次的路网空间（图 1.17）。

图 1.17　重庆洪崖洞及周围环境

第 2 章　跨江大桥创新综述

2.1　跨江大桥创新

2.1.1　创新的概念

创新是指以现有的思维模式提出有别于常规或常人思路的见解为导向，利用现有的知识和物质，在特定的环境中，本着理想化需要或为满足社会需求，而改进或创造新的事物、方法、元素、路径、环境，并能获得一定有益效果的行为。邓文中博士在《谈创新》一文中，引用《韦氏词典》对"创新"的定义是："提出新理念，并对既有秩序产生改变"，但以他本人意见，创新是改变，但是它必须带来价值的增加。如果创新没有带来任何价值的增加，这个改变就只能是变化，而非创新。桥梁工程的创新也必须增加价值。因此，所有关于创新的讨论都必须从价值开始。作为桥梁工程，如何来阐释"价值"？

2.1.2　桥梁的价值

《城市桥梁设计规范》（CJJ 11—2011）规定桥梁设计符合安全可靠、适用耐久、技术先进、经济合理、与环境协调的要求。

《公路桥涵设计通用规范》（JTG D60—2015）规定公路桥涵设计，应按照安全、耐久、适用、环保、经济和美观的原则。

综合上述两个规范，桥梁建设包含的自身价值：安全的价值、适用的价值、经济的价值和美观的价值。因此，桥梁设计的四个基本要素为"安全、适用、经济和美观"。每个要素都包含自身的价值：安全的价值、适用的价值、经济的价值和美观的价值。如果一个新的理念，使得这四个价值的总和得以提升，那么就可以被定义为创新。

以下内容摘引邓文中博士《桥梁话语：邓文中文选》中谈创新，就桥梁的价值阐述桥梁设计的四个基本要素：

"安全"是绝对不可以妥协的。一座桥梁在任何设计荷载下都必须是安全的。有人认为，一座桥只能是安全或者不安全两种情况，因此认为安全的价值是固定不变的。诚然，许多时候将一座本已安全的桥梁的安全性再提高，可能确实没有什么实际意义。然而在现实之中，安全并非是绝对的，而是相对的。桥梁设计理念是基于可靠度和概率的。例如，当前美国的 AASHTO 规范对桥梁设计要求极限地震的重现期定为 2 500 年，相当于 50 年内发生的概率为 2%。当然，这并不意味着更强烈的地震不可能发生；如果一座桥在没有任何附加代价的前提下，能够抵抗更强烈的地震，那么它的安全价值就会增加，给人们带来安全感本身就是价值的一种体现。

耐久同样属于安全的范畴。耐久的桥梁更具有价值，如果我们可以确保桥梁在设计寿命之外的安全性，则桥梁的价值也会相应增加。

"功能"是修建桥梁的主要原因。桥梁设计必须适用，能满足其功能需求。六车道的桥梁就必须有六条可用的车道。然而，功能也是相对的。例如，一个车道的宽度可以是 3.5 m 或者 3.75 m，有时甚至可以只有 3 m。当然，同时也要考虑视野距离和其他因素。不同宽度的车道的价值会不一样。但如果创新能提供更为舒适的交通环境，那么它自然也会有价值的增加。

"经济"与桥梁的价值直接关联。如果一座桥实际造价比预期低，那么节省下来的造价就等于是价值的增加。

"美观"是有价值的，这点毋庸置疑，但是由于每个人的审美观不同，很难对美观进行量化。尽管如此，人们能够也确实对漂亮的和丑陋的桥梁区别对待。桥梁的美不仅仅局限于桥梁本身。桥梁是一座城市的一部分，地标性桥梁，如旧金山的金门大桥和巴黎的亚历山大三世桥，对当地的历史和景观无疑作出了极大的贡献。它们的吸引力常常是人们来到这座城市的原因之一。如果我们想要一座我们引以为傲的城市，就必须注重城市中桥梁的美观。

上述提到的每个价值都会随着环境和人文的变化相应改变。但是在绝大多数情况下，这些都是桥梁设计中最重要的因素。

2.1.3　跨江大桥创新实践

邓文中博士将创新总结为 5 个 I：发明（Invention）、改进（Improvement）、融合（Incorporation）、增值（Increase Value）、奖励（Incentive）。作为一座城市跨江桥梁，安全、适用、经济、美观这四个基本要求是相同的。城市跨江桥梁因为在市区里面，大都跨度比较大。但由于是在许多人聚集的地方，美观的要求会比较高。现在，许多城市里面的商业建筑物对美观都很重视，都愿意在美观上投入很大的资源。这是因为漂亮建筑的价值，通常都可以得到较大提高。这样看来，如果投资商都长期愿意花钱去美化他们的建筑，这样投资的回报显见是值得的。城市桥梁就在这些漂亮的建筑物旁边，自然也应该在美观上达到一定的标准。从世界上各个有名的城市可以看到，大家对城市桥梁的美观都的确比较注重。巴黎的旧桥和新桥都很漂亮，伦敦对城市里桥梁的美观也很重视。其他城市，如西班牙的索维 (Seville)、比泊 (Bilbao) 及意大利的佛罗仑斯 (Florence) 等也都一样。比较老的城市桥梁都有相当程度的装饰，巴黎的亚历山大三世桥是其中比较受注重的桥梁，其整体为洛可可 (Rococo) 的装饰，也是几乎所有介绍巴黎的书本里都有提及的一座桥梁，几乎和巴黎铁塔齐名！新建的几座桥梁也都很漂亮。但巴黎新一代的桥梁比较注重结构本身的美，纯装饰少一些。

每一个工程都要经过许多不同的阶段：从桥位选择、方案设计、施工设计到施工和监控等。在每一个阶段中，工程师们都可以选择不同的方法解决问题。工程师的职责就是选择或者创造最合适的方法来解决这些工程问题。在解决问题的过程中，工程师可以通过改良现有的构思和方法，达到增加安全、降低成本、改善使用功能和美化结构的目的。这也包括引用新的材料、新的结构形式、新的机械、简化施工过程及缩短工期等。作为城市跨江大桥，重点放在桥梁的结构和美观上。一座桥的结构造型和美观是不能分开的。结构本身的美是桥梁最基本的美。当然，在研发一个新的桥梁结构的时候，新材料的应用、施工方法等都必须同时加以考虑。

桥梁创新一般有两个比较常见的方式：一个是把原有的造型优化，而增加其价值，如使之更美观，更容易施工，或者更耐用等；另一个是发展出新的结构形式，把当前普遍认为不可能的，还没有人做过的变为可能，但是创造一个世界纪录不一定是创新。把跨度增加几米成为世界纪录并没有什么新意，并没有提供任何新的理念，只是多用一些材料，把结构增大而已。其实，花钱去争这些世界纪录是很无聊的事情。世界纪录一般保持不了多久，一个可以被打破的世界纪录没有什么价值。而以新理念设计一座大家认为很不可能的跨度的桥，才是创新。因为在这样一项工程中，这些新理念把当时认为不可能的变成可能，从而创造了一定的价值。而且，它也为未来同类桥梁提供了可能性。例如，重庆石板坡长江大桥复线桥，钢箱梁和混凝土梁组合的理念使得在当时大家认为不大可能的 330 m 跨度的梁式大桥变成可能（图 2.1）。

图 2.1　重庆石板坡长江大桥复线桥

当然，重庆石板坡长江大桥复线桥能够被定义为创新，是因为这座复线桥在美观上必须是一座梁桥，才能与现有的梁桥协调，达到美观的要求，而长江上的航运又要求这样一个大跨度。如果没有这些要求，而贸然只是为了一个世界纪录而建造这一个大跨度，那它就变成没有意义了。但从另外一个角度看，如果我们国家为了要发展这样跨度的梁桥，而石板坡长江大桥复线桥的钢混组合的理念使它成为可能，它仍然是很有价值的创新。它的创新价值不是因为它是一个世界纪录，而是因为它为将来的桥梁提供了一个新的可能。

2.2 融合创新索辅梁桥

索辅梁桥是通过融合而创新的例子，其创新的原理可以更多地运用在山地城市跨江大桥中。

2.2.1 索辅梁桥的概念

世界上所有的桥梁通常可以分为 4 种基本类型：梁桥 (Girder bridge)、拱桥 (Arch bridge)、悬索桥 (又称为吊桥，Suspension bridge) 和斜拉桥 (Cable-stayed bridge)，如图 2.2 所示。

（a）梁桥　　　　　　　　　　　　　　　（b）拱桥

（c）悬索桥　　　　　　　　　　　　　　（d）斜拉桥

图 2.2 四大桥梁类型

对于梁桥，梁是自己承受所有的荷载的。而其他 3 种类型的桥，梁是由缆索或拱腹支撑的。所以，这些桥型的梁一般都比较柔，基本完全依赖缆索来承担所有的荷载，包括梁的自重和各阶段的荷载。在斜拉桥和悬索桥中，荷载由缆索传递到桥塔上，再通过桥塔最终传递到基础上。至于拱桥，荷载是通过吊索和拱腹传递到拱肋上的，最后由拱肋传到基础上的。这 3 种形式的桥都是由缆索作为主要承重体，梁是次要承重体，因此统称为缆索承重桥（Cable-supported bridge）。

但在许多实际情况下，梁本身也有很可观的负荷能力，尤其是中小跨径的桥。那我们是否可以把这两部分结构的角色互换一下，使梁成为主要承重体，而缆索变成次要承重体？这样我们就能够充分发挥梁的作用，这就是"部分缆索承重梁桥 (Partially cable-supported girder bridge)"的理念，简称为"索辅梁桥"。这一设计理念，让设计者可以在设计中使用预应力混凝土梁来使预算降低到可以接受的范围。

2.2.2 结构原理

对于中等跨度的梁桥，经验上的惯例是：墩顶处的变截面预应力混凝土梁高大概是桥跨的 1/20 左右。即 100 m 跨度的梁桥，墩顶处的梁高大约是 5 m。对于等截面连续梁，这个高跨比应该可以达到 1/26。所以梁高比较小的梁桥，梁一般需要一些附加的支撑。矮塔斜拉桥就是一个典型的例子，其梁高一般远远低于跨度的 1/26，因此，附加的索支承就变为必要了。

对于其他 3 种类型的桥，梁上的荷载主要由索来承担，这样梁的高度就完全不由桥跨来决定，而是取决于其结构形式和其他施工的因素。例如，斜拉桥的常规设计思路是拉索承担所有的恒载和大部分活载。在恒载作用下，梁基本没有弯矩。在活载作用下，仅仅是因为刚度和变形的原因，梁才会承受部分的弯矩。在这样的理念下，梁一般都会设计得很柔，目前已建斜拉桥中，大部分也都如此。常规斜拉桥的跨度与梁高之比可以达到 350，悬索桥则可达到 600 或者更高。由于拉索几乎承担了梁上所有的荷载，梁的刚度对于桥的受力行为也就不是特别重要了。

"索辅梁桥"的理念是通过使用拉索来增加梁的强度，使依靠梁自身强度不能满足实际跨径的桥可以达到设计要求。根据梁的承载能力的不同，梁上附加支承的程度会不同。这个支承可以是斜拉索、悬索缆上的吊杆或与拱连接的吊杆。所以具体的分类，一共有 3 种不同的部分缆索承重梁桥 (索辅梁桥)：部分斜拉梁桥、部分悬索梁桥和部分拱承梁桥。每种类型的含义就如同它们的命名。当然，每一种类型的桥也可以有很多的变化。同时，部分支承既可表示只有一部分的梁由索支承，也可表示梁的全部都由索支承，但索只承担一部分的荷载。

这个设计理念可以这样解释：对于一座梁桥，梁高，或者说梁的截面是由其承担的弯矩决定的。梁的弯矩可以通过以下公式表示：

$$m = \lambda PL^2 \qquad (2.1)$$

式中　　m——梁承担的弯矩；

　　　　P——作用在桥上的荷载；

　　　　L——计算跨径；

　　　　λ——计算系数，与工程环境、荷载类型和桥梁的具体结构体系有关。

由式（2.1）可知，假如让索分担了 50% 的荷载，那么梁的弯矩也会相应地减少

50%。换而言之，对相同的梁高，桥梁跨径可以增加为原来的 $\sqrt{1/0.5} \approx 1.414$ 倍，跨高比也可以相应增加到 $1.414 \times 26 \approx 36.8$。这样的分析当然是过于简单，不过这样的推理还是可以提供一个相当近似的概念。事实上，这个设计理念的优势还更多一些，因为斜缆会对梁产生比较大的压力，这对混凝土梁来说是有益处的。同样的道理也适用于自锚式悬索桥。

图 2.3 所示为部分缆索承重梁桥几种可能的方案。部分缆索承重梁桥可以有多种形式。如果全桥长度都分布了部分承重的缆索，那么这座部分缆索承重梁桥在外观上，除了塔稍纤细了一点外，其余和一座常规斜拉桥并无二样；如果索只分布在桥上部分范围，那桥梁的外观看起来就会大为不同。在许多工程实例中，这不同的外观可能就是它的优点。许多工程中，斜拉桥的塔高都会被许多因素限制，如附近机场的航线等，这些可能就会成为选择部分斜拉梁桥的主要原因，如芜湖长江大桥。

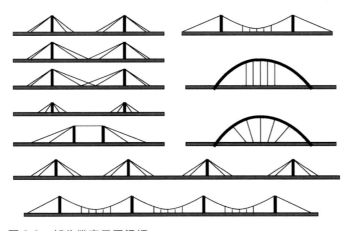

图 2.3　部分缆索承重梁桥

图 2.4 可以用来估算不同的附加支承类型可承担的作用。例如，由图中蓝色曲线可以得到，如果只在跨中 1/3 长度施加荷载，所得到的固端弯矩是在全桥长度施加同样荷载所得到的固端弯矩的 50%。可见，通过选择附加缆索支承的位置可以达到不同的效果。

梁和索各自分担的荷载比例可根据每座桥自身的具体情况决定，最经济有效的设计就是使得二者的承载能力都能够充分发挥。梁特别柔的桥，索将承担大部分的荷载，受力行为就比较接近常规斜拉桥。塔和索比较弱的桥，相应的其受力行为就比较接近梁桥。

索辅梁桥的优势在于它能够充分发挥梁自身和索这两个承载体系的承载能力，使得结构的经济效益提高。这个优势对于小于 250 m 的中、小跨度的桥来说尤为显著。为便于施工，一般采用的最小梁高通常是 2 ~ 3.5 m，这样高度的梁本身就具有相当的承载能力。到目前为止，这部分能力通常没有得到充分利用。

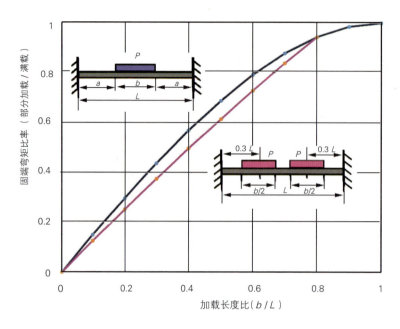

图 2.4　不同支承作用效应

2.2.3　工程案例

福建省三明台江大桥［图 2.5（a）］位于福建省三明市沙溪河上，跨径布置为
（50+60+2×110+60+50）m，设计采用 2.8 m 梁高的预应力混凝土梁代替钢箱梁，这
样最大的跨度与梁高之比（以下简称跨高比）就达到了 39.3。很明显，如果是梁桥，2.8 m
的梁高是不适合 110 m 的跨度的。在最终的设计里，塔承担了大约 50% 的永久荷载。
同时，2.8 m 的梁高也同样适用于 60 m 的边跨。这样最终就使这座既经济又美观的桥
梁成为可能，她既不是一座普通梁桥，也不是一座常规斜拉桥，而是一座部分缆索承
重梁桥。更确切地说，这是一座具有一部分斜拉索支承的梁桥。

沈阳三好桥［图 2.5（b）］是另一个比较有特色的索辅梁桥的实例，跨径布置为
（40+2×100+40）m，该桥预应力混凝土梁高 2.6 m，跨高比达到了 38.5。通过研究计算，
该桥的混凝土梁可以承担全部荷载的 60%。这样，桥塔就只需承担余下 40% 的荷载了。
由于该处河水较浅，混凝土梁可采用搭架施工，待梁的施工完成后，就可以在梁上拼
装拱塔。两个拱肋可先平放在梁上拼装，然后在两座拱塔之间建造一个临时塔架。在
安装拉索之前，拱肋由临时塔架通过卷扬机提升到它最终的位置上。

重庆嘉悦大桥［图 2.5（c）］距离水面 70 m，桥址处风景秀丽，环境优美。该桥
由于通航要求，主跨为 250 m，若设计一座变截面的混凝土梁桥，在这优美的地貌中
会看起来太粗大。而一座常规斜拉桥，在很深的河谷之上修建高耸的桥塔，这在景观
上也不合适。最后，设计把塔降低到一个合适的高度，同时增强梁的承载能力，使梁

可以分担一部分的荷载，这样就成了一座部分斜拉梁桥。她虽然在外观上看起来很像一座矮塔斜拉桥，但却并不是一座真正的矮塔斜拉桥。因为相对于矮塔斜拉桥，重庆嘉悦大桥的桥塔还是偏高了，相应地，索承担的荷载也大于常规的矮塔斜拉桥。

在重庆两江大桥设计中，我们也采用了这个理念。

（a）三明台江大桥　　　　　（b）沈阳三好桥　　　　（c）重庆嘉悦大桥

图 2.5　索辅梁桥

2.3　长联大跨一体化设计

山地城市具有水急谷深的特点，谷深造成其地形落差大，跨江大桥墩身比较高，一体化设计主要是考虑墩、梁共同作用，利用高墩的柔度形成摆动的支承体系来适应由于预加力、混凝土收缩徐变和温度变化所产生的纵向位移，减少了大吨位支座，整体性能良好。桥型方案选择中主要考虑连续刚构桥、墩、塔和梁固结的斜拉桥作为建设实施方案。山地城市跨江大桥一般除了主通航孔跨度较大外，其他跨径跨越江河漫滩或两岸台地，长度基本在 1 km 左右。长联大跨一体化设计，可以很好地结合地形条件，做到既经济又美观。表 2.1 对 13 座桥梁进行了对比分析。

随着联长的加长，边主墩距主梁水平位移零点的距离亦将加大。在最不利荷载组合作用下，墩顶将产生很大的顺桥向水平位移和转角位移，墩身剪力和弯矩也将迅速增大，同时产生不可忽视的附加弯矩。

表 2.1　长梁大跨桥梁统计表

桥　名	跨径布置（m）	结构体系	桥宽 (m)	截面形式	梁　高		主墩高度 h (m)
					根部 h_1 (m)	跨中 h_2 (m)	
重庆石板坡长江大桥复线桥	87.75+4×138+330+133.75	刚构 - 连续	19.0	单箱单室	16.0	4.5	49.7
东明黄河公路大桥	75+7×120+75	刚构 - 连续	18.3	单箱单室	6.5	2.6	30 ~ 55
重庆黄花园大桥	137+3×250+137	刚构	15.0	单箱单室	13.8	4.3	43 ~ 57

续表

桥　名	跨径布置（m）	结构体系	桥宽（m）	截面形式	梁　高		主墩高度 h（m）
					根部 h_1（m）	跨中 h_2（m）	
重庆高家花园复线桥	140+240+140	刚构	25.0	单箱双室	15.0	4.0	55.0
重庆嘉华轨道专用桥	28+39+48+138+252+110	刚构 - 连续	12.5	单箱单室	15.7	5.0	30 ～ 55
中卫黄河公路大桥	60.75+4×100+60.75	刚构 - 连续	11.4	单箱单室	7.5	4.5	34.5 ～ 44
云南红河大桥	58+182+265+194+70	刚构	22.5	单箱单室	14.5	5.0	21.85 ～ 121.5
重庆鱼洞长江大桥	145+2×260+145	刚构	20.3	单箱双室	15.1	4.6	54 ～ 61
福建宁德下白石大桥	145+2×260+145	刚构	12.0	单箱单室	14.0	4.2	25(高桩承台)
四川泸州长江二桥	145+252+54.75	刚构	25.0	单箱单室	14.0	4.0	—
杭州下沙钱塘江大桥	127+3×232+127	刚构	16.6	单箱单室	12.5	4.0	—
湖北龙潭河大桥	106+5×200+106	刚构	12.5	单箱单室	12.0	3.5	70 ～ 174
重庆嘉悦大桥	66+2×75+145+250+145	矮塔斜拉	28.0	单箱单室	7.0	5.0	35 ～ 87

　　长联大跨一体化设计的桥梁的主要优点是在大跨连续结构中，减少了大型桥梁支座和养护上的麻烦，减少了桥墩及基础工程的材料用量，适应运用在有较高桥墩的连续结构中。其主要特点有：

　　①在受力方面，上部结构仍为连续梁特点，但必须计入由于桥墩受力及混凝土收缩、徐变、温度变化引起的弹性变形对上部结构内力的影响。桥墩因需有一定柔度，所受弯矩有所减小，而在墩梁结合处仍有刚构受力特点。

　　②墩梁固结有利于悬臂施工，同时也避免了更换支座，在结构上常选用变截面主梁。

　　③伸缩缝设置在连续结构的两端，要求两端的位移量不应相差太大。

　　④一体化设计中，影响桥梁形式美观的主要是边中跨比、梁、墩和桥台的自身造型尺寸和比例。

　　下面将对这些组成构件一一叙述。

2.3.1　总体跨径布置

　　除跨越江河的桥梁主跨需考虑设计洪水流量、桥位河段特性和通航净空外，其余孔径可根据结构合理受力和便于施工以及一定程度上桥梁形式的整体美观确定。

　　为了减少支架的架设，更好地适应山地地形的复杂多变，其跨径布置（图2.6）应遵循以下原则：

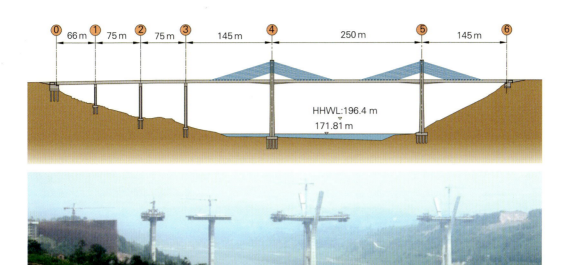

图 2.6　平衡对称施工

①悬臂对称平衡施工。

②墩高跨径比例协调。

③避免高支架现浇施工。

对于悬臂浇筑的大跨度预应力混凝土桥梁，合理的跨径布置取值可以调整各截面的内力，以满足设计的要求。国内外很多文献做了相关研究并给出了一些范围。对中小跨径的连续梁桥而言，边跨与主跨比一般取 0.5 ～ 0.8，这样可以使中跨跨中不致产生异号弯矩，边墩支点也不会出现负反力。国内外成桥资料统计显示：对于等截面连续梁，边中跨比值取 0.5 ～ 1.0。对于变截面连续梁，大多取 0.43 ～ 0.871。很多资料显示，变截面连续梁边中跨比在 0.5 ～ 0.8 取用，大跨度预应力混凝土连续梁可取 0.6 ～ 0.65。按这个比值分孔，剩下不能用悬臂施工的梁段不长，有利于充分发挥悬臂施工的特点，各跨受力亦比较均匀，对抑制复杂边跨梁端开裂有利。

2.3.2　桥　墩

桥墩是桥梁的主要组成结构，具有将桥梁上部结构荷载传递给地基基础的作用。墩高跨径比小于 1/5 的连续刚构梁桥主墩可采用箱形单墩形式，但大多数采用双薄壁墩形式。双薄壁墩具有以下优点：

①相同面积截面下，双薄壁墩的抗弯刚度、抗扭刚度都比单墩小，有利于受力和变形协调。

②双薄壁墩可以利用两肢壁的间距削减支点处的弯矩的峰值，起削峰的作用。

③同时可以通过墩旁托架施工较宽的零号块，更好地为悬臂施工时的桥面吊机提供平台。

经统计，桥墩高的合理范围为：墩高为跨度的 1/7 ~ 1/3。

2.3.3 主 梁

从表 2.1 中可以看出，一体化设计的桥梁多采用单箱单室箱梁。单箱单室截面具有材料用量经济、施工方便、整体性好、抗扭刚度大等特点。

从立面上来看，一体化设计桥梁采用变高度截面。其原因可以从受力、经济和美观上进行分析。

①受力上，变高度梁能较好地符合梁的内部分布规律。梁的内部分布规律为：在恒、活载作用下，连续梁的支点截面会出现较大值的负弯矩，跨中则出现正弯矩，支点截面负弯矩的绝对值比跨中截面正弯矩的绝对值要大。

②经济上，变高度梁节省了材料的用量。

③美观上，变高度梁给单调的水平线形加入了变化，给人跳跃的动感和富于变化的立体感，使梁体与全桥身及周围环境和谐统一。

从表 2.1 中分析，由于跨径不同，箱梁根部梁高为 6.5 ~ 16 m，跨中为 2.5 ~ 5 m。山地城市连续刚构梁桥根部梁高 h_1 与中跨跨径的比例范围为 1/20 ~ 1/16，跨中梁高 h_1 与中跨跨径的比例范围为 1/60 ~ 1/40。

2.4 特色桥型设计

就山地城市跨江大桥建桥条件而言，当桥梁受水文或地形条件限制使航道偏向于某岸侧，而且临山，以及桥头接线等边界条件影响时，边中跨比针对不同桥型而言，采用常规设计就容易使结构不合理。为此，针对此山地城市的特点，跨江大桥在结构选型时采用传统意义上的梁桥、拱桥、斜拉桥已经不适合其环境。采用高低塔斜拉桥、钢 - 混合梁斜拉桥以及钢 - 混合梁梁桥设计得到了广泛运用。

2.4.1 条件制约高低塔斜拉桥设计

1）高低塔斜拉桥选型

高低塔斜拉桥具有适应地形和地质条件，桥型技术成熟，高低桥塔布设与周边自然景观良好协调，具有很好的景观效果和视觉效果等优点。表 2.2 列出了 8 座高低塔斜拉桥梁相关参数的统计结果。

表 2.2　高低塔斜拉桥统计表

序号	桥　名	体系	梁形	高塔高度（m）		低塔高度（m）		跨径布置（m）
				上塔柱	下塔柱	上塔柱	下塔柱	
1	重庆水土嘉陵江大桥	固结	叠合梁	128.0	73.0	76.0	78.0	（61+199）+388+128
2	重庆涪陵乌江二桥	固结	混凝土箱梁	105.4	73.0	66.4	63.0	150+340+100
3	重庆双碑嘉陵江大桥	固结	混凝土箱梁	108.3	67.4	60.3	61.5	（75+145）+330+95
4	荆州长江大桥南汉通航孔主桥	漂浮	混凝土π梁	86.0	39.4	61.0	28.4	160+300+97
5	江西鄱阳湖大桥	半漂浮	混凝土π梁	90.3	25.1	66.9	25.0	（65+123）+318+130
6	重庆云阳长江大桥	半漂浮	混凝土π梁	91.6	85.0	67.4	100.2	（51+136）+318+132
7	苏村坝大渡河大桥	半漂浮	混凝土π梁	76.0	45.5	61.5	52.0	132+220+67.65
8	重庆红岩村嘉陵江大桥	高塔固定	钢桁梁	126.0	76.0	71.0	79.8	（91.4+138.6）+375+120

（1）高低塔斜拉桥选型条件

①受岸侧立交匝道影响，斜拉索的布置影响桥头交通组织，如重庆涪陵乌江二桥［图 2.7（a）］。

②受线路展线影响，岸侧边跨处于平曲线上，如重庆双碑嘉陵江大桥［图 2.7（b）］。

③岸侧山体陡峭，考虑到为隧道开挖及隧道洞口施工方便，以及不大面积开挖山体，如重庆红岩村嘉陵江大桥［图 2.7（c）］。

（a）重庆涪陵乌江二桥　　　　　（b）重庆双碑嘉陵江大桥　　　　（c）重庆红岩村嘉陵江大桥

图 2.7　高低塔斜拉桥

（2）高低塔斜拉桥选型原则

①高低塔两侧主梁长度分配比例应协调，应有利于主梁内力的分配，也兼顾桥梁的景观效果。

②墩高为跨度的 1/7 ～ 1/3 时，可优先选用墩、塔、梁固结体系斜拉桥。该体系斜拉桥具有较大的整体刚度，更利于悬臂施工的优势。

③主跨 300 m 以下的高低塔斜拉桥，采用三跨结构斜拉桥有利于施工控制，桥梁视觉效果更具有通透性。

④高低塔两侧主梁对称布置，有利于主梁的挂篮悬臂施工。

⑤高低塔桥面以上塔柱高度应比例协调，其比值不应大于 3 : 1。

2）体系选择

在恒载受力行为上，固结体系与非固结体系都是拉索平衡恒载效应，两者基本一致。对比分析表明，活载和温度等效应作用在非固结体系时，桥塔左、右侧斜拉索索力的差异使塔柱受弯［图 2.8（a）］，下塔柱高度越高则弯曲效应越大；而对于固结体系的桥塔，上述效应是由梁体直接传递给塔柱而使其受弯［图 2.8（b）］，下塔柱柔度越大则弯曲效应越小。随着下塔柱高度的增加即柔度的增加，与非固结体系对比，固结体系桥塔的弯曲效应逐渐减小直至小于非固结体系桥塔［图 2.8（c）、（d）］。

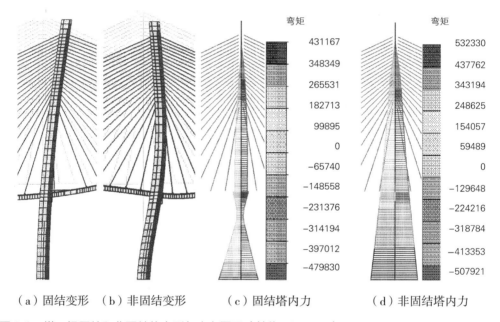

		弯矩		弯矩
		431167		532330
		348349		437762
		265531		343194
		182713		248625
		99895		154057
		0		59489
		−65740		0
		−148558		−129648
		−231376		−224216
		−314194		−318784
		−397012		−413353
		−479830		−507921

（a）固结变形　（b）非固结变形　　　（c）固结塔内力　　　　（d）非固结塔内力

图 2.8　塔、梁固结和非固结的变形与内力图示（单位：kN·m）

下塔柱的柔度是决定固结体系成立与否的主要因素。表 2.2 中重庆涪陵乌江二桥、重庆双碑嘉陵江大桥由于下塔柱具有足够柔度而采用固结体系，而荆州长江大桥南汊通航孔主桥、江西鄱阳湖大桥则由于柔度不足而未采用固结体系。

3）结构优化

高低塔固结体系斜拉桥的等效跨度 $L_{等效}$ 是衡量其构造与受力是否合理的关键参数，其值由活载最大下挠变形点的切点位置 A 来决定。$L_{等效}$ 越接近 L 的数值，梁体受弯曲效应越小，索力也越均匀。

高低塔固结体系斜拉桥在结构布置和受力上都是不对称的。上塔柱高度 H_{HT} 和 H_{LT} 的差别及布置于其上的拉索数量的差异，使 A 点总是位于 $L/2$ 和 B 点之间。因此，低塔侧结构的边、中跨比值偏小，不是斜拉桥最适合比值，在活载和温度效应等作用下，不但会导致低塔拉索的索力相对较大，而且 L_L 跨需设置较大范围和集度的压重才能使梁不被拉起而脱离桥台；而对于高塔侧结构，边、中跨比例略大，也不是斜拉桥最适合比值，如图 2.9 所示。对此，采取如下的设计方法来进行结构优化。

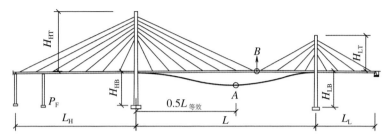

L—主跨跨度；L_H—高塔侧边跨跨度；L_L—低塔侧边跨跨度；
$L_{等效}$—等效的等高塔斜拉桥的跨度；H_{HT}—高塔上塔柱高度；
H_{HB}—高塔下塔柱高度；H_{LT}—低塔上塔柱高度；H_{LB}—低塔下塔柱高度；
A—等效跨度的跨中点；B—高塔和低塔索面的分界点；P_F—辅助墩

图 2.9　高低塔固结体系斜拉桥参数示意图

（1）结构及索面布置

低塔侧边跨值 L_L 直接决定了两个塔的上塔柱高度和拉索的布置，成为结构布置的关键参数。在边界条件允许时，加大跨度 L_L 可以减小压重段长度及压重量，减小非对称结构的不均衡受力。

在索面布置可采用梁上索距等间距布置的方式，如图 2.10（a）所示；若如图 2.10（b）那样在低塔侧采用边跨索距小于中跨索距来布置，将使 A 点向高塔方向偏移，更恶化低塔侧的边、中跨比例，导致压重的范围和集度过大且难于实施，成为不合理的结构，因此低塔侧索面宜采用等距布置。

城市桥梁设计除了满足交通功能外，还需注重结构的景观功能。索面通常采用匀称性、一致性布置。全桥的梁上索距采用等间距布置，即"高低扇"形布置，虽然稍微增加了一点造价，但对城市跨江大桥来说绝对值得，这样大桥看起来比较稳重和美观，增加了桥梁的价值。

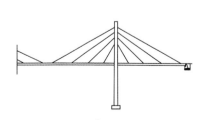
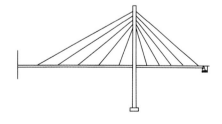

（a）梁上索距等间距布置　　　　　　　　（b）梁上索距不等间距布置

图 2.10　索面布置示意图

（2）梁体的优化设计

对于高低塔固结体系斜拉桥，梁体材料对受力影响较大。混凝土梁体的收缩徐变作用加剧了下塔柱向跨中方向的受弯变形，随着跨度 L 的增大逐渐成为不利的影响因素。钢 - 混叠合梁收缩徐变效应较小，钢箱梁则无此效应。因此，在梁体材料选择上，一般情况下，混凝土梁体适用于主跨在 350 m 以下的情况。主跨在 350~500 m 时宜采用钢 - 混叠合梁，主跨大于 500 m 时宜采用钢箱梁。

2.4.2　极短边跨混合梁斜拉桥设计

混合梁斜拉桥全部或部分边跨采用混凝土梁、部分或全部中跨采用钢梁。边中跨的刚度比和恒载比相差较大，边跨对中跨起到很好的锚固和压重作用。与混凝土梁斜拉桥相比，中跨的跨越能力加大了；与全钢梁斜拉桥相比，在跨越能力相同的情况下，边跨的长度可以设置得小一些，且刚度和动力特性相对更优，同时可以免去为使边墩支点不出现负反力而设置大量的局部压重。混合梁斜拉桥是一种跨越能力很大的桥型，是一种适用于山地城市地形、地貌的桥型，具有十分广阔的应用前景。

1）混合梁斜拉桥的优点

相对于单一的混凝土主梁斜拉桥和钢主梁斜拉桥，混合梁斜拉桥有许多优点，主要体现在以下几个方面：

①边跨混凝土主梁的自重和刚度较大，减小了主跨梁体的内力和变形，降低甚至消除了边跨端支点的负反力，从而加大了斜拉桥的跨越能力。

②边跨预应力混凝土主梁不但能够平衡中跨钢主梁的自重，而且由于后锚斜拉索分布较密，从而在总体上提高了整座桥梁的刚度，也就减小了钢梁和拉索的疲劳影响。

③边跨预应力混凝土主梁可与索塔同时进行施工，有利于加快施工进度。同时，由于其始终为单悬臂施工，可大大提高施工期间的安全性。

④超大跨度混合梁斜拉桥的扭弯频率比提高 25%，跨中风使竖向位移减小大约 20%，抗风性能佳。

⑤混合梁斜拉桥边跨与中跨是一种锚固与被锚固的关系，这种锚固并不像悬索桥那样是集中锚固，而是分散于整个边跨，因此即使中跨跨越能力大大提高，又可使边跨不必做得非常强大。

⑥可以在结构自重和用钢量两个指标上寻求比较好的平衡，从而从总体上降低工程造价，节省费用。

2）混合梁斜拉桥的选型条件及适用范围

一般而言，当斜拉桥的主跨与边跨的正常比例受到限制（即边跨跨度较小）时，混合梁斜拉桥可较好地解决主跨与边跨间比例不协调的矛盾，尤其适合于山地城市跨江大桥布跨受限的情况。有资料表明：钢斜拉桥的最大合理跨径在 700 m 以内，混凝土斜拉桥的最大合理跨径在 500 m 以内；当跨径超过 800 m 时，一般认为钢斜拉桥的挠曲变形很大且不经济，而一般混凝土斜拉桥由于自重过大难以架设。也就是说，钢斜拉桥和混凝土斜拉桥由于自身的局限性难以满足大跨度的要求，混合梁斜拉桥集两者优点于一体，满足了大跨度（跨径800 m以上）的要求。

世界部分混合梁斜拉桥工程实例如表2.3所示。

表2.3 世界部分混合梁斜拉桥工程实例

编号	桥梁名称	国家	跨径布置（m）	主跨（m）	边跨（m）	边、中跨比	建成年份
1	俄罗斯岛跨海大桥（图2.11）	俄罗斯	（60+72+3×84）+1 104+（3×84+72+60）=1 872	1 104	384	0.348	2012年
2	香港昂船洲大桥	中国	（69.25+2×70+79.75）+1 018+（79.75+2×70+69.25）=1 596	1 018	289	0.284	2009年
3	鄂东长江大桥（图2.12）	中国	（3×67.5+72.5）+926+（72.5+3×67.5）=1 476	926	275	0.297	2010年
4	多多罗大桥	日本	（50+50+170）+890+（270+50）=1 480	890	270	0.303	1998年
5	九江长江公路大桥	中国	（70+75+84）+818+（233.5+124.5）=1 405	818	229	0.280	2013年
6	荆岳长江大桥	中国	（100+298）+816+（80+2×75）=1 079	816	230	0.282	2010年
7	武汉白沙洲长江大桥	中国	（50+180）+618+（180+50）=1 078	618	230	0.372	2000年
8	生口大桥	日本	（50+50+50）+490+（50+50+50）=790	490	150	0.306	2000年
9	重庆永川长江大桥	中国	（64+68+68）+608+（68+68+64）=1 008	608	200	0.329	2014年
10	舟山桃夭门大桥	中国	（48+48+50）+580+（50+48+48）=872	580	146	0.252	2003年
11	泸州长江六桥	中国	（55+60）+425+425+（60+55）=1 080	425	115	0.271	在建

图2.11 俄罗斯岛跨海大桥

图2.12 鄂东长江大桥

3）体系选择

混合梁斜拉桥支承体系基本与传统斜拉桥相同，即全漂浮体系、支承（半漂浮）体系、固结体系和刚构体系。混合梁斜拉桥支承体系包括竖向、纵向和横向支承体系。一般将竖向和纵向合在一起进行斜拉桥结构支承体系的划分，而横向支承体系则具有独立性。

相关文献研究表明：梁塔固结体系能显著提高结构的纵向刚度，可大大减小梁端和塔顶水平位移，但由温度引起的主梁轴力和塔根弯矩远大于漂浮体系结构。漂浮体系使温度力得到释放，但主梁和塔顶的水平位移较大；由纵向静风力和汽车制动力产生的塔底弯矩很大。从动力方面分析，全漂浮体系可以使结构固有周期加长，减小了地震力。桥塔处设竖向支座（半漂浮）对结构总体刚度和静力反应影响不大，仅对支座位置主梁局部受力有一定影响。

桥塔处设置纵向约束或有限位移约束，一方面可减小由活载、纵向静风力等产生的塔底弯矩和梁、塔的水平位移；另一方面，由温度引起的主梁轴力和塔根弯矩介于梁塔固结和漂浮体系之间。对于漂浮及半漂浮体系，通常需要设置纵向附加装置以改善结构的静、动力反应，由此形成纵向约束体系。附加装置根据提供的刚度和阻尼不同，可以分为弹性约束和阻尼约束两类。弹性约束通常采用水平拉索装置、大型橡胶支座等，提供附加刚度，对结构静、动力反应均有明显的影响；阻尼约束提供附加阻尼，使冲击荷载产生的能量大部分由装置吸收而不是结构吸收，对结构的动力响应有较大影响，但对静力反应无影响。因此，阻尼约束通常与静力刚性限位装置联合使用。阻尼约束主要对纵向地震力、汽车冲击力和纵向动风荷载起到约束作用，静力刚性限位则用以降低导致桥塔纵向弯矩过大的纵向风荷载等静荷载。

综上，混合梁斜拉桥的纵、竖向支承体系可大致归纳为三大类：

①动力阻尼限位约束体系：塔梁处竖向支承+动力阻尼限位装置。

②水平弹性约束体系：塔梁处竖向支承+水平弹性约束。

③半漂浮体系：塔梁处竖向支承。

具体选用哪种支承体系需综合考虑结构静动力分析及构造形式、施工方便性、运营管养难易程度等方面。通过对阻尼限位装置的技术参数和水平弹性约束的刚度进行优化，可以使结构的受力性能达到最优。

4）结构优化

对于混合梁斜拉桥，桥跨布设的关键内容是：在中跨及有通航要求的近塔边跨跨径确定的前提下，如何合理确定边中跨比及边跨分跨位置，以最大限度地发挥混凝土梁的作用，使之既能满足受力要求，又能达到经济合理且便于施工的目的。

边中跨比与钢混结合部位置密不可分，两者可以说是一个问题的两个方面。边跨分跨布置与钢混结合部位置同样密切相关。边跨分跨布置对全桥结构静、动力受力性能均有很大影响，同时也决定了桥梁施工方案和造价的合理性。因此，对于混合梁斜拉桥，选取合理的钢梁与混凝土梁连接位置，即钢混结合部的位置，是该类桥型设计和施工中需首先解决的关键问题。

混合梁斜拉桥的边跨混凝土梁的布置主要有两种形式。

①边跨的尾部一部分采用混凝土梁，钢梁和混凝土梁的接头设在边跨内的某个辅助墩附近。例如：主跨为1018 m的香港昂船洲大桥边跨跨径布置为69.25 m+70 m+70 m+79.75 m=289 m，其中混凝土梁长为239.25 m；主跨为890 m的日本多多罗大桥生口岛侧边跨布置为50 m+50 m+170 m=270 m，其中混凝土梁长为105.5 m，大三岛侧为270 m+50 m=320 m，混凝土梁长为62.5 m；我国湖北主跨为618 m的武汉白沙洲长江大桥边跨跨径布置为50 m+180 m=230 m，其中混凝土主梁长为87 m。

②边跨全部采用混凝土梁，钢混接头设在索塔向跨中方向的某个位置。例如：法国诺曼底大桥主跨为856 m，边跨有索区跨径布置为6×43.5 m+96 m=357 m，钢混接

头设置在向主跨跨中方向距离索塔 116 m 处；日本生口大桥主跨为 490 m，其边跨布置为 $3 \times 50\,m=150\,m$，钢混接头设置在向主跨跨中方向距离索塔 2.65 m 处；我国舟山连岛工程桃夭门大桥主跨为 580 m，边跨布置为 48 m+48 m+50 m=146 m，钢混接头设置在向主跨跨中方向距离索塔 1.67 m 处；我国重庆永川长江大桥，主跨为 608 m，边跨布置为 64 m+2×68 m=200 m，钢混接头设置在向主跨跨中方向距离索塔 10 m 处。

混合梁斜拉桥无论采用哪种布置方式，为保证主梁和索塔处于较理想的恒载状态，主梁边跨总长度和中跨跨径的合理比例是一个关键因素。

斜拉桥理想的恒载状态是：主梁恒载弯矩接近刚性支承连续梁弯矩，索塔恒载弯矩接近于零。显而易见，斜拉桥主梁和索塔要得到这一理想恒载状态，索塔两侧的主梁要求处于一定的重量平衡状态。

图 2.13 所示为一般双塔混合梁斜拉桥布置，g_a、g_m 分别为混凝土梁和钢梁，包括二期恒载在内的每延米重量，p_m 为满布作用在中跨的活载换算集度，L_a、L_m 分别为边跨的总长度和中跨跨径，L_{a1}、L_{a2} 分别为边跨内混凝土梁的长度和钢梁的长度，并设包括二期恒载在内的钢梁和混凝土梁每延米重量之比 $g_m/g_a=\beta_g$；在边跨内，钢梁与混凝土梁的长度之比 $L_{a2}/L_{a1}=\gamma$，$\gamma=0$ 时，即边跨全部采用混凝土梁。

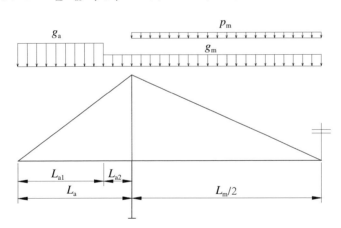

图 2.13 斜拉桥布置简图

根据理想恒载状态的要求，边跨主梁最小总长度应满足：边跨梁重平衡中跨梁自重，即恒载状态边跨不出现负反力。中跨满布活载时，边跨出现负反力，边跨与中跨跨径之比为：

$$\frac{L_a}{L_m} \geqslant \frac{\gamma + 1}{2} \sqrt{\frac{\beta_g}{\beta\gamma^2 + 2\gamma + 1}} \tag{2.1}$$

边跨主梁最大总长度应满足：边跨梁重平衡中跨满布活载时的总重量，这样边跨任何时候均不出现负反力，边跨与中跨跨径之比为（假定 $p_m/g_m=\beta_p=20\%$）：

$$\frac{L_a}{L_m} \leqslant \frac{\gamma + 1}{2} \sqrt{\frac{1 + \beta_p\,\beta_g}{\beta_g\gamma^2 + 2\gamma + 1}} = \frac{\gamma + 1}{2} \sqrt{\frac{1.2\,\beta_g}{\beta_g\gamma^2 + 2\gamma + 1}} \tag{2.2}$$

式（2.1）和式（2.2）给出了混合梁斜拉桥满足理想恒载状态要求的边、中跨之比的范围，混合梁斜拉桥合理的边、中跨比是由钢混梁重之比 β 和边跨内钢梁长之比 γ 决定的。设计混合梁斜拉桥时，首先拟定混凝土梁和钢梁的断面，便得到 β 值，再根据实际边跨桥墩的设置位置确定边跨内采用混凝土梁的长度，从而确定 γ 值，由上述两公式得到合理的边跨总长度。

实际上，当边跨混凝土略重于中跨时，边跨斜拉索索力仍可保持与中跨索力平衡，以保证索塔恒载弯矩为零。边跨超出的重量可由辅助墩平衡，同时在梁上附加了少量恒载弯矩；当边跨略轻于中跨时，可采用边跨压重或设置拉力墩的方法平衡中跨。从这个意义上来说，边、中跨的合理比值是一个范围的概念，而不是一个确定的数值。

就山地城市建桥条件而言，桥梁的布跨往往受水文或地形条件及通航限制。当桥梁边、中跨布跨受限制时或者在边、中跨的比例基本固定的情况下，这时可首先拟定混凝土梁和钢梁的断面，得到 β 值，再根据式（2.1）和式（2.2），反算出边跨内钢梁长之比 γ，由此得到满足理想恒载状态的合理混凝土梁长。

钢混结合部的位置，一方面决定了重量及刚度差别很大的钢梁与混凝土梁的长度比例，对全桥结构特别是主梁整体受力影响很大，需综合考虑跨径布置、辅助墩设置、塔梁约束条件、斜拉索疲劳性能等多方面因素的影响，合理的结合部位置能显著改善混合梁斜拉桥的整体结构性能；另一方面满足理想恒载状态的钢混接头的位置，对钢混接头自身来说，受力不一定合理，从钢混接头自身局部考虑，为防止混凝土开裂，钢混接头的理想位置是位于主梁弯矩和剪力都较小的区域。此外，钢混结合段位置的确定，除应考虑上述因素外，还应从施工简便、造价经济等多方面综合考虑。

表 2.4 列举国内外部分已建及在建大跨度混合梁斜拉桥结构支承体系及钢混结合部位置，以供参考。

表 2.4　国内外部分已建及在建大跨度混合梁斜拉桥结构支承体系及钢混结合部位置

编号	桥梁名称	国家	跨径布置（m）	结构支承体系（塔-梁）	钢混结合部位置距桥塔中心线（m）
1	香港昂船洲大桥	中国	（69.25+2×70+79.75）+1 018+（79.75+2×70+69.25）=1 596	容许主梁扭转，横向约束，纵向加液压缓冲器	边跨距桥塔49.75
2	鄂东长江大桥	中国	（3×67.5+72.5）+926+（72.5+3×67.5）=1 476	横、竖向约束，纵向黏滞阻尼器	中跨距桥塔12.5
3	多多罗大桥	日本	（2×50+170）+890+（270+50）=1 480	竖向支承，纵向弹性约束	边跨距桥塔164.5
4	诺曼底大桥	法国	518+856+737=2 111	塔墩梁固结	中跨距桥塔116
5	九江长江公路大桥	中国	（70+75+84）+818+（233.5+124.5）=1 405	横、竖向约束，纵向黏滞阻尼器	单侧混合梁，中跨距桥塔49.5
6	荆岳长江大桥	中国	（100+298）+816+（80+2×75）=1 079	横、竖向约束，纵向黏滞阻尼器	单侧混合梁，中跨距桥塔22
7	武汉白沙洲长江大桥	中国	（50+180）+618+（180+50）=1 078	横、竖向约束，纵向弹性约束	边跨距桥塔143

编号	桥梁名称	国家	跨径布置（m）	结构支承体系（塔-梁）	钢混结合部位置距桥塔中心线（m）
8	日本生口大桥	日本	（3×50）+490+（3×50）=790	桥塔处设支座，边墩设橡胶支座	中跨距桥塔2.65
9	重庆永川长江大桥	中国	（64+2×68）+608+（2×68+64）=1 008	横、竖向约束，纵向黏滞阻尼器	中跨距桥塔10
10	舟山桃夭门大桥	中国	（2×48+50）+580+（50+48×2）=872	横、竖向约束	中跨距桥塔16.7
11	汕头礐石大桥	中国	294+518+294=1 106	横、竖向约束，纵向弹性约束	边跨距桥塔100
12	泸州长江六桥	中国	（55+60）+425+425+（60+55）=1 080	中塔：塔墩梁固结，边塔及辅助墩均设单向（纵桥向）活动支座	中跨距边桥塔16

从表 2.4 可见，目前国内外大多数已建（在建）混合梁斜拉桥多为塔梁间设置竖向支承的竖向约束体系。

2.4.3　突破极限混合梁梁桥设计

1）梁桥的跨度发展纪录

第二次世界大战后，随着正交异性钢桥面的发展，超大跨径的钢箱梁桥的建设成为可能。1951 年，德国建成比较有名的跨径为 206 m 的诺伊斯莱茵河（Neuss Rhine）桥。1956 年，塞尔维亚建成跨径为 261 m 的贝尔格莱德（Belgrarde）萨瓦河一桥（Sava-1）。1974 年，修建的巴西里约尼特罗（Rio Niteroi，后改名为 Ponte Costa a Silva）桥，创造了钢箱梁桥跨径 300 m 的纪录，到目前为止此项纪录仍未被打破。

20 世纪 50 年代初，预应力混凝土的发明使混凝土箱梁的运用成为可能（表2.5、图 2.14）。德国莱恩河上的巴尔杜因施泰因（Balduinstein）桥首先采用了这一技术。这座桥主跨 62 m，由来自慕尼黑的工程师乌尔里希·芬斯特瓦尔德（Ulrich Finsterwalder）设计。他后来还设计了德国在科布伦茨（Koblenz）跨莱茵河的本多夫（Bendorf）桥，该桥主跨 208 m，建于 1962 年（图 2.15）。

从 20 世纪 70 年代末到 80 年代初，日本修建了几座更大跨度的预应力混凝土箱梁桥。1986 年建成的澳大利亚的布里斯班捷威（Gateway）桥，主跨达 260 m。位于挪威沃斯特沃尔（Austevoll）的斯托尔马桑德（Stolmasundet）桥是目前世界跨径最大的混凝土箱梁桥，主跨 301 m，于 1998 年建成。该桥主跨的中部使用轻质混凝土。为了保证混凝土的质量，这些轻质混凝土的骨料是从美国进口的。

图 2.14（b）为统计大跨度连续刚构桥的墩顶弯矩与其他荷载占恒载承载力图。一般情况下，其他荷载占恒载比例在 5% 以下时，该结构基本上成了一个不合理结构，结合图可以看出混凝土梁桥的极限跨度在 300 m。近年来，在山地城市跨江大桥设计中，由于水路运输相对低廉，为更好地利用内河航道水运，航道规划等级越来越高，

城市中跨江桥梁越来越密集，通航孔跨径要求越来越大，因此出现通航孔跨度与边跨跨径相对较大的特点。随着大跨度桥梁的发展，合理利用各种材料的组合性能，提高抵御荷载等的综合能力，确保全寿命周期内的费用最低是桥梁结构设计的发展趋势，钢-混凝土混合结构就是材料优化的一种具体体现。2006年，在主跨为330 m的重庆石板坡长江大桥复线桥设计过程中，创造性地提出钢箱替代主跨中央部分混凝土的钢与混凝土混合连续刚构桥（图2.16），首次提出以弯、剪为主的梁桥钢混接头构造，解决了混凝土桥自重大的世界难题，降低了混凝土收缩徐变对下挠的影响，将同类桥梁世界最大跨径由301 m提高到330 m，技术指标领先于世界同类桥梁，是桥梁建设技术的重大创新。同时，混合梁梁桥在国内也得到了发展，表2.6列出了4座国内混合梁桥的主要技术参数。

表2.5　混凝土连续刚构桥世界纪录

桥　名	年　份	跨径（m）
Balduinstein	1951	62
Worms	1953	114
Bendorf	1965	208
Koror	1976	241
Gateway	1986	260
虎门桥	1996	270
Raqftsundent	1998	298
Stolmasundet	1998	301
Sondoya	2000	298
重庆石板坡长江大桥复线桥	2006	330

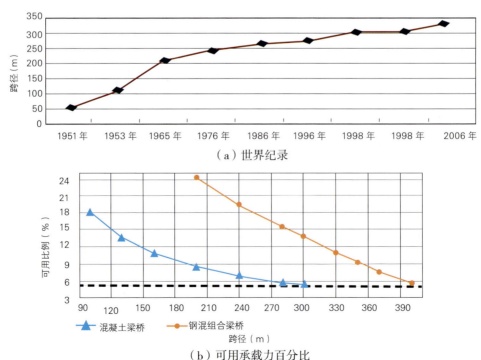

（a）世界纪录

（b）可用承载力百分比

图2.14　混凝土连续刚构桥

图 2.15 本多夫桥

图 2.16 重庆石板坡长江大桥复线桥

表 2.6 混合梁桥统计表

桥名	跨径布置（m）	结构体系	桥面宽（m）	截面形式	主跨梁高（m）		钢梁长（m）	边跨、主跨比 λ	钢梁、主跨比 μ
					根部 h_1	跨中 h_2			
重庆石板坡长江大桥复线桥	87.75+4×138+330+133.75	刚构-连续	19.0	单箱单室	16.0	4.5	108.0	0.405	0.327
中山小榄水道	98+220+98	刚构	15.3		11.0	3.6	87.0	0.445	0.395
瓯江大桥	84+200+84	刚构	15.5		9.0	3.5	80.0	0.420	0.400
重庆嘉华轨道专用桥	28+39+48+138+252+110	刚构-连续	12.5		15.7	5.0	92.0	0.437	0.365

采用混合梁桥设计的主要优点如下：

①有效地解决混凝土梁自重过大的问题，增强梁式桥的跨越能力。

②降低施工风险，加快施工进度。

③有效改善因混凝土收缩、徐变对大跨度梁桥后期线形变化的不良影响。

④有效改善大跨度混凝土梁桥腹板开裂对结构的影响，确保结构的耐久性。

2）混合梁桥总体布置

与墩梁一体化设计一样，长联大跨结构体系桥梁总长度基本在1km左右。除跨越江河的桥梁主跨需考虑设计洪水流量、桥位河段特性和通航净空外，其余孔径可根据结构受力合理、便于施工以及一定程度上桥梁形式的整体美观确定。

对于传统连续梁体系，影响结构受力的参数主要有两个方面：荷载与结构布置。其中，结构的边中跨比、梁体的高跨比以及截面的顶底板厚度与腹板宽度等设计参数都影响结构的受力。而混合梁体系又较之多了一个重要设计参数，即中跨内组合梁段的长度。边中跨比例 λ 和中跨组合梁长度比例 μ 对新型混合梁体系受力的影响最大。混合梁桥的边跨长度和中跨组合梁长度是相互影响的，增大中跨混合梁长度比例就可以在一定程度上降低结构的边中跨比例。当然，混合梁的长度不能过长，否则会使得混合梁位于受力不利的负弯矩区段。在中跨跨度和组合梁长度固定的情况下，边跨的长度不宜过长，一方面会引起中间墩较大负弯矩，另一方面将增加相应的工程数量和造价；边跨的长度不能过短，否则会引起边支座出现负反力，需对结构采取压重等特殊处理措施。从表2.6可以看出，总体结构布置中边跨与主跨跨径之比 λ 一般取0.4～0.45，主跨钢梁长度与主跨之比 μ 一般取0.3～0.4。

同样，为了减少支架的架设，更好地适应山地地形的复杂多变，其跨径布置应遵循以下原则：

①悬臂对称平衡施工。

②墩高跨径比例协调。

③避免高支架现浇施工。

3）混合梁桥原理

将刚构桥中跨简化为等截面固端梁，且将梁分为3等份。当中段采用钢箱梁，其余为混凝土箱梁，且钢箱梁自重集度 p_1 约为混凝土梁自重集度 p_2 的30%，则梁端负弯矩较全混凝土箱梁将减小35%。采用上述钢与混凝土混合结构形式后，中跨自重较全混凝土箱梁中跨自重效应将大幅降低，中跨混凝土箱梁长度将相对减少1/3，如表2.7、图2.17所示。

表2.7 梁端根部弯矩计算表

梁端根部弯矩 $M_a=(1/18 \times p_1+1/18 \times p_2)L^2$	M_{ai}	M_a/M_{a0}	备注
若 $p_1=p_2$	$M_{a0}=0.11p_2 \times L^2$	1.00	普通混凝土
若 $p_1=0.8p_2$	$M_{a1}=0.1p_2 \times L^2$	0.90	高强轻质混凝土
若 $p_1=0.3p_2$	$M_{a2}=0.072p_2 \times L^2$	0.65	钢混组合

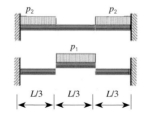

图2.17 结构原理图

　　基于上述原理，采用组合结构梁理念设计大跨径梁桥是解决有效梁桥自重效应大的问题和增大跨越能力的有效途径，即钢箱所占主跨长度越长，主梁端部弯矩越小，混凝土收缩徐变对主跨影响也相应减小。但钢和混凝土接头位置需考虑结构在恒载下有利于钢混接头传递弯矩、剪力的反弯点位置，桥梁结构边中跨比的整体平衡性，以及钢箱梁与混凝土箱梁的经济性等因素。通过综合分析，钢箱梁范围约为主跨的 1/3。

　　4）钢混凝土接头设计

　　在混合梁斜拉桥中，使用的钢混凝土接头大致有 3 种：钢板式、填充混凝土前承压板式、填充混凝土后承压板式，如图 2.18 所示。经分析比较，填充混凝土后承压板式构造刚度过渡较好，应力传递比较顺畅，应力扩散比较缓和，显得更合理。

　　按接合部的接合方式分为钢筋接合、锚杆接合、钢柱接合、局部承压接合 4 种，如图 2.19 所示。

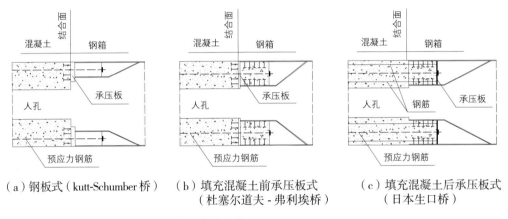

（a）钢板式（kutt-Schumber 桥）　（b）填充混凝土前承压板式　（c）填充混凝土后承压板式
　　　　　　　　　　　　　　　　（杜塞尔道夫 - 弗利埃桥）　　　　　（日本生口桥）

图 2.18　混合梁斜拉桥钢混凝土接头连接方式

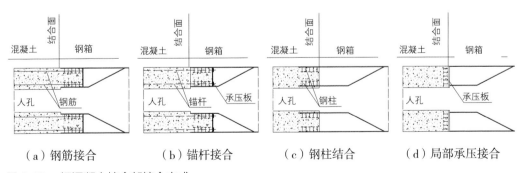

（a）钢筋接合　　　（b）锚杆接合　　　（c）钢柱结合　　　（d）局部承压接合

图 2.19　钢混凝土接合部接合方式

　　例如，重庆石板坡长江大桥复线桥钢混凝土接头采用了填充混凝土后承压板式的方式，如图 2.20、图 2.21 所示。通过将钢箱梁端部的顶板、底板和腹板做成双壁板，将填充的混凝土与紧邻的混凝土箱梁段的顶板、底板和腹板通过 PBL 剪力板、预应力钢筋和普通钢筋等得到很好的连接，再稍往前延伸将其与混凝土横隔板连接，预应力短束钢筋锚固在混凝土横隔板和钢箱横隔板上，预应力长束钢筋锚固在混凝土横隔板后梁段的顶板、底板的齿块上。

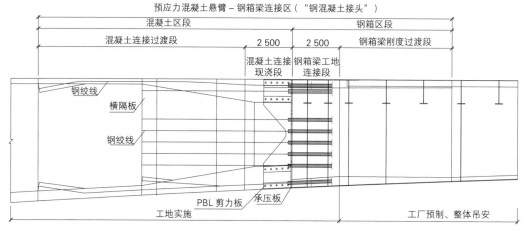

图 2.20　钢混凝土接头总体布置总示意图（单位：mm）

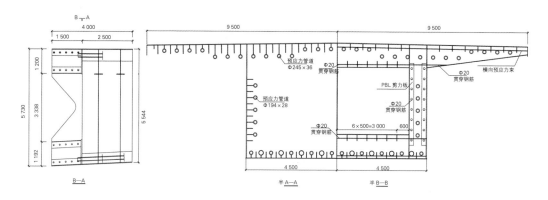

图 2.21　钢混凝土接头钢结构构造示意图（单位：mm）

钢混凝土接头钢结构设计，接头纵向长 4 m，其中钢箱部分长 2.5 m，内填充混凝土部分长 1.5 m，在结合面设置一块 50 mm 的承压板，连接钢箱梁部分顶板采用加劲板，与混凝土部分内的加劲板（PBL）对应。

5）PBL 剪力板设计

PBL 剪力板由带孔的钢板组成，在钢板孔中可以横穿钢筋，其作用机理主要有 3 个方面，如图 2.22 所示，其孔中混凝土破坏模式如图 2.23 所示。

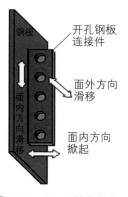

图 2.22　PBL 剪力板作用机理

①依据孔中混凝土的抗剪作用承担沿钢板的竖向剪力。

②依据孔中混凝土的抗剪作用承担钢与混凝土间的掀起力。

③依据钢板受压承担面外的横向剪力。

由于目前国内在 PBL 剪力板设计方面缺乏资料，因此参考欧洲规范进行 PBL 剪力板设计。

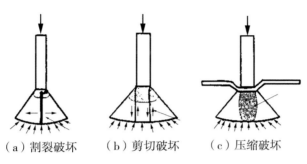

（a）割裂破坏　　（b）剪切破坏　　（c）压缩破坏

图 2.23　圆孔中混凝土破坏模式

2.5　山地特色多层次空间设计

山地城市空间结构受到"自然力"和"人工力"的双重作用。在山地城市发展建设过程中，地形地貌、河流水系等"自然力"影响和制约作用更大，并作为主要因素塑造了山地城市的空间结构，形成了特殊的"山—水—城—桥"空间关系。

在山地地形条件和高密度发展背景下，城市的城市空间结构与交通之间存在着独特的互相影响的关系。当前的城市空间结构决定当前的交通需求特征及交通系统运行状况。而交通供给改变了城市不同地区的可达性，引起空间结构的调整，决定了将来的空间结构。

组团式、带状、串联、星座式的布局结构，从总体和宏观层面概括了山地城市的空间形态特征。在中观层面，受自然山体、天然河流的制约和限制，城市空间拓展与自然山体、天然河流之间往往形成平行、围合、叠合、交错等不同的空间结构关系，体现出特殊的"山—水—城"空间组合特征。

由于大河阻隔，城市内联主要依靠跨江大桥。跨江大桥由于外部空间受江河限制，城市拓展受到局限，用地紧张，常在单坡或脊岭上建设城市，城市建成空间通常顺应等高线，分台建设。山体为城市提供建设基质，同时城市空间叠于山体发展，山体是城市的背景，山与城交相辉映。跨江大桥一方面突破城区河流的限制，使带状式的河流两岸有机结合，另一方面通过桥头接线使叠于山体的不同城市空间得以联系，形成了独特的"山—水—城—桥"城市空间。图2.24所示为在重庆南山瞭望渝中区,所看到的南山、长江、城市核心渝中区以及长江上的桥。

图2.24　在重庆南山瞭望渝中区

第3章 特色施工关键技术

3.1 渡洪施工技术

影响桥梁施工方案选择的最重要因素当属桥位的水文地质条件。山地城市江河水文地质条件具有以下特点:

1) 水位落差变化大

山地城市的河流多为山区河流,平时流量不大,而一旦遇上暴雨等天气,雨水则会在短时间内迅速汇集,从而导致河流水位暴涨。水文地质资料显示,重庆市嘉陵江在洪水期,北碚至朝天门段 24 h 内水位变化可达 10 m,长江重庆段 24 h 内水位变化可达 5 m。如果连续几天暴雨,则水位变化可达数十米。嘉陵江洪水期、枯水期水位高差达 40 多米。

2) 流速大、漂浮物多

通常在洪水期,山区河流流速可达 5 ~ 6 m/s,局部河段可能更高,且常会伴随着很多漂浮物,以杂草树木居多,有时还会有被洪水冲翻的船只顺水流下。如果水中的围堰等结构物碰到漂浮物并缠绕在一起,则会大大增加阻力。

3) 蓄水影响

山地城市桥梁施工,必须充分考虑河流水坝特殊的水文现象。如三峡水库一般都是在每年的洪水期末即 10 月份进行蓄水,大坝蓄水高度为 175 m。这是因为长江每年 11 月至次年 4 月是枯水期,175 m 蓄水高度主要是为了改善宜昌至重庆的航道,使上游水位变深、江面变宽、水流变缓、航运能力加强,万吨级船队可直达重庆,同时蓄水后可增加发电量。洪水期来临之前,三峡水库会加大泄水流量,腾出库容来迎接洪水。泄水通常在 3、4 月份进行。

4) 地形陡峭、场地狭窄

河流两岸地形陡峭,桥梁施工场地非常狭窄,往往给钻孔、围堰加工场地布置、设备配置带来很多困难,且大型设备无法进入。

桥梁渡洪施工方案的选择和桥梁的主体结构设计与桥位的水文地质特点密切相关,甚至连施工队伍进场施工时间的确定都十分重要。针对不同的建设条件，选择合适的渡洪施工措施尤为重要，既要经济，又要安全。考虑合理的土围堰、混凝土围堰（防汛墙）、钢围堰等是山区桥梁水中基础施工不可或缺的措施。以下主要介绍防汛墙及钢围堰的设计、施工关键技术。

3.1.1 防汛墙

防汛墙的设计应充分结合岸边坡势较陡、岩体较好的有利地形，同时水位差不超过 10 m 时，采用防汛墙渡洪施工既经济又快捷。下面以重庆菜园坝长江大桥 P18 号墩基础施工为例，介绍防汛墙的设计。

重庆菜园坝长江大桥 P18 号墩位于长江南岸侧，枯水期位于长江水位以上，北临江，南面山，地质条件较好。覆盖层为 3 ~ 4 m 的砂卵石，其下岩石为泥岩，沿桥纵向高差 9 ~ 10 m。为充分利用山体以及减少山体开挖，采用三面设防汛墙的方案渡洪。外侧由于覆盖层为砂卵石，枯水时水深 1 ~ 2 m，采用袋装黏土夹心墙围堰，顶面宽 2 m，顶标高 163.0 m，外侧坡度 1∶1；内侧坡度 1∶0.5，平均高度 3.5 m，总长 60 m。防汛挡水墙为 C25 钢筋混凝土锚杆结构，呈 U 形，顶高 168.0 m，顶宽 0.6 m；基础为 1 m×2 m 扩大基础，嵌岩深度不小于 0.5 m，基底嵌入 ϕ25 钢筋锚杆，45 cm×45 cm 梅花形布置，锚入岩层中 2 m，嵌入混凝土结构中 0.6 m，上游 49.14 m，下游 70.74 m。边坡处理采用锚杆加固挂网喷射混凝土支护，挂网框条为矩形，其尺寸为 200 cm（宽）×250 cm（高），表层采用 10 cm 喷浆 C25 混凝土，框条结点处和框格中心处打设锚杆。锚杆长度分别为 15 cm、12 cm。在胶结砂土层的锚杆为 ϕ25 mm 螺旋钢筋。若地质为卵砾石土层，采用 MAI 迈式 ϕ32 mm 锚杆。

1）围堰措施

为保证围堰不漏水，将松散土层清挖后，用空气吸泥法将围堰与地面基础接触处的浮土吸净。扎围堰时，袋装土一层一层紧密结合，并用人工夯实，围堰尺寸不小于设计要求。在桥墩基础施工过程中未出现漏水现象。

2）上游边坡处治

上游基坑边坡受污水管道工程施工和南岸滨江路工程施工的相互影响，边坡存在坍塌隐患，从而影响大桥基础施工，故采取锚杆加固挂网喷射混凝土支护措施。挂网框条为矩形，其尺寸为 200 cm（宽）×250 cm（高），表层采用 10 cm 喷浆 C25 混凝土，框条结点处和框格中心处打设锚杆。锚杆长度分别为 15 cm、12 cm。在胶结砂土层的锚杆为 ϕ25 mm 螺旋钢筋。若地质为卵砾石土层，采用 MAI 迈式 ϕ32 mm 锚杆。在脚手架搭设前对边坡的稳定情况进行观察，确定安全后再进行其脚手架搭设。ϕ25 mm 钢筋锚杆采用气腿式凿岩机钻孔，孔径 90 mm，注浆采用压力泵注浆，1∶1 水泥砂浆，工作压力为 0.1 MPa。锚杆成梅花形布置。喷射混凝土采用混凝土喷射机，其工作压力为 0.4 ~ 0.7 MPa。喷射作业时，第一层喷射混凝土的厚度为 3 ~ 4 cm，第二层喷射混凝土在第一层混凝土终凝后进行。

3）防汛墙施工

防汛挡水墙为 C25 钢筋混凝土锚杆结构，呈 U 形，顶高 168.0 m，顶宽 0.6 m，基础为 1 m×2 m 扩大基础，嵌岩深度不小于 0.5 m（图 3.1），基底嵌入 ϕ 25 mm 钢筋锚杆，45 cm×45 cm 梅花形布置，锚入岩层中 2 m，嵌入混凝土结构中 0.6 m。采用水平分层施工方法，施工缝设置加强构造钢筋，并进行特殊处理。受施工现场的地势、环境及水文条件限制，混凝土采用商品混凝土，从陆上运输到施工现场，利用拖泵进行混凝土浇筑。随后进行基础施工。

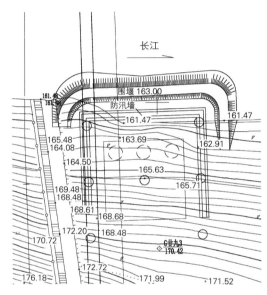

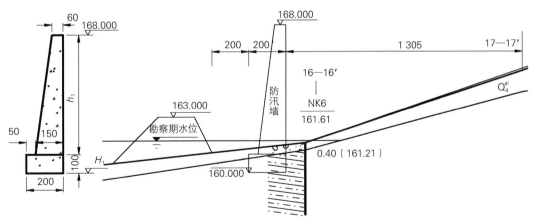

图 3.1　防汛墙平、立面图（单位：标高以 m 计，其余为 cm）

3.1.2　钢围堰

桥梁工程中应用于渡洪施工的另一项技术则是钢围堰。钢围堰具有结构强度高、加工制造方便、现场安装方式灵活多样、工程材料可回收利用的特点，在三峡库区跨越长江及其支流的桥梁建设中得到广泛应用。

单、双壁围堰的选择主要受设计水头的控制。通常当设计水头超过 9 m 时，如果仍采用单壁围堰，则用钢量就很不经济，而且也不安全；而当设计水头小于 9 m 时，单壁围堰就具有明显的经济性。

重庆红岩村嘉陵江大桥位于重庆主城区，桥位区嘉陵江北岸为堆积岸，高程 170 ~ 175 m 一带为平缓河漫滩，地表堆积砂卵石及粉细砂，P3 号桥塔位于该地带，承台埋置于河床线下，顶面高程为 169.318 m。嘉陵江南岸为冲刷岸，地形较陡，地形坡角大，P4 号桥塔位于河床中，承台顶面高程为 164.068 m，如图 3.2 所示。

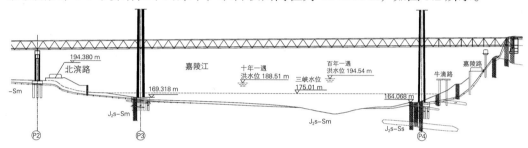

图 3.2　重庆红岩村嘉陵江大桥桥位地形、地质剖面图

嘉陵江是长江主要支流，江水自西向东流，在朝天门汇入长江，工程河段枯水季节一般在 11 月至次年 4 月，最枯水位 3 月至 5 月。汛期洪水主要由暴雨形成，多出现在 6 月至 9 月。三峡水库正常蓄水后水库按 175 m 方案运行时，嘉陵江回水至北碚麻柳坪，工程河段处于水库变动回水区，枯水水位抬升 10 ~ 15 m，每年 10 月至次年 2 月水位主要受三峡水库蓄水水位影响。因此，桥位区嘉陵江水位枯季为水库特性，汛期为天然河道，具有水库和天然河道的双重特性。根据相关专项论证成果，三峡水库建成后百年一遇洪水时，桥位处的洪水最大流速为 4.08 m/s，十年一遇洪水位为 188.51 m。

根据地形、水文资料，除最枯水位的 2 ~ 3 个月时间，其余时段桥塔处水深将在 6 ~ 25 m 变化。为了降低水位条件对大桥桥塔塔身施工的干扰，确定采用双壁钢围堰施工措施方案。

1）钢围堰设计

钢围堰的平面形状与桥梁承台形式密切相关，常见的有圆形、矩形和圆端形等。重庆红岩村嘉陵江大桥的主塔基础承台为分离的圆形，每个桥塔上、下游各自立一个承台。因此，钢围堰也采用分离的圆形布置，这也是最有利于承受水压力的方案。

钢围堰总高 25.75 m，竖向分 4 节，单壁、双壁混合结构，由底至上每节高度为 6.25 m+7 m+7 m+5.5 m，最上节为单壁，其下为双壁。钢围堰外径 28.8 m，内径 25.8 m，壁厚 1.5 m。钢围堰平面等分为 12 块，每块均为独立的隔仓。封底混凝土厚度为 2.5 m，如图 3.3 所示。

钢围堰内外面板、刃脚面板及隔仓板厚度均为 6 mm；水平环肋间距 1 m，宽度

160 mm，采用厚度为16 mm环形钢板焊接；竖向加劲肋采用∟80×80×8 mm角钢；内外壁间斜角撑及直撑采用∟80×80×8 mm角钢，组成空间桁架结构。单壁部分外面板、环形钢板、竖向加劲肋钢材型号、布置同双壁部分。钢围堰上、下层间及各层块段间均采用焊接连接。

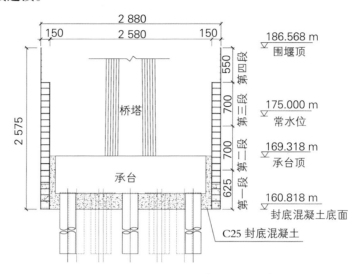

图3.3　P3号桥塔双壁钢围堰立面图（单位：cm）

2）钢围堰受力特点及计算分析

对于钢围堰来说，结构的作用荷载主要是静水压力、动水压力、结构自重。其中，静水压力对结构起控制作用。动水压力的计算按照《公路桥涵设计通用规范》（JTG D60—2015）计算压强值，然后按照倒三角形布置加载在结构的迎水面上。

由于钢围堰受力与水位密切相关，为了提高结构的经济性，通常根据施工方案，将不同水位情况下的钢围堰划分为"工作状态"和"非工作状态"两种工况。水位低于控制目标水位时为"工作状态"，此时有施工人员在围堰内进行施工，必须保证结构的绝对安全。"非工作状态"是指出现概率较小、水头差较大的状况，此时，水位超过控制目标水位直至围堰顶。重庆红岩村嘉陵江大桥主塔基础钢围堰设定的控制目标水位为175.0 m，封底混凝土顶标高为163.3 m，围堰内外水头差为12 m。"非工作状态"工况下，堰顶标高为186.568 m，此时最大水头差超过23 m，需采取往钢围堰内部及隔舱内注水的方式确保结构安全。有限元计算结果表明，"工作状态"下钢围堰结构最大应力小于200 MPa，最大变形为4.4 mm，通过在隔舱内浇筑混凝土能有效改善底部节段钢围堰的应力状态。"非工作状态"工况下，控制内外水头差不大于9 m的情况下，结构最大应力小于161 MPa，最大变形为8.5 mm。

除了需仔细复核结构强度，钢围堰的整体稳定同样是重要的安全因素，其与钢围堰施工方案密切相关。通常，钢围堰施工可分为先下钢围堰后成桩和先成桩后下钢围堰两种方式。先下钢围堰能节省钻孔平台费用，但施工工期长，钢围堰自身稳定性要求高。先成桩的方式工期短，钢围堰整体稳定安全性好，但工程费用增加。针对重庆红岩村嘉陵江大桥主塔基础钢围堰不同工况进行了复核计算（表3.1）。

工况1：水位为常水位175 m，完成封底混凝土浇筑且桩基成桩前，围堰内外水头差不大于9 m。

工况2：水位为常水位175 m，完成封底混凝土浇筑且桩基已成桩（此时基桩钢护筒提供部分抗浮力）。

工况3：水位达到堰顶标高186 m，完成封底混凝土浇筑且桩基已成桩（此时基桩钢护筒提供部分抗浮力），围堰内外水头差不大于8 m。

表3.1　钢围堰整体稳定计算汇总表　　　单位：kN

荷载工况	抗浮稳定性			抗滑移			抗倾覆		
	浮力	抗力	安全系数	作用	抗力	安全系数	作用	抗力	安全系数
工况1	92 552	104 124	1.13	1 475	5 207.4	3.53	17 848	166 637	9.3
工况2	95 762	114 539	1.20	1 475	—	—	17 848	270 389	15.1
工况3	162 712	177 274	1.09	3 502	—	—	69 340	209 693	3.0

总体而言，抗浮稳定性是控制钢围堰设计的关键。当钢围堰安装到位，浇筑封底混凝土后，此时的抗浮能力最弱，"工作状态"下最大水头差不能超过9 m，抗浮安全系数为1.13；当桩基础浇筑完成后，基桩钢护筒提供部分抗浮力能有效改善抗浮稳定性，"工作状态"下可确保围堰内进行抽水形成干施工环境，抗浮安全系数为1.20；当承台浇筑后，结构的稳定性能得到有效保障。

3）钢围堰施工

桥位区的覆盖层较薄，承台底面置于岩面线下，考虑到每年3月至5月嘉陵江水位处于最低的情况，现场制订了针对性的桩基础、钢围堰同步实施、枯水期现场逐块拼装钢围堰的施工方案。2013年1月项目动工后，利用桥位区江北岸的滩地，平整出现场加工场地，用于加工钢围堰单元件。同时通过专项论证，在墩位区采取人工挖孔的方式施工主塔桩基础。2月下旬，随着三峡水位下降，同步开始钢围堰基坑开挖工作。通过调配充足的设备和人力、物力，3月上旬开始在现场逐段组拼钢围堰底节段，其后完成封底混凝土浇筑。于4月初完成底部3个节段的拼装，为在6月洪水来之前完成承台施工奠定了良好的基础。重庆红岩村嘉陵江大桥主塔基础工程最终于2013

图3.4　底节钢围堰拼装及钢护筒定位

图3.5　钢围堰加工及拼装

年7月完工,比原计划工期提前将近一年。图3.4所示为底节钢围堰拼装及钢护筒定位,图 3.5 所示为钢围堰加工及拼装。

3.2 超宽桥梁挂篮施工技术

3.2.1 挂篮发展

挂篮是现代混凝土桥梁施工的常用施工设备,挂篮最先使用于预应力混凝土梁桥的建造上。1950 年,由德国工程师率先采用挂篮悬臂浇筑混凝土,修建预应力混凝土连续梁桥。施工中,利用已建成的桥墩沿桥跨径方向逐段悬出接长对称施工。悬臂施工中,桥墩与梁固结,桥墩要承受不对称弯矩。悬臂施工时,随着梁段增加即悬臂长度的增加,梁段内出现的负弯矩不断增大,对混凝土桥必须在梁上缘施加预应力,才能使其已施工完成的梁段连成整体。这就是后来的挂篮施工方法。

经过多年的发展、应用,挂篮得到了长足的发展,其结构、功能进一步丰富和完善。挂篮按受力方式可分为后支点挂篮和前支点挂篮。

1)后支点挂篮

后支点挂篮(即后支点普通悬臂挂篮)主要结构特点是依靠已浇筑的梁体来承担挂篮自重及下一节段梁体自重。后支点挂篮主要受力构件为悬臂纵梁(桁梁),挂篮底平台的前端悬挂于悬臂纵梁的前端,后端挂于已浇节段上,承担待浇节段荷载。后支点挂篮悬臂纵梁常采用形式为三角形、菱形、弓形或矩形桁架,三角形挂篮、菱形挂篮最为常见。主纵梁的后端通过锚固或者压重的方式锚固于已浇梁段。后支点挂篮广泛用于连续梁、连续刚构和斜拉桥。

2)前支点挂篮

前支点挂篮主要用于斜拉桥施工,利用待浇节段的斜拉索,形成挂篮的前支点,和已浇梁体共同来承受下一节段现浇梁体重量。前支点挂篮主要承载构件为挂篮平台,平台主梁常采用型钢结构、钢箱梁结构、桁架结构等形式。

随着城市功能的不断完善和交通流量的日益增加,城市跨江桥梁车道数的增加势必引起桥梁结构有超宽、大悬臂翼板、扁平流线型等发展趋势,单节段重量也会有所增加,对挂篮施工技术也提出了创新的要求。

3.2.2 前、后支点组合式挂篮

前、后支点组合式挂篮是针对重庆双碑嘉陵江大桥超宽、超重大断面单索面混凝土节段悬臂浇筑施工而发明的一种挂篮结构体系。该体系前、后支点挂篮组合可增强挂篮总体稳定性,并减轻其结构自重。作为与前、后支点挂篮两种受力特征和变形特

征完全不同的挂篮，其组合结构变形协调性以及对施工的影响是设计的重点。

重庆双碑嘉陵江大桥主桥为高低塔单索面曲线预应力混凝土斜拉桥，跨度布置为（75+145+330+95）m=645 m，如图 3.6 所示。主梁采用大悬臂倒梯形单箱三室箱梁断面，桥面宽 32.5 m，标准节段长 7 m，如图 3.7 所示。主梁纵向设 2 道直腹板，标准节段重 461 t，总体布置较轻盈。但是，25 号辅助墩附近几个节段重量超重，辅助墩顶节段重 702 t，相邻节段重 568 t，是控制挂篮设计的关键节段。

图 3.6　重庆双碑嘉陵江大桥实景图

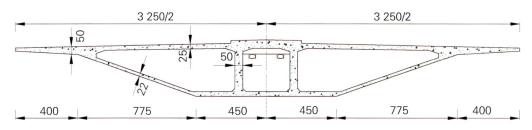

图 3.7　重庆双碑嘉陵江大桥主梁横断面（单位：cm）

1）前、后支点组合挂篮优缺点

目前，国内外斜拉桥主梁施工挂篮按受力形式主要分为前支点与后支点两种，其各有优缺点。

（1）后支点挂篮

后支点挂篮的优点：无须使用前端斜拉索，仅靠挂篮主体结构的刚度来形成悬臂体系，悬挂挂篮底平台，并在底平台上进行混凝土浇筑。后支点挂篮结构简单，受力明确，行走方便，在连续刚构桥和斜拉桥上使用广泛。

后支点挂篮的主要缺点：挂篮自重和待浇混凝土荷载对前一节段已浇筑的梁将产生较大的施工应力；对于悬臂较大、重量较重的节段，其设计也不经济。

（2）前支点挂篮

前支点挂篮的优点：利用待浇节段的斜拉索作为挂篮的前支点，与已浇筑节段上的锚固点一起形成简支体系，挂篮平台及主要承重结构在桥梁下面。

　　由于前端有斜拉索作用,新浇筑混凝土荷载由前端斜拉索和已浇筑节段共同承受,有利于减少已浇筑节段的施工应力。同时,混凝土浇筑过程中和初凝前,通过调整前端斜拉索索力,可以调整混凝土节段无应力标高,有利于施工控制。

　　前支点挂篮的主要缺点:挂篮主桁的布置受斜拉索位置的限制较大,特别是针对单索面宽主梁斜拉桥,前支点的斜拉索位于宽主梁的中间,结构空间传力系统复杂,横向稳定性设计难度大,主梁横向的高差调整难度大;另外,挂篮的行走系统也比较复杂。

　　为充分利用前、后支点挂篮的优点,克服各自缺点,提出的前、后支点组合式挂篮结构体系,如图 3.8 所示,运用情况如图 3.9、图 3.10 所示。

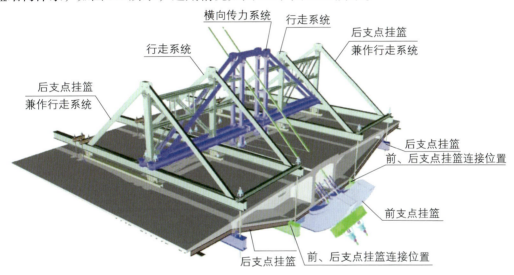

图 3.8　前、后支点组合式挂篮结构体系示意图

图 3.9　挂篮正面图

图 3.10　挂篮对称悬浇主梁

　　前、后支点组合式挂篮体系含两套后支点挂篮和一套前支点挂篮,后支点挂篮在混凝土主梁两侧,主要承担翼板和斜腹板部分荷载;前支点挂篮位于主梁中间对应于

单索面斜拉索位置，主要承担主梁中间和斜腹板部分荷载。挂篮底平台横向分为后支点挂篮平台、前支点挂篮平台和后支点挂篮平台等三部分，三者之间采用铰接连接，以使前、后支点挂篮组合在一起，具有如下优点：

①在前支点挂篮两侧增设两组后支点挂篮，在挂篮底平台前端横向形成了3个支承点，可增强横向稳定性。

②两组后支点挂篮可以分别调整各自的前吊点标高，解决了横向标高差异调整和横向不平衡力调整问题，使主梁施工控制更准确。

③前、后支点挂篮相互协同受力，使挂篮结构设计得到优化，在长节段、大吨位、宽主梁、单索面等方面的适应性得到进一步加强，并将挂篮自重控制在设计限制范围内。

④前、后支点挂篮底平台之间采用铰接，使挂篮翼板受力更明确，在温度发生变化及斜拉索伸长时，翼板受力基本不会受到影响，从而可确保挂篮对已浇筑混凝土的作用力控制在设计许可范围内。

⑤后支点挂篮底平台与前支点挂篮底平台之间为铰接，以使挂篮安装、拆卸方便。

2）前、后支点挂篮变形特征和变形控制

（1）后支点挂篮变形特征和变形控制

如图3.11（a）所示，后支点挂篮底平台前端悬挂在承重悬臂系统前端，后端悬挂在已浇筑混凝土节段上。其变形特征和变形控制为：混凝土浇筑前，挂篮前吊点标高调整到立模标高；混凝土加载过程中，悬臂承重结构前端下挠，同时致挂篮底平台前端下挠。挂篮底平台纵梁作为简支梁，后端锚固在已浇筑混凝土上，变形小。底平台中间在混凝土荷载下产生竖向变形，并与悬臂承重结构前端变形叠加，底平台前端变形与悬臂承重结构前端变形基本相同。

（2）前支点挂篮变形特征和变形控制

如图3.11（b）所示，前支点挂篮底平台主梁前端锚固在斜拉索上，后端锚固在已浇混凝土上。其变形特征和变形控制为：混凝土浇筑前，调整斜拉索索力，并调整到立模标高。混凝土浇筑过程中，斜拉索伸长，挂篮前端下挠，受混凝土荷载和前端斜拉索伸长影响，底纵梁发生综合变形。由于斜拉索受载后变形较大，混凝土浇筑到一半时，往往要进行一次调索，通过张拉斜拉索将挂篮前端标高上调，待浇筑剩余的混凝土时，再下挠到控制标高。

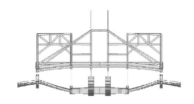  

（a）后支点挂篮变形示意图　　（b）前支点挂篮变形示意图　　（c）组合挂篮变形示意图

图3.11　挂篮变形示意图

3）前、后支点组合式挂篮变形特征和变形控制

对于变形控制，后支点挂篮采用一次标高控制。但按照规范，后支点挂篮变形必须控制在 2 cm 以内，而前支点挂篮因变形较大，一般采用两次标高控制。混凝土浇筑过程中，通过调整斜拉索标高来控制成型标高，有的甚至在混凝土浇筑完成时，还要对标高进行复核和微调。前、后支点组合式挂篮的变形存在协调问题，其变形示意图如图 3.11（c）所示。由图可见，中间的前支点挂篮变形会对两边后支点挂篮横向变形产生影响。中间前支点挂篮斜拉索伸长时，挂篮下挠，两端后支点挂篮在前、后支点挂篮连接部位会随之下挠，相应外侧会产生上翘，反之亦然。

前后支点挂篮组合体系之间会产生几何非线性变形，其将可能对混凝土浇筑过程产生影响。特别是对挂篮前支点斜拉索进行两次调索时，由于前支点挂篮变形出现转折点，对应的影响后支点挂篮部分出现相反的变形转折点。

分别对挂篮进行了一次调索和两次调索加载、卸载、持荷、偏载试验，对挂篮横向变形进行观测，并基于试验数据和变形情况分析得出如下结论：

①挂篮变形规律与理论分析基本一致。

②25% ~ 75% 加载期间，前支点挂篮部分下挠，后支点挂篮底平台外侧有所上翘；加载 75% 时，上翘明显；而在加载 100% 时，由于增加的荷载主要集中于翼板位置，故翼板两端迅速由上翘变为下挠，相对变形达到 60 mm。

③100% ~ 120% 加载过程中，挂篮呈整体均匀下沉趋势。

④挂篮加载完毕并将其锁定后，挂篮各部位在温度场变化下，挂篮各部位变形在 1 mm 以内，且相对均匀。

⑤卸载后，挂篮基本回到初始状态。加、卸载过程中，偏载对相应位置的后支点挂篮产生影响，对其他部位基本无影响，相对的偏载变形和结构反力与理论分析较为吻合。

由上述变形分析可以看出，由于横向铰的存在，挂篮翼板边缘在加载 75% ~ 100% 荷载时，从上翘变为下沉，存在挂篮相对几何变形，所以相对变形较大。挂篮体系在加载 100% 后，形成了稳定平衡体系。对挂篮试验两次调索和一次调索进行比较可知，两次调索仅在中间过程中多了一次几何变形，最终结果与一次调索基本相同。

4）变形协调性影响及对策

对挂篮变形协调性进行分析，可以发现，组合式挂篮在施工过程中，前支点挂篮变形会影响后支点挂篮变形，特别是翼板位置变形与中间位置变形差异较大。当前支点挂篮主动调索时，前支点挂篮变形发生转折，后支点挂篮翼板位置也会发生较大变化。

理论上，这些变形表现为挂篮各部位非均匀变形，变形协调性较差。对其变形协调进行如下分析。

挂篮在底板和斜腹板混凝土浇筑过程中，荷载基本上集中于前支点挂篮平台上，

挂篮中间开始下挠，外侧翼板位置由于无混凝土压重而上翘；如果此时对前支点挂篮拉索进行主动调整，则底板位置上抬，翼板位置反向下挠；浇筑翼板和顶板混凝土时，翼板位置下挠明显，底板位置变形不明显。

由于加载过程中组合挂篮横向变形不同步，特别是进行了两次调索后，挂篮各部分会产生较大相对变形，因此在混凝土初凝到养护直至达到设计强度这段时间内，将可能对混凝土产生扰动，从而影响混凝土的初期强度和初期裂纹的发展，特别是当混凝土缓凝时间不稳定时，影响可能会更大。

针对前、后支点组合式挂篮横向变形协调问题，进行了如下几项分析：

①分析塔、梁、索总体温度场变化对挂篮变形的影响，了解挂篮施工全过程中的变形控制情况。

②改变前、后支点组合挂篮的横向组合刚度并进行对比研究。在大桥东、西两岸采用不同的横向组合刚度设计，东岸挂篮底平台改为桁架式结构，挂篮底平台连接横向部位由单铰改为双铰，对两种横向刚度不同的组合挂篮进行对比分析。

③对混凝土品质进行专项研究，优化配合比，确保混凝土在各种环境下缓凝时间不低于25 h，且其浇筑完成后未初凝。混凝土初凝前的扰动或振捣对其凝结不会产生不利影响。

④取消混凝土浇筑过程中的主动调索工序，强化变形预控，确保施工索力和标高在混凝土浇筑前一次调整到位，混凝土达到强度前和预应力张拉前不进行调索。

⑤对翼板和顶板混凝土浇筑顺序进行微调，底板、斜腹板混凝土浇筑完成后，先浇筑翼板混凝土，再浇筑顶板混凝土，以减少集中浇筑翼板时翼板位置的相对变形量。

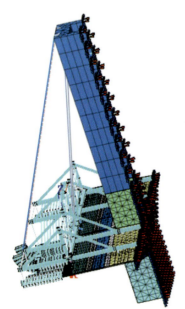
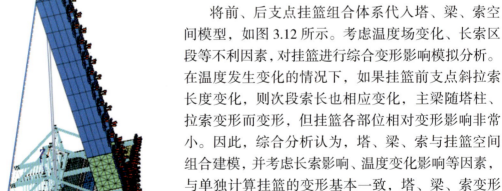
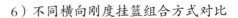

5）塔、梁、索总体温度场变化对挂篮变形的影响

将前、后支点挂篮组合体系代入塔、梁、索空间模型，如图3.12所示。考虑温度场变化、长索区段等不利因素，对挂篮进行综合变形影响模拟分析。在温度发生变化的情况下，如果挂篮前支点斜拉索长度变化，则次段索长也相应变化，主梁随塔柱、拉索变形而变形，但挂篮各部位相对变形影响非常小。因此，综合分析认为，塔、梁、索与挂篮空间组合建模，并考虑长索影响、温度变化影响等因素，与单独计算挂篮的变形基本一致，塔、梁、索变形对挂篮变形无明显影响。

6）不同横向刚度挂篮组合方式对比

为了对比不同横向刚度挂篮组合方式的变形差异，在重庆双碑嘉陵江大桥东岸挂篮设计中，将前、后支点挂篮间的横向设单铰铰接改为设双铰固接，

图3.12 温度场影响挂篮与塔梁索空间组合模型

并在实施过程中，与设单铰挂篮进行了对比研究。

东岸挂篮横向改为双铰后，横向刚度有所加强，支座反力、变形和应力略有改善，总变形量与设单铰挂篮基本相同，相差在 1 mm 以内，但挂篮自重增加 15 t 左右。由于翼板反力控制与设单铰挂篮一样，也采用横向斜拉系统主动控制，故可确保设计对已浇主梁的限制力要求，挂篮自重增加对施工影响不大，东、西两岸挂篮在施工控制上没有发生变化。

实施过程中，将东、西岸不同横向刚度的挂篮组合方式进行了对比，东岸双铰组合挂篮与西岸单铰组合挂篮变形差异均控制在 15 mm 以内。从挂篮总变形量看，后支点挂篮部分变形小于 2 cm，前支点挂篮部分变形小于 3 cm，两种挂篮组合方式变形相差不大。

3.3 超大结构的运输、吊装技术

钢结构既环保又快捷，越来越多地运用于桥梁结构中。同时，工厂化生产、大型化运输、安装也更多运用在桥梁建设中，表 3.2 为国内外钢主梁施工方式统计表。从表中可以看出，钢主梁施工方式主要有：单元件拼装、整体吊装（缆载吊机、桥面吊机、浮吊、天吊）、顶推等系统。受到山地城市江河、水文、地质条件限制，采用大型浮吊船、桥面整体吊机节段吊装实现难度非常大。

表 3.2 国内外钢主梁施工方式统计表

序 号	桥 名	跨径布置（m）	桥梁形式	施工方式
1	重庆江津鼎山长江大桥	216.5+464+216.5	钢桁梁斜拉桥	单元件拼装（桥面吊机）
2	重庆石板坡长江大桥复线桥	主跨 330	钢 - 混合梁箱形梁桥	103 m 钢箱梁整体吊装
3	重庆寸滩长江大桥	主跨 880	单跨钢箱梁悬索桥	缆载吊机整体吊装
4	重庆江津几江长江大桥	主跨 600	单跨钢箱梁悬索桥	缆载吊机整体吊装
5	渝利铁路韩家沱长江大桥	81+135+432+135+81	钢桁梁斜拉桥	单元件拼装（桥面吊机）
6	湖北黄冈长江大桥	81+243+567+243+81	公铁两用钢桁梁斜拉桥	单元件拼装（桥面吊机）
7	芜湖长江大桥	180+312+180	连续钢桁梁低塔斜拉桥	单元件拼装（桥面吊机）
8	京福高铁铜陵长江公铁大桥	90+240+630+240+90	公铁两用钢桁梁斜拉桥	单元件拼装（单桁片）
9	郑新黄河大桥	第一联：120+5×168+120 第二联：5×120	单索面部分斜拉连续钢桁结合梁 连续钢桁结合梁	第一联：顶推 第二联：单元件拼装
10	福厦铁路闽江特大桥	99+198+99	连续钢桁梁柔性拱	单元件拼装（桥面吊机）

续表

序　号	桥　名	跨径布置（m）	桥梁形式	施工方式
11	南京大胜关长江大桥	109+192+2×336+192+109	六跨连续钢桁梁拱桥	单元件拼装
12	朝天门长江大桥	190+552+190	连续钢桁系杆拱桥	单元件拼装（悬臂）
13	武汉天兴洲长江大桥	98+196+504+196+98	钢桁梁斜拉桥	整体吊装（桥面吊机）
14	大连星海湾跨海大桥	180+460+180	钢桁梁悬索桥	整体吊装（浮吊、液压提升、缆载吊机）
15	重庆菜园坝长江大桥	88+102+420+102+88	钢桁梁系杆拱桥	整体吊装（天吊）
16	重庆鹅公岩大桥	主跨 600	钢箱梁悬索桥	整体吊装（天吊）
17	上海闵浦大桥	4×63+708+4×63	钢桁梁斜拉桥	整体吊装（桥面吊机）
18	上海闵浦二桥	38.25+147+251.4	独塔钢桁梁斜拉桥	整体吊装（400 t，浮吊）
19	贵州坝陵河大桥	主跨 1 088	钢桁梁悬索桥	单元件拼装（桥面吊机）
20	北盘江大桥	主跨 636	钢桁梁悬索桥	整体吊装（天吊）
21	果子沟大桥	170+360+170	钢桁梁斜拉桥	单元件拼装
22	明石海峡大桥	960+1 990.8+960.3	三跨钢桁梁悬索桥	单元件拼装（单桁片）
23	日本柜石岛桥	185+420+185	钢桁梁斜拉桥	单元件拼装（单桁片）
24	香港汲水门大桥	80+80+430+80	钢混组合斜拉桥	整体吊装（桥面吊机）

山地城市跨江桥梁架设如何实现超大结构运输和吊装，结合山地城市当地建设条件，提出适合当地桥梁建设的关键技术。下面就重庆石板坡长江大桥复线桥钢箱梁整体施工、重庆菜园坝长江大桥整体缆索吊装进行介绍。

3.3.1　超大、超重钢箱梁结构

重庆石板坡长江大桥复线桥正桥主跨钢箱梁长 103 m，宽 19 m，两端高度 5.544 m，设计理论质量 1 324 t。如何实现钢箱梁整体制造、整体运输、桥下定位和整体吊装是该工程的关键技术之一。下面将对其进行重点介绍。

1）钢箱梁整体运输

钢箱梁整体运输有 3 种方案值得探讨：第一种是浮运方案，将钢箱梁建造好，经密封处理后置入长江航道内，用推轮顶推钢箱梁；第二种是驳运方案，由于没有现成可用来装载钢箱梁的驳船，必须设计并建造一艘甲板驳，在驳船上建造和固定好钢箱梁后一起下水，用推轮顶推驳船将钢箱梁运往目的地；第三种是机动船载运钢箱梁方案，简称船运方案。

通过对 3 种运输方案的详细计算和分析可知，浮运方案和驳运方案均具有可行性，而船运方案是不可行的。浮运方案和驳运方案的主要特征量列于表 3.3。

表 3.3　浮运方案和驳运方案的主要特征量

序　号	项　目	浮运方案 A	驳运方案 B	B/A
1	船队长度（m）	149	156	1.047
2	船队宽度（m）	19.0	21.0	1.105
3	水面以上总高度（m）	3.284	7.344	2.236
4	排水量（t）	1 400	2 360	1.686

续表

序 号	项 目	浮运方案 A	驳运方案 B	B/A
5	船队航速（km/h）	14.6	14.1	0.966
6	受风面积（m²）	338.3	780.0	2.301
7	重心高度（m）	3.747	5.720	1.527
8	初稳性（m）	2.153	9.996	4.643
9	风压衡准数	65.05	33.28	0.512
10	急流衡准数	5.56	11.95	2.149
11	桥下定位阻力（t）	66.7	89.88	1.348
12	主拉钢索直径（mm）	56	62	1.107
13	起吊质量（t）	1 400	1 400	1.0
14	钢材耗量（t）	3.0	900	300

①比较船队主尺度、排水量和航速，驳运方案较浮运方案船队长度增加了 4.7%，船队宽度增加了 10.5%，水面以上总高度增加了 123.6%，排水量增加了 68.6%，航速减小了 0.5 km/h，这些因素都使驳运船队自身的控制能力降低，相对浮运方案而言，降低了钢箱梁整体运输的航行安全性，图 3.13 所示为钢箱梁下水、自浮。

图 3.13　钢箱梁下水、自浮

②不论是浮运方案还是驳运方案，其航行于 B、J 级航区的稳性都是足够的，稳定性富裕度也很大。但从初稳性高度看，驳运方案的初稳性高度却过高，这将导致载梁驳在航行和桥下定位时发生剧烈的横摇。

同时，载梁驳的重心高度比钢箱梁提高了 52.7%，受风面积增加了 130.1%，这些都降低了驳运方案的安全性，尤其是降低了转向定位过程中载梁驳的稳定性，也增加了钢箱梁在驳船上系固绑扎的难度。

③比较桥下定位阻力（含水阻力和风力），驳运方案比浮运方案的阻力增加了 34.8%，主拖钢丝绳直径由 ϕ 56 mm 增加到 ϕ 62 mm。由此，驳运方案增加了两岸锚点的施工难度，设备选型也要随之增大。就钢丝绳配套件（如普通套环、钢丝绳夹等）标准而言，一般仅适用于直径在 ϕ 60 mm 及以下的钢丝绳。

④浮运方案钢箱梁起吊出水的重量一直备受关注，由于设计了安全可靠的起吊出水实施程序，实现了钢箱梁出水重量 1 400 t 无变化的目标，从而使浮运方案起吊出水的安全性得到了保证。

⑤驳运方案的钢材耗量远多于浮运方案，其建造周期也将1.5~2.0倍于浮运方案。驳运方案建造难度大，投入费用高，是一个不经济的方案。

⑥通过权衡利弊，决定在浮运方案中钢箱梁上不设锚系，而采用他船抛锚来达到船队停泊的目的。这种解决办法的操作虽不如驳运方案方便，但其安全性仍然可以人为控制。

钢箱梁在重庆下游1000km处的武汉制造。在临时封闭钢箱梁两端后，钢箱梁像驳船一样从武汉起航经过长江三峡，由拖船拖运至重庆。图3.14所示为钢箱梁在长江中逆流而上。

图3.14　钢箱梁在长江中逆流而上

2）转向定位

钢箱梁转向定位采用"旋转90°到位"的设计方案和相应的转向定位"绞车钢缆拖挂系统"。

采用绞车钢缆拖挂系统，实现钢箱梁转向和定位施工。描述钢箱梁转向定位运动轨迹的坐标系为：坐标原点O位于加宽正桥7号桥墩中心处；X轴沿正桥中心轴线，由南岸区指向渝中区方向为正；Y轴指向长江上游方向为正；Z轴由长江江水平面起垂直向上为正；坐标单位为m。在此坐标系中，5号桥墩中心位于（330,0,0）。而老桥6号桥墩中心位于（165,−25,0）。图3.15所示为绞车钢缆拖挂系统原理图。

钢箱梁在长江江面的位置，用XOY平面上的坐标描述。首先在下箱体（即9m宽箱体）迎来流一侧选定两个角点A和B，A点为靠近渝中区的一端，B点为靠近南岸区的一端。给定A、B两点坐标，则钢箱梁在长江江面上的位置唯一确定。C为箱体的中心点。

（1）转向定位起始位置

推轮将钢箱梁浮运到施工现场，并推至转向定位起始位置。开始挂缆，收紧，并逐步启动转向定位放、收钢缆操作。

A（214.7,3.3,0）；B（214.7,106.3,0）；C（210.2,54.8,0）

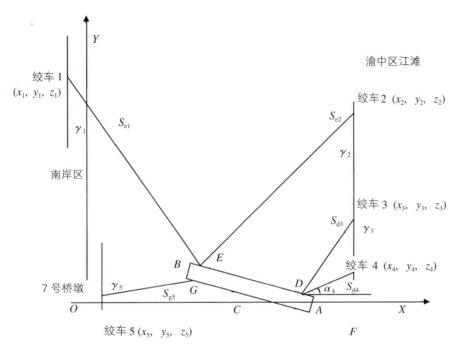

图 3.15　绞车钢缆拖挂系统原理图

（2）桥下预备起吊位置

完成转向的放、收缆操作后，钢箱梁旋转 90° 到达正桥下方预备起吊位置，此时箱体中轴线与桥中心线重合。

$$A（216.5,4.5,0）；B（113.5,4.5,0）；C（165,0,0）$$

钢箱梁转向定位操作施工中，当箱体到达设计位置和姿态时，箱体在长江江水的冲击作用下受到水动力载荷。图 3.16 所示为钢箱梁现场转体示意图。

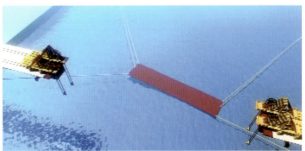

图 3.16　钢箱梁转体示意图

3 ）整体出水

钢箱梁吊装出水施工的困难在于，箱体底部出水瞬间可能产生的巨大冲击载荷。为了克服这一困难，避免瞬间过载的危害，设计了使箱体底面保持与水流形成一攻角 α，然后平行上升出水的三步施工方案。

①设计了钢箱梁起吊出水三步操作方案，即旋转抬头、平行上升和恢复水平运动操作方案。

②计算了钢箱梁起吊出水三步运动过程中，四吊点上升位移、基线和拖点上升位移和钢箱梁攻角随时步的变化。

③旋转抬头运动。

钢箱梁攻角变化：$\alpha = -3.449° \sim 5.0°$。

旋转抬头运动完成后，钢箱梁基线的上、下游角点的位移分别为：$Z_{up} = -1.325$ m；$Z_{dw} = -2.109$ m。

旋转抬头运动完成后，钢箱梁中部 12 m 长的平面箱底 S_p 仍然在水面下。平面箱底 S_p 与基线的距离为 1.044 m。

④平行上升运动。

钢箱梁攻角保持不变：$\alpha = 5.0°$。

平行上升运动完成后，钢箱梁基线的上游角点已出水面、下游角点仍然在水面下，它们的位移分别为：$Z_{up} = 0.157$ m；$Z_{dw} = -0.628$ m。

平行上升运动完成后，钢箱梁中部的平面箱底 S_p 已出水面。箱底 S_p 平面是与水面成 5.0° 攻角渐次出水的。

⑤恢复水平运动。

钢箱梁攻角变化：$\alpha = 0° \sim 5.0°$。

恢复水平运动完成后，钢箱梁基线上、下游角点都出了水面，它们的位移分别为：$Z_{up} = 0.056$ m；$Z_{dw} = 0.056$ m。

旋转抬头运动完成后，钢箱梁整体已出水面。

⑥钢箱梁起吊出水三步运动过程中，计算了连接耳片 E,D,G 的 5 根转向定位缆索长度随时步的变化，前 4 根缆索最大缆长增量小于 0.05 m，而缆索 S_{g5} 的缆长增量达到 0.170 8 m。

钢箱出水瞬间水的强大的吸附力。为了克服吸力，钢箱倾斜出水，因此可以减小水的吸附力，水流的冲力也可以补偿部分钢箱出水时的吸附力。

4）整体吊装

为实现施工安全可靠和有效控制连接精度，采用钢绞线液压千斤顶技术垂直提升钢混凝土接头和钢箱梁的安装方案。图 3.17 所示为整体提升系统。

图 3.18 所示为钢箱梁整体提升过程，提升钢箱梁由计算机统一控制，保证 8 台千斤顶同步作业。其具体顺序如下：

①将钢箱梁拖运至桥下提升位置，抛锚定位。定位精度为 ±1 m。

②将千斤顶的固定锚块配件下放至钢箱梁吊点处，直到钢绞线松弛为止。将固定锚块配件与钢箱梁上的吊具销接。

③将各千斤顶逐渐加载 50 t，然后停止并对吊点、吊具以及吊架等各构件进行视检。若检验通过，继续进行下一步。

图 3.17　提升系统

图 3.18　整体提升过程

④在这一阶段,由于水流作用力与钢箱梁锚索不在同一高度,钢箱梁将有所倾斜。在这一阶段提升过程中,其倾斜度将保持不变;利用计算机控制系统,对钢箱梁低端进行同步提升,直到钢箱梁水平为止。

⑤利用计算机控制系统对钢箱梁进行同步提升,直到各千斤顶达到其理论荷载的80%,停止并对吊点、吊具以及吊架等各构件进行视检。若检验通过,则继续进行下一步。

⑥利用计算机控制系统对钢箱梁进行同步提升,直到钢箱梁底部离开水面约0.5 m,停止并对吊点、吊具以及吊架等各构件进行视检。若检验通过,则继续进行下一步。

⑦检查各千斤顶的实际荷载是否在其理论荷载的 ±10% 范围内。如果实际总荷载或某个千斤顶的实际荷载不在其理论荷载的 ±10% 范围内，应根据监理意见，决定进行提升或将钢箱梁下放至水中。在开始提升之前，钢箱梁的实际总重应已经精确测得。

⑧将计算机控制系统设成自动提升模式，自动同步提升钢箱梁，直到其顶部距钢 - 混凝土接头悬臂端底部约 0.5 m 高度处停止。在自动提升期间，根据所设定的千斤顶行程的最大允许偏差值，计算机控制系统会自动调节千斤顶的速度，使各千斤顶同步运行。如果需要，系统控制员可以随时暂停运行，对整个系统进行检查和调整。为确保安全，当某一千斤顶的载荷超过其所设定的最大允许荷载时，计算机控制系统会自动停止提升作业。待查出超载原因后，可以根据需要重新平衡各千斤顶载荷，再继续提升作业。

⑨利用位于千斤顶支承梁下的液压水平调位系统，沿纵向调节钢箱梁位置，直到沿桥轴方向居中为止。

⑩将计算机控制系统设成自动提升模式，自动同步提升钢箱梁，直到其顶部比两侧钢 - 混凝土接头悬臂端顶部高出 5 ～ 10 mm。

⑪利用位于千斤顶支承梁下的液压水平调位系统，沿纵向和横向顶推千斤顶，直到钢箱梁与钢 - 混凝土接头悬臂端的纵向和横向匹配精度达到要求为止。

⑫将计算机控制系统设成下放微控模式，非常缓慢地下放钢箱梁，直到钢箱梁与钢 - 混凝土接头悬臂端的竖向匹配精度达到要求为止。由于在下放微控模式，下放速度仅为 0.5 mm/s，竖向调位精度可达 ±1 mm。

⑬根据设计方指定的连接工艺，将钢箱梁与钢 - 混凝土接头悬臂端分别栓接和焊接。待接缝连接强度可以承担钢箱梁的自重时，逐渐释放钢绞线千斤顶荷载。

3.3.2 缆索吊装

缆索吊机是一种能兼作垂直和水平运输的起吊设备，且最适宜于跨越山谷、河川与铁路线等地处。随着桥梁建造技术的发展，其跨径和吊重也越来越大。而利用缆索吊机进行安装、运输可以大大提高工程建造速度，提高效率和提升质量，降低建造成本，因此得以广泛应用，特别是在拱桥、钢桥等工程中大多选择缆索吊机施工方法。大吨位、大跨度缆索吊机在山地城市桥梁施工中得到广泛运用。这种重力吊装体系、塔架、承重绳、动力绳、提升系统、微调系统、缆风系统及承重绳在水中的锚碇体系等构件的各项指标的合理确定，是缆索吊装的关键技术。

重庆菜园坝长江大桥施工用缆索吊机跨度 420 m、塔架高 152 m、净吊重 2 800 kN、缆索承受集中荷载达 4 200 kN，其规模及设计施工难度在国内外同类产品中名列前茅。图 3.19 所示为重庆菜园坝长江大桥缆索吊机施工。

该缆吊主跨跨越航运繁忙的长江主航道，北锚碇受条件所限必须设于洪水期被淹

图 3.19　重庆菜园坝长江大桥缆索吊机施工

没的滩地，具有吊重大、跨度大、塔架高、工程环境复杂和技术标准高等综合特点。其主要有以下关键技术：

①缆索吊塔架铰接于扣索塔架在施工中的综合控制技术；

②24 根主索并列承载技术；

③主索安装非线性控制技术；

④双塔架缆风串联平衡稳定技术。

1）缆索吊塔架铰接于扣索塔架在施工中的综合控制技术

（1）塔架结构及布置

吊机塔架与扣索塔架合建。拱肋顶标高为 303.69 m，扣索、锚索顶标高确定为 331.874 m。考虑跑车及挂架高度 6 m、吊梁扁担 4 m 以及分索器等与扣索之间的净空后，吊机主缆在最大吊重时距拱肋顶 26 m。吊机最大吊重时，垂跨比按 1/13 设计，因此取塔顶鞍座顶面标高为 364.729 m。

扣索塔架底部固结于 Y 构根部，缆索吊机塔架铰接于扣索塔架顶。扣索塔架立柱断面尺寸 6 m×7.68 m，由内侧双柱和外侧三柱万能杆件拼装而成。扣塔顶部 10 m 范围内为扣、锚索区，每个塔柱共布置了 10 对扣锚索。缆索吊机塔架铰接支承于扣塔顶部，立柱断面尺寸 6 m×6 m，由单柱万能杆件拼装而成，高 26 m，塔架横桥向净宽 41 m。缆索吊机塔架布置如图 3.20 所示。

（2）塔架施工控制

缆索吊机进行拼装，而且缆塔铰接于扣塔顶，如何保证塔的竖直和设置临时缆风都是必须解决的问题。在缆索吊机塔架施工中主要采用如下技术。

①模拟试拼。由于塔架机基本构件万能杆件都是由普通螺栓连接，在塔架拼装之前，先在计算机上进行反复模拟拼装，每 10 m 建立一个误差模型，并根据计算结果设计临时缆风系统，利用临时缆风控制塔的竖直度。

②铰座限位（图 3.21）。缆索吊主塔与扣索塔架之间采用铰接，塔架拼装时临时固结，待塔架拼装完毕后再转为铰接。塔架垂直拼装至设计有横梁的高度时，将横梁予以连结。随着塔架拼装高度增加，可采用塔架上挂设滑轮卷扬机提升安装散根杆件，塔架每拼装 10 m 高度时进行测量检查并作调整。塔架拼装过程中，及时拉缆风索确保塔架施工安全，塔架拼装完成后进行全面检查。

在正常吊重时，缆索吊主塔下铰座两侧设计一道限位装置。当缆塔顶偏移量过大时，限位装置将起到限位作用，以保证主体结构钢梁及钢箱拱精确安装。

图 3.20　施工塔架

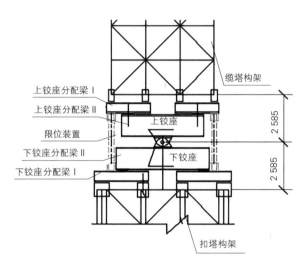

图 3.21　缆索吊机塔架铰座布置图（单位：mm）

（3）扣缆塔缆风综合调整

缆塔顶有各种外力，塔顶不平衡力主要有：由于主索倾角的改变而产生的不平衡力、向跨内方向的风力、牵引索不平衡拉力、起重索不平衡拉力。在起吊 420 kN 吊重时，既要保证塔架的安全，同时又要控制塔顶位移，以便于拱段的安装。

扣塔底为固接，塔高 135 m，缆塔底铰接在扣塔顶上。当缆塔塔底传 10 t 水平力到扣塔顶时，扣塔底将产生 1 350 t·m 弯矩，这给扣塔杆件带来非常大的不利受力，因此必须采用扣缆塔缆风综合调整技术来控制塔顶水平力。

缆索吊机缆风系统主要用来克服缆塔顶向跨中的不平衡水平力并控制塔顶偏位。同时，缆风绳必须达到一定的刚度，以将塔顶位移限制在规定的范围内。

（4）锚碇及锚碇和主索连接形式技术

①北锚碇（图 3.22、图 3.23）。锚碇基础采用桩基础，北锚主索和后缆风在锚碇上引起上拔力为 5 540 kN，水平推力为 10 300 kN。南锚主索和后缆风在锚碇上引起上拔力为 6 260 kN，水平推力为 9 880 kN。北锚基础为 9 根 ϕ1.5 m 桩基，南锚基础为 5 根 ϕ2.0 m 桩基。

图 3.22　北锚和主索连接形式　　　　　图 3.23　水中的组合钢管结构

　　②南锚碇。主索和后风缆通过锚箱和锚杆连接在锚碇上。主索索力调整均置于南锚碇进行，其中初张力采用一台卷扬机和 5 门滑车组拖拉主索来完成，精确调整通过两台 60 t 液压千斤顶张拉主索端头精轧螺纹钢筋来实现，如图 3.24 所示。

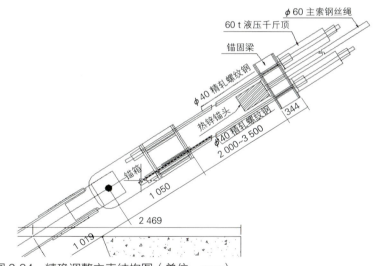

图 3.24　精确调整主索结构图（单位：mm）

　　2）多根主索并列承载技术

　　（1）跑车和索鞍、分索器设计

　　起重小车由牵引动滑轮组、起升动定滑轮组、走行滚轮、拉索等组成。4 200 kN 缆索起重机采用双线吊重，每线有两台起重小车，共 4 台起重小车分别支承在承重轨索上。

　　每线上两台起重小车之间的间距为 8 m，用两根 φ44 钢丝绳（拉索）串联在一起。每台起重小车有 48 个走行滑轮，分成两组支承在 12 根 φ60 钢丝绳（承重索）上。在起重小车上挂架布置有牵引动滑轮组及 5 个起升定滑轮组，在起重小车下挂架上布置有 4 个起升动滑轮组。起升滑轮组倍率为 8。所有滑轮均采用尼龙制造，单个尼龙轮的重量约为同等直径钢轮的 1/6，大大减轻了起重小车的重量，下层设两道分配梁，利用简支梁传力均匀特性来满足 12 根主索均匀受力的要求。

分索器由分索器支架、滚轮等组成，以防止承重索、起重索、牵引索缠绕在一起。分索器通过滚轮放置于承重索上，其支架将每一根钢索分隔开。沿桥跨每隔 30 m 布置一个分索器，分索器间用结索相连，并与起重小车连为一体，其沿桥向随起重小车一起移动。

索鞍布置于两侧塔架上，在索鞍上主要布置有承重索转向轮、起升机构转向滑轮及牵引走行机构滑轮组。

牵引走行机构滑轮组由转向滑轮及定滑轮组组成，牵引倍率为 6。通过塔架两侧卷扬机同步收放来完成对起重小车的牵引工作。

承重索转向滑轮组由两组滑轮组成，每组有 12 片滑轮，缆索起重机每线 12 根 ϕ60 承重索就支承在这 24 片滑轮上。承重索两端分别由地锚固定在大桥两岸的主体结构上，并通过承重滑轮组对起重小车起支承作用。

（2）起吊扁担梁设计

由于缆索吊主要分 3 个工作阶段，每个工作阶段的吊点是变化的。因此，既要考虑吊点具有通用性，又要尽量减小其自身重量。横向扁担在吊装钢桁梁时为受压杆件；吊拱时单榀吊装，扁担梁受弯。

起吊扁担主要包括以下几个部分：

①起吊扁担调节梁。其主要作用是保证每侧天车受力均匀，防止由于起吊重量偏差引起个别天车受力偏大。

②横向扁担。其主要功能是安装大节段钢桁梁，钢桁梁起吊重量大，采用桁架扁担时，超出缆索吊机的额定起吊能力。横向扁担具有重量轻、竖向变形小等特点，在起吊时承受轴向压力。扁担重量占起吊能力的 6.5%。

③纵向扁担。其主要功能是调整钢桁梁重量，确保两副扁担受力均匀。

图 3.25　安装扁担调节梁

图 3.26　荷载试验多根主索承载

④桁架扁担。其主要功能为安装钢箱拱，适应钢箱拱空间位置变化，起吊单榀钢箱拱最大重量为 92 t。图 3.25、图 3.26 所示分别为安装扁担调节梁及主缆荷载试验。

3）主索安装非线性控制技术

缆索吊装系统沿横桥向布置 2 组主索，每组主索由 12 根 φ60 mm 钢丝绳组成，每股道设 2 台 90 跑车，整个缆索吊共计 4 台跑车；跑车牵引选用 22 t 慢速卷扬机，沿每组主索纵桥向两端各布置 2 台，共计 8 台，牵引索采用 φ32 mm 钢丝绳走 6 布置；选用 8 台 20 t 慢速卷扬机作为起重卷扬机，南北塔架各布置 4 台，每个跑车均设独立的起吊系统，起重索采用 φ32 mm 钢丝绳走 8 布置，如图 3.27 所示。

要实现缆索吊机的精确安装和掌握受力情况，必须要有合理的计算方法和理论。采用非线性计算方法，对各试吊工况进行了计算和测量，主索系统结果如表 3.4 所示。

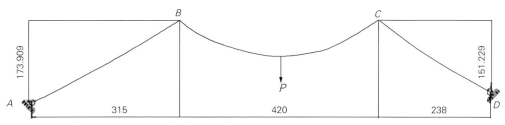

图 3.27　缆索吊机跨度布置图（单位：m）

表 3.4　主索系统各试吊工况进行了计算和测量

状　态		空缆状态	空天车在跨中	1.1 倍吊重在盲区	1.1 倍吊重在跨中
垂度（m）	简化计算	16.570	26.561	15.090	32.632
	非线性计算	17.105	26.655	16.135	34.283
	实测	17.205	27.113	17.643	33.939
主索张力（t/根）	简化计算	19.810	39.990	52.900	72.400
	非线性计算	21.730	36.200	50.150	71.200
	实测	21.260	35.960	49.400	68.790
中跨索长（m）	简化计算	422.235 0	423.580	—	—
	非线性计算	421.851 9	423.535 8	424.387 2	425.007 4
	实测	—	—	—	—

从测试结果看，用非线性计算方法计算的结果与测试值更吻合，说明用非线性计算方法进行设计计算是可靠的。

用非线性程序对塔顶位移和缆风张力进行计算，并与后续的手算结果进行比较，比较结果如表 3.5 所示。

表 3.5　跨中 1.1 倍吊重时北塔缆风（单根）计算结果表

项　目	初状态	简化计算	非线性计算	实　测
北缆风张力（t）	45.0	50.1	42.22	41.7
串联缆风绳张力（t）	38.0	34.4	31.0	30.8
南缆风张力（t）	45.0	51.2	45.3	44.3
北塔水平位移（mm）	0	179	124	110
南塔水平位移（mm）	0	172	121	145

注：表中的初张力，与设计略有出入，主要是为了调整塔顶的竖向前后风缆水平力相互平衡，且保持塔 顶竖直，水平位移实测值以空载时（即初状态）为起点。

从计算结果可知，北塔顶水平位移实测为 110 mm（河心方向），与非线性计算结果相差 11.2%，与简化计算方法相差 38.5%。因此，在大水平力情况下，用非线性计算方法更接近实际。

4）双塔架缆风串联平衡稳定技术

重庆菜园坝长江大桥缆索吊机塔架采用双塔架缆风串联平衡稳定技术，即在两塔之间用 2-6 φ48 mm 钢丝绳组成串联缆风绳将其串联起来。实际运营证明，双塔架缆风串联平衡稳定技术不仅可以解决地形复杂，无法布设前缆风的情况，而且由于串联缆风绳水平角度小，可以最大限度地节省缆风绳，保证塔偏在设计范围内。

缆塔风缆系统为控制塔顶偏位和平衡主索的不平衡索力而设置，设计后风缆采用 2-4 φ52 mm 钢丝绳，设计初张力为 45 t；前风缆为 2-6 φ48 mm 钢丝绳组成的串联缆风绳，设计初张力为 38 t。

由于水平力太大，主索及天车安装后，将天车置于跨中，再张拉缆塔风缆 2-2 φ52 mm 后缆风，以平衡安装天车造成的塔顶水平力，布置如图 3.28 所示。后风缆索与桥纵轴线方向的夹角很小（约 2°），计算时忽略不计。

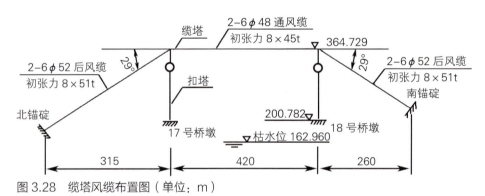

图 3.28　缆塔风缆布置图（单位：m）

主拱、主梁吊装及合龙现场如图 3.29—图 3.31 所示。

图 3.29　吊装主拱

图 3.30　吊装主梁

图 3.31　吊装主梁合龙

3.4　钢主梁的拼装、架设技术

不同于跨海和长江中下游平原城市的钢主梁架设，水位四季落差变化不大，大型的起吊设备和大型运输设备都比较现代，可直接起吊上千吨的重量。山地城市跨江大桥钢梁的拼装和架设，受到自然地势和水文环境影响，大型设备无法使用，往往只能因地制宜，采用现场拼装、顶推形式或散件拼装、架设。下面以泸州沱江四桥主桥钢箱梁拼装、顶推为例，说明大桥架设的关键技术。以重庆两江大桥钢桁梁单元件(杆件、板件)拼装为例，说明单元件拼装的一些关键技术。

3.4.1　钢箱梁顶推

1）工程概况

泸州沱江四桥主桥采用独塔双索面斜拉桥结构形式，跨径布置为(55+200+58+50) m，桥梁全宽 49 m，如图 3.32 所示。主桥钢箱梁位于 0.5% 的单向纵坡段。

2）钢箱梁设计

主桥钢箱梁段长 246.5 m，采用带悬臂的流线型扁平钢箱梁，分离式双箱，主梁中心线处的主梁内轮廓高为 3.452 m，如图 3.33 所示。主梁全宽为 49.0 m。不含外挑人行道横梁宽度为 43.6 m。斜底板宽为 8.22 m，水平底板宽为 7.4 m。钢箱梁顶面设 2% 的双向横坡，底面水平。钢箱梁沿桥纵向分成 21 个节段，考虑构造因素，主梁划分为 A、B、C、D、E、F、G、H、I、J 共 10 种类型。A 类梁段长度为 6 m；B ~ I 类主梁节段长度均为 12 m；J 类梁长度为 8.95 m；采用 Q345qD，梁段间采用栓焊连接。总重 6 011 t。

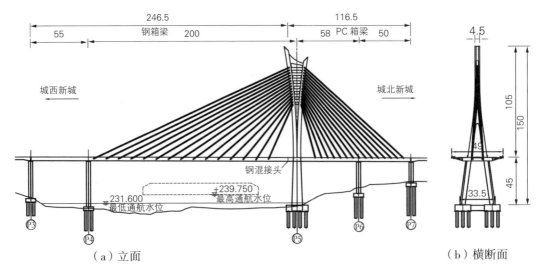

（a）立面　　　　　　　　　　　　　　　　（b）横断面

图 3.32　桥梁立面布置图（单位：m）

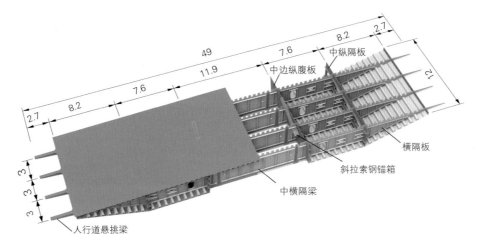

图 3.33　主梁标准横断面图（单位：m）

3）钢箱梁施工方案

该桥主塔塔柱施工时，利用体内劲性骨架固定钢筋，辅以自升式塔吊，采用爬模法进行塔柱节段浇筑。索塔钢锚箱采用工厂加工预制、塔吊节段吊装的施工方式。主桥边跨侧的混凝土梁段由于不受沱江水位的影响，采用支架分段现浇施工。

在运输船舶吃水深度满足要求的情况下，混合梁斜拉桥主跨钢箱梁架设通常采用在工厂加工成大节段再水运到现场，节段悬臂拼装施工的工法。沱江水位受季节更替影响，消落明显，桥位至沱江和长江交汇处这段的沱江在常水位下难以保证钢箱梁节段船运吃水深度。仅考虑在夏季洪水位期间船运钢箱梁节段又无法满足工期要求，致使节段悬臂拼装施工方案受限多，故推荐采用顶推施工方案，如图 3.34 所示。

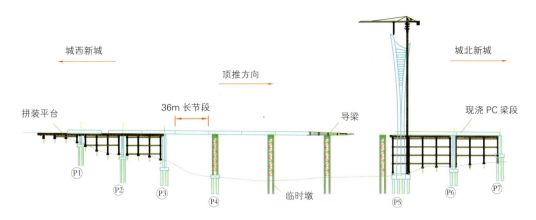

图 3.34　主桥钢箱梁顶推施工方案总体布置示意图

桥位附近有较好的道路运输条件，钢箱梁可先在工厂制造为板块单元，然后陆路运输至现场。将桥台南侧的道路先期回填、平场后作为钢箱梁节段组装的临时施工区域。南引桥区域可先搭设临时支架并作为钢箱梁的顶推平台，待主桥钢箱梁顶推完成后再进行主梁施工。主桥钢箱梁板块单元在临时施工区域的胎架上进行组装焊接，形成钢箱梁节段，然后用龙门吊机吊移至顶推平台，并进行钢箱梁节段间焊缝连接。钢箱梁采用步履式多点连续顶推工法施工。

4）箱梁顶推

（1）钢箱梁加工及运输

钢箱梁在武船双柳基地负责全部零件下料、单元件制作、发运等工作。采用船舶将板单元运输至泸州港码头，再用平板车运至拼装场地内。

（2）场地布置

根据工程实际情况，整个拼装场平面尺寸为 269 m × 48 m，共计 13 520 m²，分为单元件存放区、梁段总成区及匹配区、梁段存放及清补磨区、缓冲隔离区、节段喷砂区、节段涂装区、节段存放补涂区、顶推区等 8 个区。

钢箱梁现场拼装场利用沱江四桥南岸路基 K1+058 ～ K1+327 段，拼装场地总长 269 m，该区域主要为填方区；K1+327 ～ K1+287 部分设置台阶并按 1：0.75 放坡。根据现场运输条件、地面线条件和为适应钢顶推施工，钢箱梁拼装场分段设置纵坡，其中板单元存放区纵坡为 2.65%；拼装区纵坡为 2%；装焊外伸工字梁区、清磨区、隔离区、喷砂区、涂装区、存放区、补涂区纵坡为 3.3%；单轮组装顶推区纵坡为 0.89%。

（3）节段拼装布置

钢箱梁节段拼装平台设置在 A0 桥台台背，台背后场地开挖出运梁小车行走通道，浇筑混凝土扩大基础和节段拼装平台基础，A 类扩大基础尺寸为 5 m × 2.5 m（长 × 宽），高 1.5 m；B 类扩大基础尺寸为 2.5 m × 1.5 m（长 × 宽），高 1.0 m，基底承载力不低于 300 kPa。钢箱梁节段通过运梁小车运到指定位置，通过三维千斤顶调整线形后与前一节段拼装成整体。

（4）临时墩

顶推过程中钢箱梁主要受力部位应为腹板，以降低顶、底板的应力效应，确保箱梁结构不受破坏。钢箱梁腹板到桥梁中心线间距分别为 6.2 m、13.6 m，P0 ~ P4 号桥墩到桥梁中心线距离分别为 8.0 m、9.5 m、10.0 m、9.9 m、9.9 m，要保证步履式千斤顶落在腹板下方，则需要设置临时墩来安装顶推设备。利用 P0 ~ P4 号墩作为临时墩，充分利用钢箱梁腹板，在钢箱梁腹板对应位置设置顶推设备，如图 3.35 所示。

图 3.35　临时墩

P3 ~ P6 号墩对应位置设置钢管立柱形成临时墩，临时墩立柱采用 6 根 φ820 mm × 10 mm 钢管，横桥向布置 2 根，间距 7.4 m；顺桥向布置 3 排，间距 2.5 m；P1 ~ P2 号墩对应位置设置钢管立柱形成临时墩，临时墩立柱采用 4 根 φ820 mm × 10 mm 钢管，横桥向布置 2 根，间距 7.4 m；顺桥向布置 2 排，间距 4 m。立柱之间采用 φ320 mm 钢管连接成整体，保证临时墩整体稳定性，墩顶横向设置型钢作为工作平台，纵向设置承重滑道梁。主跨 P4 ~ P5 跨径为 200 m，有通航要求，设置两个临时墩，跨径为（65.0+75.0+48.9）m，墩高 42 m，如图 3.36 所示。

图 3.36　现场临时墩及现场拼装场地

（5）顶推设备布置

顶推设备沿桥方向布置，顶推施工时在 A1 ~ A3 扩大基础和 6 个临时墩及接梁平台上分别布置 4 个小顶推单元，一个小顶推单元竖向顶升力为 2 × 500 t，纵向顶推行程 1 000 mm，最多时有 32 个小顶推单元同时顶推（图 3.37）。

图 3.37　千斤顶

（6）钢导梁

钢导梁与箱梁增设腹板之间进行栓焊连接，在连接范围内应加大截面尺寸；所用钢材为 Q345D 钢，分节段工厂制造，现场通过高强螺栓拼接（图 3.38）。

顶推最大跨径为 75 m，前导梁长度为 47 m（0.63 倍跨径），上下游各设 2 根。采用变截面工字钢，上下翼缘板宽度为 800 mm，厚度为 32 mm，腹板厚度为 24 mm，高度由悬臂端的 1.2 m 变化至根部的 3.43 mm。计算结果表明，顶推过程中前导梁最大挠度为通过 75 m 跨时的 786 mm，钢箱梁最大挠度 165 mm。顶推过程中，钢箱梁尾端通过 L1 号墩最终到达 L3 号墩，后端悬臂最大为 45 m，经过计算，钢箱梁顶底板应力满足设计要求，不需设置后导梁。

图 3.38　前导梁现场图

（7）顶推

主桥顶推总长度为 425 m（A0 ～ P5），首先选择手动模式，检查油泵、顶升顶、纠偏顶、顶推顶、压力表、传感器等是否异常。

启动各墩上的顶推设备，由配在顶升系统上的压力传感器检测到的压力值转换成支反力值，然后由该值的换算值给顶推油缸设定压力，顶推油缸在要求的压力下提供顶推力，并且控制临时墩上两侧顶推油缸同步顶推。实时检测顶升支撑油缸的支反力，一方面保证顶推油缸顶推力的实时精确性，另一方面通过调节顶升支撑油缸保证行进过程中钢箱梁的受力均衡，保证钢箱梁单点单侧最大允许支反力不超过 5 615 kN。完成推进一个行程之后，所有顶推油缸缩回至下一个行程的起点，随后可以进行下一个行程的顶推。

手动操作顶推系统牵引主梁滑移启动后，转换至自动运行模式，进行主梁的自动连续顶推。自动顶推过程中，应注意记录顶推过程中的油压最大、最小值。

为避免顶推过程中箱梁的横向偏移超差，控制系统结构上集成了主动式中轴线监控系统。顶推过程中，对钢箱梁的中轴线进行实时监控，及时调整限位装置使箱梁的偏移始终被限制在误差范围内。

顶推过程中，通过调整各墩上的支撑油缸将钢箱梁在该点上的标高调到规定标高。然后重复顶推钢箱梁，此时要保证墩上的顶推油缸在设定压力上保证位移同步。重复上述顶推步骤，直到将钢箱梁全部顶推到位。

现场顶推施工如图 3.39 所示。

图 3.39　现场顶推施工图

3.4.2　钢桁梁拼装

桁梁具有较高的抗弯和抗扭刚度、较小的梁端转角及多层的可利用空间，成为专用型和公铁（或公轨）两用型桥梁最广泛应用的主梁构造。桥型涵盖悬索桥、斜拉桥、拱桥及大跨梁式桥。这类桥梁对桁梁的制造、运输及安装要求很高，主要体现在以下 3 个方面：

①精度要求高。钢桁梁杆件众多、节点构造复杂、焊接及高栓的制作和连接数量巨大，材料及板厚类型也多；铁路或轨道车辆的动载及冲击效应大，对杆件和板块的制造工艺、连接精度、焊缝等级及性能都有很高的要求。

②制造工期短。通常根据建设计划，只给制造工厂 8～12 个月的制造时间来完

成万吨以上的钢结构制造。从技术准备到首批构件到达桥位常限制在 4～5 个月时间，给制造厂带来很大的压力。

③运输及安装。运输途中的航道或公路条件，桥位处航道、水文或地形情况等常受到一定的限制，具有不确定性；实施中，运输安装方式是采用整体节段式、桁片式还是散件式，要根据具体条件而定。

因此，钢桁架梁的设计，应充分考虑这些影响因素，采用标准化的结构布置、构造设计及安装流程，给模块化制造运输和快速化架设安装创造先决性的条件，使其能够有针对性地解决这些问题。

1）重庆两江大桥钢桁梁设计

东水门长江大桥和千厮门嘉陵江大桥（以下简称为重庆两江大桥），均为公轨两用钢桁架梁部分斜拉桥，标准宽度为 24 m。两座大桥的钢桁主梁均为双层桥面板桁结合、栓接组合式构造。东水门长江大桥和千厮门嘉陵江大桥主体钢结构净重分别为 2.4 万 t 和 2 万 t，按计划须在 10 个月内制造完成并逐批运输到桥位，较短的工期对制造厂的压力很大，对运输和安装也提出了考验。对此，重庆两江大桥钢桁梁设计在形式、布置、杆件和板块（本文把杆件和板块统称为单元件）构造、构件间接口、拼装焊接顺序等方面均采用标准设计，使制造上做到了模块化、高效率及高质量；设计又给出了桁架构件标准化安装流程，为快速化架设安装提供指导。

（1）桁梁标准化设计

对于节间距、桁高及桁间距布置，除了东水门大桥桥塔处 2 个节间外，两座桥桁节间距均为标准的 16 000 mm；由于设置外置轨道梁，千厮门嘉陵江大桥 A0～P1 跨桁高为 13 172.4～14 791.9 mm，两座桥其余节段桁高均为标准的 11 743.5 mm，桁片间距均为 15 000 mm，如图 3.40 所示。桁梁标准化的总体布置，为中纵梁、弦杆、腹杆、横梁、轨道梁及上下桥面板块的标准化设计和制造奠定了基础。

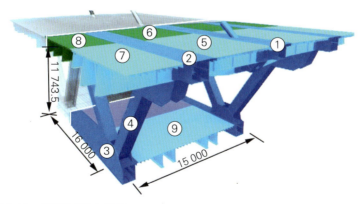

图 3.40 桁架示意（单位：mm）

1—中纵梁；2—上弦杆；3—下弦杆；4—腹杆；5—上中板 1；
6—上中板 2；7—上边板 1；8—上边板 2；9—下层板

两座桥标准化设计的单元件统计如表 3.6 所示。

表 3.6　单元件标准化设计统计表

项　目	总　量		标准化设计		百分比（%）	
	东水门长江大桥（块）	千厮门嘉陵江大桥（块）	东水门长江大桥（块）	千厮门嘉陵江大桥（块）	东水门长江大桥	千厮门嘉陵江大桥
中纵梁	59	48	50	43	86.2	89.6
上弦杆	118	96	100	86	86.2	89.6
下弦杆	118	96	100	78	86.2	81.3
腹杆	220	186	216	168	98.2	90.3
上层桥面板块	444	344	396	296	89.2	86.1
下层桥面板块	109	91	94	82	86.2	90.1
全桥统计	1068	861	956	753	89.5	87.5

（2）杆件单元标准化设计

桁架杆件分为中纵梁、上弦杆、下弦杆及腹杆（图 3.41），标准化设计介绍如下：

①中纵梁。中纵梁是传递拉索力的主骨，按有索区段和无索区段两类标准设计。除有索区段下锚箱的横隔板间距和承压板角度需按拉索角度调整外，杆件的标准长度为 16 000 mm，箱形截面统一尺寸均为 1 000 mm × 820 mm，顶板宽厚尺寸为 2 360 mm × 32 mm，如图 3.41（a）所示。

②弦杆。上弦杆采用整体式节点板，与中纵梁对应，按有索区段和无索区段两类标准设计。杆件的标准长度为 16 000 mm，箱形截面均统一尺寸为 1 200 mm × 1 184 mm、顶板宽厚尺寸为 2 140 mm × 24 mm，如图 3.41（b）所示。

下弦杆也采用整体式节点板，均为标准化设计。杆件标准长度为 16 000 mm，箱形截面尺寸为 1 200 mm × 1 600 mm，顶板外延部分宽厚尺寸为 400 mm × 16 mm，如图 3.41（c）所示。

③腹杆。按受力不同，腹杆分为节点插入式和四面拼接式两类标准化设计，两者构造一致，长度有所不同。杆件的标准长度为 10 800 mm 和 11 400 mm，箱形截面尺寸均为 1 200 mm × 1 200 mm，如图 3.41（d）所示。

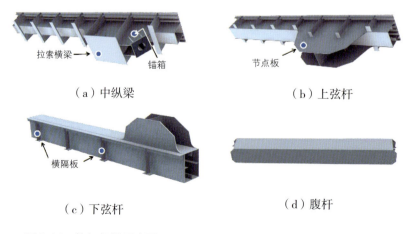

（a）中纵梁　　　　　　　　　　（b）上弦杆

（c）下弦杆　　　　　　　　　　（d）腹杆

图 3.41　桁架杆件示意图

上述杆件单元,每种杆件的横隔板和内隔板的形式、细节构造及尺寸等完全相同;同种但类别不同的杆件,如有索和无索区段的上弦杆,虽然按两类进行标准化设计,但除横隔板和内隔板的个数及间距有所不同外,其余方面则完全一致。

（3）板块标准化设计

重庆两江大桥下层桥面宽度一致,上层桥面由于道路接线的需要设置了分岔和变宽。设计时采用标准化设计的思路,通过对相同或类似的板块进行分类和归并,按大块件（横）梁板单元作为制造组件,以便于批量化的制造、运输及安装。

板块单元由桥面板、纵向加劲肋、横隔板及其横肋和竖肋共同组成,板块分为上中板两类、上边板两类及下层板共 5 种类型,标准化设计介绍如下。

①上层桥面板块。上中板 1 和上边板 1 与有索区段中纵梁和上弦杆对应;上中板 2 和上边板 2 与无索区段中纵梁和上弦杆对应。4 种板块标准尺寸为:a 板,5 250 mm×8 500 mm,设 4 道隔板;b 板,5 250 mm×7 500 mm,设 3 道隔板;c 板,3 430 mm×8 500 mm,设 4 道隔板;d 板,3 430 mm×7 500 mm,设 3 道隔板,如图 3.42 所示。

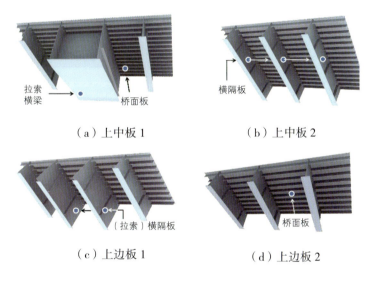

|（a）上中板 1|（b）上中板 2|
|（c）上边板 1|（d）上边板 2|

图 3.42　上层桥面板块示意图

②下层桥面板块。下层桥面板块设 4 根轨道纵梁与钢轨对应,直接承受机车荷载。标准尺寸为:桥面板 8 000 mm×13 000 mm,轨道纵梁 16 00 mm×16 000 mm,如图 3.43 所示。

每种板块的横隔板及其下翼板、横向及竖向加劲肋的形式、细节构造及尺寸等方面完全相同,全部为标准化设计,下层轨道纵梁亦如此。

（4）螺栓群标准化设计

栓焊结构桁梁的栓孔繁多,东水门长江大桥和千厮门嘉陵江大桥分别有多达 160 万及 120 万以上个栓孔,这些栓孔的制作会花费较大的工作时间,设计上需寻求快捷化实施的办法。

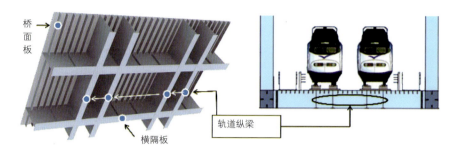

图 3.43　下层桥面板块示意图

以腹杆和节点板为例（图 3.44），虽然随着受力和板厚的不同，腹杆和节点板上需布置的螺栓数量也不同，但设计上采用以 100 mm 为基本栓群间距、列数相同、以行数适应变化的布置方式；制造时，以行数最大的栓群为控制，制作标准模板来适用于同类型的所有构件，模板在腹杆和节点板上精准定位，用台式转机集中施转，实现标准化制造。

两座桥所有杆件和板块的栓群均采用标准化设计，使制造效率大为提高。

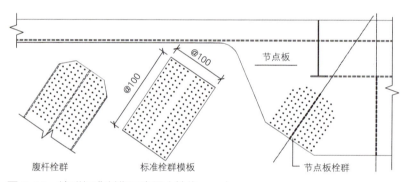

图 3.44　栓群标准制作示意图（单位:mm）

（5）拼装接口标准化设计

杆件的拼装接口设计，以结构的无应力线形为基准，结合路线的曲线影响和预拱度的预留综合考虑。重庆两江大桥拼装接口设计，并不是简单地给出一个杆件长度的修正量（如上弦杆 16 000 ± 2.1 mm），而把复杂的接口间长度、角度的差异及节点板的折线形制作都留给钢结构制造厂去解决，而是采用标准的参数化设计，具体方法为：

①如图 3.45（a）所示，以上弦杆接口中心为转点，接口宽度为标准的 L_T=20 mm，用拼接板中间两列栓群间距的差异适应接口角度 θ_T，而拼接板左右半部分的栓群同上弦杆一样采用标准化布置。

②如图 3.45（b）所示，以下弦杆接口宽度 L_B 和角度 θ_B 来适应接口的变化，同样用拼接板中间两列栓群间距的差异适应接口角度 θ_B，拼接板左右半部分的栓群同

下弦杆一样采用标准化布置；接口 δ 值在下层桥面板长度上调整。

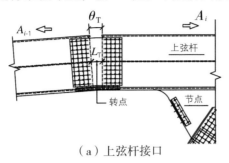

（a）上弦杆接口

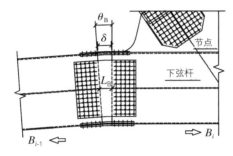

（b）下弦杆接口

图 3.45　接口设计示意图

A_{i-1}—第 i-1 段上弦杆；A_i—第 i 段上弦杆；

B_{i-1}—第 i-1 段下弦杆；B_i—第 i 段下弦杆

杆件接口采用此种技术方法及参数化设计，杆件和板块按标准尺寸制造，只需在接口处少量的拼接板和下层桥面板长度上稍做调整，即可实现按制造曲线制作整个桁梁结构。

2）桁梁标准化安装流程

东水门长江大桥和千厮门嘉陵江大桥的钢桁梁，分别由中铁宝桥集团有限公司和中铁九桥工程有限公司制造，杆件和板块均以单元件形式制作完成。两个制造厂均设有拼接场地和大型码头，从制造厂到桥位的航运也具备持续运输大型构件的条件；但受三峡库区水位及季节更替的影响，两座桥桥位处水位变动很大，不能提供稳定的水面宽度和吃水深度，且桥位地处两江相汇的三岔口，水流紊乱，不能持续为大型船只提供下锚停泊和定位的条件，因此不具备如图 3.46 所示的桁片式或整体节段式安装实施的条件。

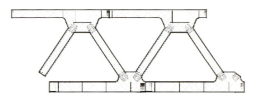

（a）桁片式　　　　　　　　　　　（b）整体节段式

图3.46　桁片式及整体节段式示意图

重庆两江大桥钢桁梁的安装采用单元件散件拼装的方式。在工法上，设计给出了单元件标准化安装流程的建议（图3.47），具体步骤为：

①安装两根下弦杆，高强螺栓连接；安装两根腹杆，与节点板高强螺栓连接，构成三角框架。

②先后安装内侧及外侧的下层桥面板块，下横梁与下弦杆间高强螺栓初拧。

③实施下层桥面板焊接，顺序为先下层板间对接焊缝H_a，再横向焊缝H_b，最后纵向焊缝H_c，焊缝H_c的实施方向为从内侧到外侧。

④下横梁高强螺栓终拧，实施轨道纵梁间用高强螺栓连接。

⑤安装两根腹杆，与节点板高强螺栓连接；安装两根上弦杆，高强螺栓连接，再次构成三角框架。

⑥设置临时杆件或支架，标定中纵梁末端高程，安装中纵梁，接口间用高强螺栓连接。

⑦先后安装上中板块，上横梁与上弦杆和中纵梁间的高强螺栓初拧；先后安装上边板块，横梁与上弦杆间高强螺栓初拧。

⑧实施上层桥面板焊接，顺序为先上中板1与上中板2板间、上边板1与上边板2间对接焊缝H_a，再横向焊缝H_b，最后纵向焊缝H_c，焊缝H_c的实施方向为从内侧到外侧。

⑨上横梁高强螺栓终拧，临时杆件或支架卸载。

⑩安装并张拉斜拉索，准备下一节段安装。

（a）步骤①～步骤④　　　（b）步骤⑤～步骤⑥　　　（c）步骤⑦～步骤⑩

图3.47　桁梁单元杆件标准安装流程示意图

1—中纵梁；2—上弦杆；3—下弦杆；4—腹杆；5—上中板1；
6—上中板2；7—上边板1；8—上边板2；9—下层板

上层桥面板，也可以先实施上中板块的安装、焊接及高强螺栓终拧，然后再实施上边板块的相应过程，不必按照步骤⑦和步骤⑧的顺序；上下层桥面板块的焊接也可统一施焊。以上情况可根据工地实施现状灵活采用。

施工中，两座桥桁梁的架及设计安装基本按上述建议的工法和流程执行，做到快速化实施，保证了两座桥的主体结构如期完工。

3）桁梁施工

（1）钢桁梁运输

①运输设备。主桁杆件在专业加工厂加工，经检验合格后用驳船运至存梁场地。根据桥面板块外形结构的特殊性，其板块结构超宽，采用单体船舶则无法实施运输。为保证拼装桥面板块运输能顺利实施，采用载重 500 t 的两艘钢质甲板驳改造连接成双体驳船实施运输。

②钢梁装船。装运时，运输船驶入港池，停靠位置应与港池龙门吊位置配合，确保龙门吊吊钩能将钢梁吊至运输船指定位置。运输船应根据钢梁的安放位置调整船的空载浮态，使钢梁上船后浮态满足运输船的航运要求。

运输船装梁时，用横跨港池龙门吊将梁段平稳吊起并放在运输船指定位置，搁置于运输船托架上（托架上方为 200 mm × 200 mm 方木，并垫以 5 mm 橡胶板），按预先排定的位置摆放桥面板块，如图 3.48 所示。

（a）码头龙门吊　　　　　　　　　　（b）钢梁转运驳船

图 3.48　钢梁运输

钢梁运输属于超长、超宽、超重的特种水上运输。为保证梁段运输途中的安全，必须采用木块、木楔、钢丝绳和螺栓紧固器等进行有效的捆扎，经绑扎牢固后，运输船方可准备出航。

（2）钢梁杆件的预拼

钢梁预拼的主要目的是在预拼场内将钢梁组件拼装成单元体，便于架设时在高空对接，减少高空吊装次数，上、下弦的拼接板或填板应在预拼场内预拼完成（图3.49）。钢梁预拼设置有专门的预拼台座，预拼台座根据具体的要求进行布置，如设置上弦杆翻身台座。

预拼台座要保证被拼装杆件支座受力状态良好，避免杆件因预拼而发生变形或受损。

（a）桥面板预拼　　　　　　　　　　（b）斜腹杆预拼

图3.49　散件预拼

预拼时，要按照单元组拼图、钉栓图清查杆件编号和数量。在基本杆件上标出钉栓长度区域线、起吊重心位置和单元重量。

钢梁预拼及安装冲钉：钢梁节点拼装栓孔为 ϕ33 mm 者，拼装冲钉直径为 ϕ32.90 mm，栓孔为 ϕ26 mm；拼装冲钉直径为 ϕ25.90 mm 的冲钉材质可用 35 号碳素结构钢或不低于 35 号钢制作，并经过热处理后方能使用。冲钉圆柱部分的长度应大于板束厚度。冲钉使用多次后，经检查如因磨耗直径偏小时，应予更换。

预拼杆所带的拼接板，需要在预拼做永久连接的，应按要求实扭至设计力矩。只做临时连接的，只能初拧不能终拧，以便于架设时对接杆件。

主桁上拱度设置方法：伸长或缩短上弦节间长度，而下弦节间长度保持不变，伸长或缩短值在上弦拼接板的拼缝中变化，上弦杆与腹杆的系统线仍交会于节点中心。因此，在预拼主桁上弦节点板时，必须认真查找拼接节点板钢印号是否与图纸相对应，同时检查节点板系统线和节点板或填板的孔距是否与设计图纸相同，确保其相同后才能进行预拼工作。

预拼好的钢梁杆件发送时，应与架设相对应，按架设提供的顺序号发送钢梁预拼组件。

（3）钢桁梁架设

全桥钢桁梁均采用散拼法架设方案，其中墩顶 3 个节间钢梁采用 2 000 t·m 大塔吊架设；其余钢梁采用梁面全回转架梁吊机对称悬臂架设（图 3.50）。钢梁杆件在工厂加工，水路运至钢梁存放场进行预拼、存放，然后根据架梁安排，再下河水运至待架点架设（图 3.51）。单根钢梁杆件在下河前，须在预拼厂内预拼好。悬臂架设时，钢梁杆件（或桥面板）利用设在主墩旁的 2 000 t·m 大塔吊提升至钢桁梁上弦桥面，通过运梁车纵向运输钢梁杆件至待安装工作面进行起吊安装。

　　钢梁架设采用从主墩向两侧双向架设，渝中侧先架设到位，南岸侧后架设到位，最后跨中合龙（图 3.52）。

（a）上弦杆吊装　　　　　　　（b）下弦杆吊装　　　　　　　（c）桥面板吊装

图 3.50　散件吊装

图 3.51　H 型钢墩旁托架上拼装钢桁梁

图 3.52　钢桁梁标准节段采用桥面吊机悬臂对称架设

（4）钢梁安装原则

①在支架上拼装钢梁时，除保证支架有足够的承载力和预留压缩下沉量外，应特别注意钢梁的拼装拱度曲线。在拼装主桁前一节间时在自由状态下进行。主桁杆件闭合，节点高强度螺栓终拧后，下弦杆前端节点底面与支架支点垫块之间才能用钢板焊牢。该节间高强度螺栓全部终拧后，再拼装下一节间，钢桁梁斜拉索为单面索，严格控制桥梁施工荷载对称性以及监控测量环境条件，确保钢桁梁安装精度。重庆地区雨水多，空气湿度大，应严格控制高强度螺栓扭矩系数及施拧工艺。

②桥面板安装要点。本桥采用整体钢桥面板，把正交异性板的钢桥面板和主桁的下弦杆焊接在一起，桥面板参与弦杆受力的板桁组合结构。

桥面钢板与主桁节点板，尤其在中主桁处的连接焊缝，一方面受左右横梁负弯矩的影响横向受拉，另一方面受主桁弦杆的拉力作用纵向受拉，横向焊接接头的疲劳强度很低，是问题的关键。因为，此处结构复杂，集十字接头焊、开孔处的焊缝端部、空间扭转焊缝等于一处。双向受拉将加剧构件焊缝疲劳。

钢梁安装中，焊缝以桥面板的纵、横向焊缝为主，采用单面焊双面成型工艺保证焊缝熔透。钢梁的焊缝尤其是坡口熔透焊，应按规范的要求，经过严格的探伤检查。对于主桁节点板和桥面板焊接部位以及受拉上弦杆与平联节点板焊连的特殊结构细节，应加以锤击工艺，提高结构的抗疲劳承载能力。

钢梁构件的伸臂安装宜先拼装主桁杆件，待各片主桁的三角形闭合后，再拼装桥面构件，焊接桥面板的横向焊缝，安装联结系构件，焊接桥面板的纵向焊缝。

③悬臂安装时临时支座设置。斜拉桥钢桁梁双伸臂拼装过程中，钢梁竖向由主塔墩顶正式支座和斜拉索支承。横桥向水平抗风由墩顶永久支座支承。主塔支点处节点板上的临时起顶点作为临时支承点，在调整钢梁位移和体系转换时使用。墩顶临时支座应考虑对钢梁的横向约束，承受风力作用下的横向水平力。

④悬臂安装过程中钢梁位置调整。拼装过程中，如发现中线偏移和纵向位置有误差，应用墩顶临时起顶处横移设施或调斜拉索予以调整。如发现支座高程有误差，未挂索前应调整到位，避免挂索后调整支座高程。

第4章 结构组合突破极限

近二十多年来，我国的山地城市跨江桥梁建设极具挑战性和创新性，实现了跨越式发展，取得了世人瞩目的成就，标志着我国桥梁建设水平跃居世界先进行列。而随着技术的进步，组合结构桥梁以一种极富创新空间的结构形式展示其独特的魅力。当修建大跨径桥梁时，组合结构桥梁能够充分利用多方面的优点满足实际需要，更能满足美观要求。

4.1 重庆石板坡长江大桥复线桥——神奇第一跨，双姝跃长江

重庆石板坡长江大桥复线桥的世界第一梁桥纪录出现属于偶然，重庆城市化加快，则道路需加宽，桥也必然加宽（图4.1）。原老桥主跨通航孔为（156+174）m T形刚构桥，两桥并列，中间距离相隔净距仅5 m，按中国传统习惯，新桥结构与原老桥一致做成复线桥应该是首要选择。但当设计工作和可研同时开展，召开可行性研究通航净空尺度专项论证时，由于桥加宽，造成巷道效应使轮船行驶困难，加之长江航道有升级扩宽的规划需求，就只能在新建桥梁跨径布跨时取消原P6号桥墩，这样一来，新桥的通航孔跨

图4.1 重庆石板坡长江大桥复线桥全景

度变成了 330 m。330 m 的斜拉桥与老桥在一起，影响重庆核心区整体景观。为保证重庆山水城市整体风貌，应采用与老桥相匹配的桥型。用混凝土梁跨越 330 m 是个难题，主要是当跨度增大时，混凝土梁的承载能力会被结构自身的重量消耗掉，因此解决问题的关键是减轻结构的自重。经多方研讨后最终决定在 330 m 跨的中部 108 m 采用钢箱梁取代混凝土梁，混凝土梁和钢箱梁之间采用 2.50 m 钢 - 混接头过渡。突破挪威 Stolma 桥主跨 301 m 的梁桥世界纪录，神奇梁桥纪录诞生的挑战就此产生！

关键技术创新：钢混凝土混合梁桥，1 103.5 m 一联、330 m 主跨结构一体化设计
关键技术：19 m 单箱单室混凝土梁悬臂施工，1 400 t 钢箱梁整体吊装

4.1.1　创新理念

修建于 1974 年的巴西 Rio Niteroi 桥是当时世界上最大跨径的钢梁桥，其主跨为 300 m（图 4.2）。自此，再也没有修建如此大跨径的钢梁桥。随着跨径的增大，箱梁顶、底板变得更厚。这不仅增加了箱梁自重，也增加了工程的造价。同时，330 m 跨径桥梁的底板将变得非常厚，即便这在制造上是可行的，但也将非常困难。这也同样会增加工程造价。例如，桥墩附近主梁的底板基本上是受压构件，就承压能力而言，150 mm 厚的 Q345 钢板大致等同于 1 200 mm 厚的 C60 混凝土。但浇筑 1 200 mm 厚的混凝土板要比制作 150 mm 厚的钢板容易得多。因此，在目前条件下，把石板坡复线桥修成钢桥在经济上是不可行的。

图 4.2　巴西 Rio Niteroi 桥

世界上最大跨径的混凝土梁桥曾是主跨为 301 m 的挪威 Stolma 桥，桥面宽度为 0.5 m（栏杆）+2 m（人行道）+6 m（单车行道）+0.5 m（栏杆）= 9 m，跨中的 182 m 用轻质高强混凝土（LC60），而桥梁的其他部分采用 C65 混凝土（图 4.3）。

就现有的建桥实践经验而言，修建一跨 330 m 的混凝土梁桥将是一个巨大的跨越。挪威所修建的大跨径梁桥均是由普通混凝土与轻质混凝土组成的复合混凝土结构。而其中，轻质混凝土的骨料都是从美国进口的。似乎石板坡复线桥也只有通过在主跨跨中采用轻质混凝土来减少上部结构的剪力和弯矩。林同棪国际工程咨询（中国）有限公司在轻质混凝土方面有着丰富的经验。在设计加利福尼亚 Benicia 桥的过程中，对美国大约 20 种不同的商用轻质混凝土骨料进行了严格的测试。实验结果表明，只有

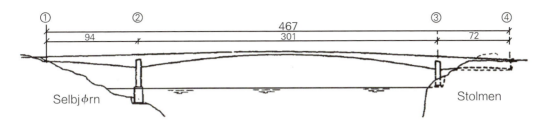

图 4.3 Stolma 桥立面图（单位：m）

3 种能满足设计需求。大多数的骨料不能满足混凝土弹性模量的要求。这也可以解释为什么挪威要千里迢迢从美国进口轻质混凝土骨料。

目前，轻质混凝土在中国的应用很少，对于石板坡复线桥而言，从美国进口骨料在经济上是不可行的。另外，在如此紧张的工期下，在中国进行昂贵的试验以寻找合适的轻质骨料也是不现实的。

此外，对于 330 m 跨径而言，在主跨跨中使用轻质混凝土并不能有效降低结构自重，使得石板坡复线桥经济与技术上均不可行。因此，决定在主跨跨中采用钢梁取代轻质混凝土。

采用钢箱梁的优点是可以由简单的计算得到。假设上部结构为等截面梁，将其分成 3 等份，每份长 110 m，跨中部分的自重集度为 p_1，两端部分的集度为 p_2，如图 4.4 所示。主梁根部的负弯矩为 $4\,369p_1+4\,706p_2$。而钢箱梁的重量大约相当等效混凝土梁自重的 30%，即 $p_1=0.3p_2$，梁端负弯矩将会减小大约 1/3，对如此大跨径桥梁而言，降低 1/3 的根部弯矩是非常有利的。

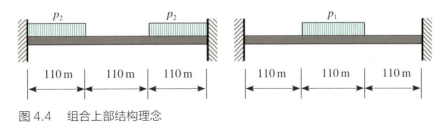

图 4.4 组合上部结构理念

换而言之，此时 330 m 跨径梁桥根部弯矩大约相当于 270 m 全混凝土梁桥根部弯矩。很明显，270 m 跨的混凝土梁桥在目前的技术水平条件下是合适的。

基于这样的理论，跨中钢梁越长，梁端根部负弯矩越小。但是钢箱梁的造价远高于混凝土梁，如果我们再考虑到钢梁的造价，从理论上可以估算出钢箱梁节段的最合理长度。

确定钢梁长度的另一个考虑因素是施工条件。钢箱梁在工厂制造完后，将像驳船一样，通过水运，被牵引至桥位处，整体提升至桥面。在这个过程中，箱梁的长度也受到限制。经过反复的论证，确定中跨钢梁长度为 103 m，加上两端的钢混结合段，整个跨中钢梁长 108 m，质量为 1 400 t。

4.1.2 方案选择

原有的石板坡长江大桥修建于 1981 年，其跨径为（86.5+4×138+156+174+104.5）m，每一跨的跨中均设有 30 m 跨的挂梁（图 4.5）。这座桥是当时中国最先进的混凝土梁桥，也是当时重庆唯一的一座跨长江大桥，位于主城核心，是重庆主城区城市中心的一座十分重要的特大桥梁。当初，石板坡长江大桥是按照每天 20 000 辆的通行量设计的。然而，如今大桥每天的交通流量已达 80 000 辆，扩大现有结构的通行能力势在必行。

图 4.5　原石板坡长江大桥现状

经过对各种可行方案的仔细研究，包括扩宽现有桥梁，经过在老桥旁修建新桥或再修建一座与老桥一样的新桥等方案的多次探讨，最终采取的方案是在现有老桥旁修建一座新桥——石板坡长江大桥复线桥（图 4.6）。因为这样便能充分利用现有桥头两端的引道而不需要对道路和立交作较大的改动。

石板坡长江大桥复线桥位于老桥的上游侧，两桥中心线之间相距 25 m。新桥宽 19 m，新老桥顶板翼缘相隔 5 m。

设计的基本思路是将新桥与老桥并排布置，基本保持桥型及桥墩与旧桥一一对应不变的原则，这样新桥也将采用（86.5+4×138+156+174+104.5）m 的桥跨布置。然而，由于两桥桥墩外侧横桥向距离将近 35 m，这将导致桥墩横向隔断通航孔道的宽度远大于原有的宽度，使新桥不能满足通航要求。经过仔细分析与研究，决定取掉 156 m 跨和 174 m 跨之间的桥墩，这就使主跨跨径达到了 330 m（图 4.7）。

图 4.6　桥位图

对于 330 m 跨径的桥型方案，通常会想到采用斜拉桥、拱桥或悬索桥等。

重庆是一座美丽的城市，美学是新桥必须考虑的重要因素。显而易见，由于新桥十分靠近老桥，上述 3 种桥型都不能很好地与现有老桥相匹配。大桥业主提出，如果技术上可行，新桥应采取梁桥方案。在满足上述要求的前提下，业主委托林同棪国际工程咨询（中国）有限公司对石板坡长江大桥复线桥进行设计。

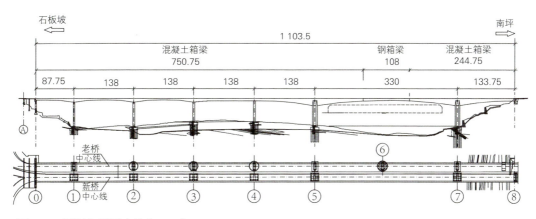

图 4.7　桥型布置图（单位：m）

4.1.3 桥梁设计

1）结构体系

桥梁上部全长 1 103.5 m。为了降低维护要求，全桥只在两端设置伸缩缝。因此，为了满足纵向温度变形和徐变变形的要求，330 m 的主跨桥墩采用双薄壁墩，其余桥墩采用空心墩。除了在北岸的第一、二个桥墩及 1、2 号桥墩上设置滑动支座外，其余桥墩均与主梁固结（图 4.8）。采用长联大跨连续 - 刚构体系同样也降低了运营维护要求。

图 4.8　连续梁 - 刚构组合体系

2）设计要点

（1）主墩基础

1 号桥墩桩基直径为 2.5 m，平面布置为 3×4 根。承台为 19 m×16 m×5 m。

2 号、3 号、4 号桥墩桩基直径为 2.0 m，平面布置为 3×4 根。承台为 19 m×16 m×5 m。

主墩 5 号、7 号桥墩基础形式采用桩基加承台形式，如图 4.9、图 4.10 所示，桩基直径为 2.5 m，平面布置为 4×4 根，采用人工挖孔形式施工。承台为 19 m×19 m×6 m。

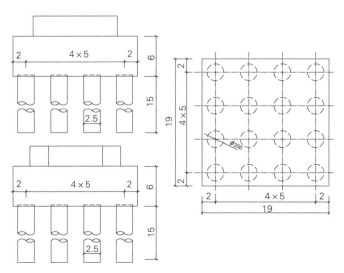

图 4.9　主墩基础（单位：m）

图 4.10　基础施工

（2）墩身设计

1 号、2 号桥墩为 4.6 m（纵向）×9 m（横向）的矩形空心桥墩，壁厚为 1 m，墩顶设置活动支座，桥墩墩身高分别为 59.37 m、57.67 m。

3 号、4 号桥墩为 4.6 m（纵向）×9 m（横向）的矩形空心桥墩，壁厚为 1 m，桥墩与主梁固接，桥墩墩身高分别为 47.00 m、50.50 m。

5 号、7 号桥墩为双壁实体钢筋混凝土桥墩，每个墩壁宽 2.8 m，双壁间净距 5.4 m，横桥向墩身总宽 10.2 m，由两个 0.6 m 的分水尖和 9 m 的墩身构成，桥墩与主梁固接，5 号、7 号桥墩墩身高 49.7 m，如图 4.11、图 4.12 所示。

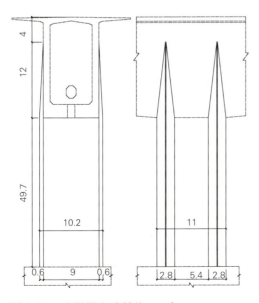

图 4.11　主墩墩身（单位：m）

图 4.12　主墩墩身施工

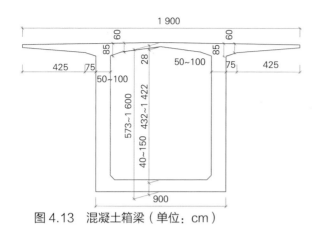

图 4.13　混凝土箱梁（单位：cm）

（3）主梁设计

①主梁结构设计。石板坡长江大桥复线桥采用直腹板箱形截面如图4.13所示。底板宽9.0 m，顶板宽19 m，两侧翼缘宽5 m。在第一、二、三跨，梁高由桥台、跨中的3 m渐变至根部的8 m；第四跨梁高从3号墩附近的8 m，逐渐变化至中跨处的5 m，余下梁段均为5 m等高；第五跨梁高从4号墩处的5 m渐变至5号墩处的16 m；主跨梁高从根部的16 m渐变至中跨的4.5 m；第七跨梁高由桥墩处的16 m渐变至桥台处的5 m。

钢箱梁桥面采用正交异性板，板厚18 mm，下设8 mm的加劲肋，间距640 mm，如图4.14所示。钢结构依据最新的AASHTO规范进行细部设计。

主跨跨中设置了长103 m钢箱梁，加上两端各长2.5 m钢混结合段，钢箱梁总长108 m。

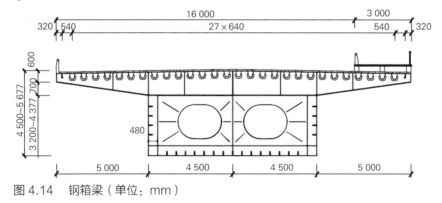

图 4.14　钢箱梁（单位：mm）

②体内预应力配束设计。"零弯矩"理论指明：配置足够的预应力筋以平衡恒载的弯曲效应，从而避免梁体下挠。虽然实际工程中，通常梁体横截面能够配置的预应力的数量即预应力度有限，达不到"零弯矩"的要求，但工程设计中须尽量接近这种理想状态。

混凝土梁为三向预应力结构，预应力索采用公称直径为15.24 mm七丝钢绞线，抗拉强度标准值为1 860 MPa。所有的顶板束锚固在节段端面的腹板上部。顶板纵向索采用15-21至15-31大小的钢束；顶板横向预应力索采用15-3钢束；竖向预应力除了在5号、6号墩附近12.5 m的范围内采用15-12钢束以抵抗较大的剪力外，其余均采用15-3钢束。

石板坡长江大桥复线桥主跨预应力度为131.3 kg/m²，较常见的主跨250～270 m

的连续刚构约提高了 20%。预应力效应(含体外索)提供了 4.15×10^6 kN·m 的弯曲效应，平衡了约 86% 的恒载弯曲效应，使梁体受力很接近 "零弯矩" 的理想状态。

在主拉应力区域的预应力束布置上，石板坡长江大桥复线桥竖向预应力束在主拉应力较高的区域，即梁高 9 ~ 16 m 的梁段采用可二次张拉的钢绞线束，减少了短束的预应力损失；下弯束与主拉应力方向相近，能更有效控制主拉应力。因此，在布置上，下弯束布置范围覆盖了梁高 2/3 以上区域，扩大了其有效作用区域，如图 4.15 (a)所示。

③体外预应力索设计。石板坡长江大桥复线桥体外索体外设置在 P5 号、P7 号墩的 0 号块之间，即 330 m 主跨。体外索线形设计以后期下挠曲线为基本参照准绳，并结合活载下正弯矩图形一并考虑,同时考虑要部分具备调节主跨控制区域(0 号块 ~ 1/8 跨之间及跨中部分)应力的作用。

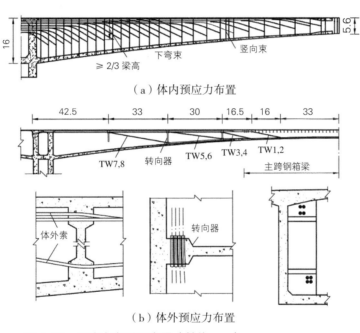

（a）体内预应力布置

（b）体外预应力布置

图 4.15　预应力布置示意图（单位：m）

线形的布置特点是：尽量简化线形，减少转向装置，有利于简化结构构造，方便施工和提高体外索使用效率；体外索每一处转折角度较小并尽量靠近箱梁加腋处布置，使转向器受力和构造简单化，如图 4.15（b）所示。

体外索数量的确定根据以下两个原则：

a.恒载施工结束后主跨具有良好的初始状态。梁线形平顺，预拱度达到设计预定值；钢箱梁跨中顶底板的应力控制在 120 MPa 以下；主梁根部顶缘预应力储备不小于6.0 MPa。

b.收缩徐变所产生的下挠要通过体外索的后期张拉而消除。体外索采用 27 ϕ 15.24 钢绞线，全桥共布置 16 束。

在 330 m 主跨箱内的体外预应力索，是主动的控制手段。其作用为：增加梁体预应力度、优化梁体受力；在钢箱梁完成体系转换后，通过张拉体外索主动地控制梁体的内力和下挠；在梁体下挠到一定程度时，通过再次张拉体外索主动地予以平衡，抑制梁体可能产生的过度下挠。

④体外预应力索张拉。为满足多次张拉及后期换索，预应力索和锚具均采用可换可调的构造，如图 4.15（b）所示。体外索的实施按以下两阶段进行。

a. 阶段 1。在钢箱梁吊装连接完成即体系转换后实施，张拉后永存应力 $0.38f_{pk}$。体外索使梁根部 D 和 E 位置分别产生 3.02×10^5 kN·m 和 3.13×10^5 kN·m 的弯曲效应（图 4.16），约占总预应力效应的 7.3%，即增加了预应力度，优化了梁体受力 α；A、B 及 C 位置上拱值分别为 60.7 mm、92.4 mm、56.8 mm。由表 4.1 成桥后 1~20 年累计下挠值可知，这 3 个位置在成桥后 3 年累计的下挠值分别为 61.0 mm、82.6 mm、62.1 mm。可见，在阶段 1 张拉体的外索，可平衡掉发生在建成桥后 3 年的梁体下挠量。

表 4.1　成桥后 1 ~ 20 年累计下挠值表

累计时间（年）	累计下挠值（mm）		
	A 位置	B 位置	C 位置
1	40.3	55.3	40.5
2	52.4	71.2	53.1
3	61.0	82.6	62.1
5	72.7	98.1	74.5
7	80.4	108.4	82.8
10	88.2	118.9	91.3
15	96.8	130.4	100.7
20	102.9	138.6	107.5

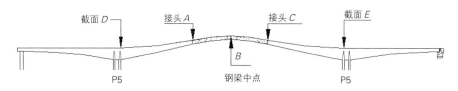

图 4.16　体外索效应示意图

b. 阶段 2。分析表明在通车后第 7 和第 10 年，后期发生的下挠量分别约占 17 年间总量的 57%、65%，已超过 1/2 及接近 2/3，选择这个时间段内进行体外索阶段 2 的张拉是恰当的时机。通过阶段 2 的张拉，基本平衡掉到徐变终止时梁体的下挠量，避免过度下挠的产生。

⑤钢混接头。石板坡长江大桥复线桥钢 - 混接头采用了填充混凝土后板式的方式。通过将钢箱梁端部的顶板、底板和腹板做成双壁板，将填充的混凝土与紧邻的混凝土箱梁段的顶板、底板和腹板通过 PBL 剪力板、预应力钢筋和普通钢筋等得到很好的连接；再稍往前延伸将其与混凝土横隔板连接，预应力短束钢筋锚固在混凝土横隔板和钢箱横隔板上，预应力长束钢筋锚固在混凝土横隔板后梁段的顶板、底板的齿块上。

钢 - 混接头钢结构设计，接头纵向长 4 m，其中钢箱部分长 2.5 m，内填充混凝土部分长 1.5 m；在结合面设置一块 50 mm 的承压板，连接钢箱梁部分顶板采用加劲板，与混凝土部分内的加劲板（PBL）对应。图 4.17 所示为钢 - 混凝土吊装示意图。

图 4.17　钢 - 混结合段吊装示意图

4.1.4　桥梁施工

（1）挂篮施工

除了南岸 21.55 m、北岸 17.55 m 的梁段以及第四跨跨中 45 m 长梁段采用临时支架施工外，其余混凝土梁采用挂篮悬浇法施工。靠近 5 号、6 号墩处的节段非常重，节段长度从 2.75 m 到 5.5 m 不等，以充分利用挂篮的承载能力。在这样的分块安排下，最重的节段质量为 380 t。全桥总共使用了 10 副挂篮，这样有利于加快施工速度（图 4.18）。所有的挂篮均在现场设计制造。

全桥主梁采用 C50 和 C60 强度等级混凝土，它们在桥梁建设中使用非常普遍。材料经过老桥运输到新桥上。

图 4.18　主梁挂篮施工

（2）钢箱梁吊装

钢箱梁在重庆下游约 1 000 km 处的武汉制造。在临时封闭钢箱梁两端后，103 m、1 400 t 钢箱梁像驳船一样从武汉起航经过长江三峡，由拖船拖运至重庆（图4.19）。经过桥下水面准确定位，钢箱梁被整体提升就位（图4.20）。

图 4.19　钢箱梁运输

图 4.20　钢箱梁吊装

长江是重庆的主要航道，水上航运非常繁忙，如果封航时间过长，将对周边地区的经济造成较大影响。因此，钢箱梁吊装必须在 12 h 内完成。其中，实际起吊需要 6 h，其余的时间用来水中定位钢箱梁以及提升就位后的临时连接。

（3）合龙

由于桥跨分布不尽合理而施工方法采用对称悬臂施工，要保证用对称的施工方法实施不对称的结构，使其满足要求。在长达两年的时间跨度内，完成了多跨、钢 - 混凝土组合、8 个合龙龙口体系转换最复杂的世界最大跨径连续梁 - 连续刚构混合梁桥的施工过程控制，总体效果非常好。长大节段的精确合龙，由于混凝土段施工控制精度为厘米级，钢结构施工精度要求为毫米级，而这两部分需通过钢混接头精确合龙，合龙段长度达 103 m，精度上的量差需实施时消除。

①悬臂施工过程中，受力及变形是必须达到平衡的，这点在连续刚构桥是必备的前提，设计及实施比较容易实现。

②钢梁段实施后的受力及变形总体平衡。尚属于首次采用，因此复线桥经过混凝土及钢结构梁体长度及构造细节的研究，选用了最为恰当的几何、材料比例，使钢梁实施后，主跨在受力及变形上均实现了良好的平衡状态（图 4.21）。

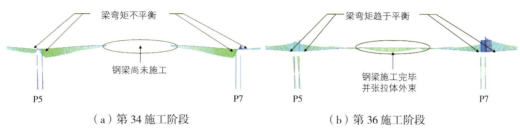

（a）第 34 施工阶段   （b）第 36 施工阶段

图 4.21　钢箱梁吊装平衡

③通过不断地计算与研究，确定最恰当的全桥合龙次序为：

第 1 次：北岸现浇梁与 1 号悬臂、1 号悬臂梁与 2 号悬臂梁合龙；

第 2 次：2 号悬臂梁与 3 号悬臂梁合龙；

第 3 次：4 号过渡梁与 5 号悬臂梁（同时南岸现浇梁与 7 号悬臂梁合龙）；

第 4 次：3 号悬臂梁与 4 号过渡梁合龙；

第 5 次：主跨钢箱梁合龙（图 4.22）。

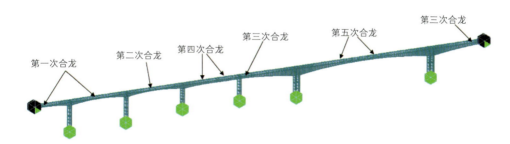

图 4.22　合龙次序图

实施中，按此顺序进行了全桥的合龙，全桥受力达到最终的平衡状态，如图 4.23 所示。为使接头不会出现裂缝，在接头部位设计考虑了足够的压力储备，增加局部预应力束。

由图可知，P1~P3 墩轴力基本等同；P5/P7 墩轴力基本平衡，但外墩柱较大，为后期 Ⅱ 期恒载平衡作储备。

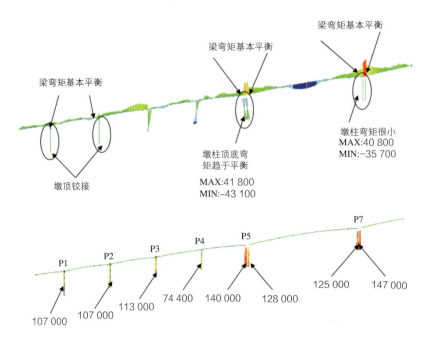

图 4.23　施工平衡状态（轴力：kN，弯矩：kN·m）

（4）其他造成或影响下挠因素的设计应对

①收缩徐变的长期性。2003 年石板坡长江大桥复线桥设计时，当时现行的桥梁设计规范中对徐变的长期性考虑尚不够完善，经研究讨论，决定采用对徐变终值和增长考虑更完善的 CEB-FIP（MC90）徐变模型进行设计及计算，同时将徐变计算时间延长到 20 年，以考虑其影响的长期性。

②施工工期。石板坡长江大桥复线桥早期计划的工期也过于紧张，后研究决定，把总体工期适当延长，按每个节段的施工周期为 15 ～ 20 天来实施。这使节段混凝土的养护时间增加到 10 天左右，降低了结构早期的收缩徐变的变形。

③混凝土内在品质。石板坡长江大桥复线桥实施中，在混凝土材料上，注重混凝土密实度等内在品质的控制。水灰比经由试验结果确定并严加控制，同时加强混凝土的振捣及养护。

4.1.5　主要技术特点和创新点

①为解决预应力大跨连续刚构因恒载应力过高而难以提高跨越能力的难题，在 330 m 主跨中间创造性地采用 108 m 钢箱梁（由两端各有 2.5 m 钢 - 混凝土结合段，中间 103 m 钢箱梁组成），有效地解决了混凝土梁自重过大的问题，钢 - 混凝土组合连续刚构方案不但有效降低了自重，增强了连续刚构的跨越能力，也使施工的风险减少，同时大大加快了施工速度。

②在梁桥上首次采用钢 - 混凝土接头；该接头位于正、负弯矩交替作用区，通过巧妙地设计使其在较短的距离内实现了钢箱梁到混凝土梁力的平顺传递。

③在主跨采用可调可换的体外索体系作为结构措施，可解决以往一些桥梁在使用一段时间后下挠过大、裂缝较多的问题。

④103 m 钢箱梁段采用工厂制造，整体吊装的设计思路不但质量有保障，更重要的是缩短了施工周期。

⑤为减轻自重荷载，在其桥面铺装设计上首次取消了国内惯用的调平层，仅设置7.5 cm 厚沥青铺装。

⑥在国内首次采用钢箱梁整体自浮方式运输，从制造地武汉到重庆航道距离长，并且川江航道有弯多、滩多、水急等特点，要通过葛洲坝和三峡大坝。通过船队的不同组合和周密策划，顺利运抵重庆，创造了川江航运的多个第一。

⑦本桥钢箱梁长 103 m、宽 19 m、重 1 400 t，在桥位处钢箱梁作业区位于川江主航道，水流深度快，钢箱梁需水平旋转 90° 并与水流方向垂直，其旋转、定位施工技术均为国内首次使用。

⑧实施了旋转抬头、平行上升、再恢复水平的钢箱梁吊装出水方案，消除了平行出水增加的数值较大的吸附力，保证了主体结构的安全。该方法在全国首次采用。

⑨吊装设备设在 111 m 悬臂上，1 400 t 钢箱梁在柔性支撑上动态吊装，其空间几何状态精度控制十分困难，本桥吊装系统可进行精度达 0.5 mm 的纵、横、竖三向位移调整，达到国际先进水平。

4.1.6 运营验证

石板坡长江大桥复线桥设有专门的健康监测系统，其中包含了多点的挠度监测装置。管养部门从通车第 2 年起，每年均对该桥进行变形观测并形成报告，到 2014 年 1 月共进行了 7 期观测。到 2014 年 1 月的 7 年多时间里，梁体累计下挠值与理论设计值吻合程度很好，特征点 SC88、SC92 及 SC98 3 点的实测值分别为 85.7 mm、105.5 mm、86.2 mm，表 4.1 中与之对应的 A、B、C 3 点的计算值分别为 80.4 mm、108.4 mm、82.8 mm，两者基本相同，相差仅为 3% ~ 4%（图 4.24）。

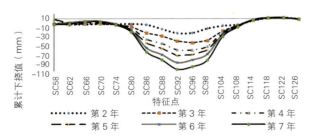

图 4.24 石板坡长江大桥复线桥各特征点各年累计下挠值

实测的每年下挠变形增量呈逐年减少的规律，与理论计算所得的趋势线的规律基本一致。多年的监测数据，验证表明石板坡长江大桥复线桥采用的组合体系和体外索主动调节等技术措施，很有效地控制了梁体下挠量。在体外索实施完阶段2的张拉后，多年的累计下挠值可基本消除。由于这些技术措施使梁体不会发生过度下挠，因此，也有效地避免了因过度下挠而引起的开裂、刚度失效等不利影响，结构的安全性和耐久性得到了更有力的保障。

采用钢-混凝土组合连续刚构并在主跨首次采用可调可换的体外索体系作为结构措施。经过近10年的运营表明，这种组合体系及主动控制手段有效地控制和解决了下挠过大、裂缝较多的不利问题。

4.2 重庆菜园坝长江大桥—— 瘦身只为山城美，多层次组合效率高

重庆菜园坝长江大桥是目前我国最先进的"公路＋轻轨"两用桥，分两层，上层公路为六车道，下层为双线城市轨道，构成双层特大公轨两用桥双层通行模式，同时也是山地城市跨江桥梁多层次空间的有效利用。

重庆菜园坝长江大桥造型轻盈、苗条，犹如一位美丽的姑娘（图4.25）。邓文中博士在谈到大桥的设计理念时说，菜园坝大桥的桥型属世界首创，完全是为重庆特有的两江环抱、群山相拥的地貌量身定做的。他解释说，桥型一旦"臃肿"，就会出现"只见一座大桥而不见一座城"的尴尬。为了不破坏重庆自然的山水景观，在设计横跨长江的菜园坝大桥时，充分考虑了长江东西两岸落差大，必须选择轻盈、苗条的桥型以配合周边环境的特点，经过反复思考，最终决定选择"钢箱提篮拱"作为大桥的桥型。

关键技术创新：混凝土刚构-钢箱拱系杆拱组合体系、双层空间设计、正交异性桥面板-桁架钢梁组合

关键技术：缆索吊装、桁梁整体节段拼装、运输、超大系杆索单根张拉

图4.25 重庆菜园坝长江大桥效果图

4.2.1　创新理念

重庆菜园坝长江大桥主桥设计坚持效率是美的设计理念，结合我国国情采用材料与结构组合技术，组合式桁架钢梁大节段设计、制造、运输、吊安技术，以及分离式系杆-主动控制三大关键技术，创造性设计了组合式公轨两用刚构-系杆拱特大桥梁体系，为我国桥梁结构创新提供了新的选择。该桥位居世界同类系杆拱桥之首（图 4.26）。

重庆菜园坝长江大桥结构建筑造型简洁，强梁柔拱，刚柔共举，与桥位自然和建筑环境相和为一。在 420 m 主跨中间创造性地采用 320 m 钢箱拱有效地解决了主拱推力过大的问题。

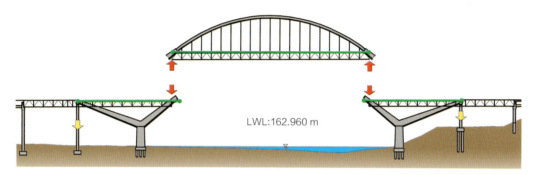

图 4.26　刚构 - 系杆拱体系

项目在特大公轨两用无推力系杆拱桥施工控制、公轨两用正交异性桥面钢桁梁整体节段的制造工艺、桁梁整体节段运输及工地拼接工艺技术（图 4.27）、提篮钢箱主拱施工工艺、钢绞线系杆施工、防腐、换索工艺、重力吊装体系等方面取得了多项创新成果，形成了特大公轨两用无推力系杆拱桥的制造及施工综合技术。这些成果创新了同类桥梁构造设计理念与技术，拓展了拱桥设计内涵，在中国桥梁工程中具有里程碑意义。

图 4.27　桁梁整体节段拼装、运输

4.2.2　总体布置

重庆菜园坝长江大桥工程由菜园坝大桥正桥、菜园坝立交、苏家坝立交、南城隧道、南城立交及海铜路改造工程组成。正桥主桥采用刚构与提篮式钢箱系杆拱、桁梁的组合结构（图 4.28）。系杆拱桥主跨 420 m，对称布跨的边跨和侧跨分别为 102 m、88 m，主桥总长 800 m。主桥上层设六线行车道及双侧人行道，下层设双线城市轻轨。

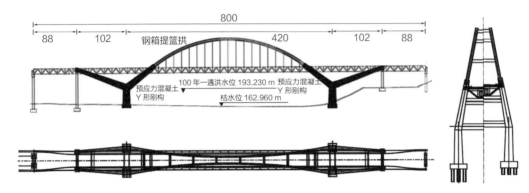

图 4.28　重庆菜园坝长江大桥主桥总体布置（单位：m）

重庆菜园坝长江大桥主桥为该项目的核心工程，是国内首座特大公路、城市轨道两用拱桥。主桥上层桥面设六车道加双侧人行道，行车道宽度为 2×3×3.75 m，中央分隔带宽度为 1.0 m，两侧路缘带宽度为 2×2×0.5 m，人行道宽度为 2×2.5 m。汽车荷载按城 -A 级进行设计，设计行车速度 V=60 km/h。在主桥下层桥面，即钢桁梁的下横梁上布置双线城市轻轨，采用跨座式单轨交通车辆，设计行车速度 V=75 km/h。重庆菜园坝长江大桥主桥设计基准年限为 100 年。

4.2.3　桥梁设计及关键研究

通过创造性地采用材料、结构组合技术和主动控制技术，提高大型桥梁结构材料的使用效率、结构承载效率和跨越能力，使得大型桥梁建设达到安全、经济、美观的统一。

1）多层次组合技术设计

为了提高结构的整体效率，重庆菜园坝长江大桥主桥设计在 3 个层次上使用了"组合"技术，即

①在材料上，将钢 -混凝土组合，提高材料使用效率；

②通过正交异性桥面板 -桁架钢梁组合设计技术提高梁体承载效率；

③组合混凝土 Y 形刚构 -提篮钢箱系杆拱，提高结构跨越能力。

主拱与刚构前悬臂的连接通过设置钢 -混凝土接头实现（图 4.29）。该接头是以

受压为主的压、弯组合型接头，其设计特点是实现钢结构和预应力混凝土结构之间内力、应力的平顺传递并具有足够的安全度；支点吊索处刚构的前次横梁也是钢混组合的结构。

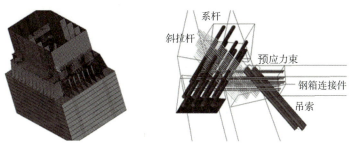

图 4.29　材料组合（钢 - 混凝土接头）设计

在已经发展成熟的整体节点、高强螺栓、厚板焊接等技术的基础之上，重庆菜园坝长江大桥的正交异性桥面桁架梁设计在国内首次采用大节段设计、大节段制造、大节段运输、大节段吊安的设计理念，保证钢结构主梁的高质量，并给施工单位提供了更大的工期保障空间。正交异性板 - 钢桁架梁梁体结构组合体系，主梁高度达到 11 m，刚度大；拱肋主要是受压杆件，拱肋采用截面为 4 m × 2.4 m（高 × 宽）钢箱，刚度相对较小。正交异性板 - 钢桁架梁梁体结构组合体系刚柔结合，使整个桥梁既稳重又纤秀。

与常用的钢桁架 - 混凝土桥面板结合梁及分离式钢桁架 - 正交异性桥面板叠和梁梁体相比，正交异性桥面与钢桁架梁的组合提高组合桁梁的承载效率，工地吊装节段化提高了施工速度，更好地保证了结构质量。但也同样给设计、制造、施工带来了新的挑战与难题。在设计层面解决了正交异性桥面与桁架梁上弦杆的联合作用、桁架梁上弦杆桥面板及桥面板横梁的连接构造细节、吊杆 - 组合式桁架梁横梁 - 斜吊杆 - 下弦杆 - 下轨道横梁传力设计及构造设计等技术问题（图 4.30）。

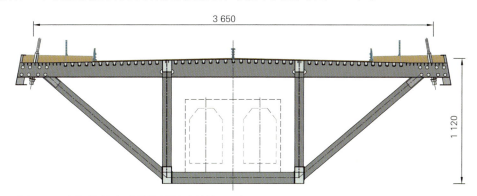

图 4.30　板 - 桁结合式桁梁设计（单位 :cm）

组合式预应力混凝土 Y 形刚构 - 钢箱系杆拱的拱式桥梁结构体系和组合式公轨交通正交异性板 - 钢桁架梁的梁体结构体系是本桥显著的技术特点。拱与梁交接处支撑梁没有采用传统的支座（刚性）支撑，而是通过支点吊索支撑托梁，通过托梁支撑主梁，即柔性支撑体系，同时吊杆索的应用也采用柔性支撑体系。正交异性桥面板与钢桁架梁使用组合理念设计，使得正交异性桥面板与钢桁架梁联合作用，极大地减小了上弦杆的负荷，提高材料使用效率，降低了主梁梁重。底层双向轻轨交通的荷载通过下横梁传递到主桁，是受力上的另一个关键点。设计期间，通过专门的节点承载力和疲劳试验，有效地验证了该结构体系的可靠性。

正是由于这些关键材料、结构"组合"技术，重庆菜园坝长江大桥主桥具有很高的材料与结构效率，在保证结构安全性与耐久性的同时，与功能类似规模相当的大桥相比，本桥节约永久结构钢材约 13 000 t。

重庆菜园坝长江大桥实景如图 4.31 所示。

图 4.31　总体实景

2）桥梁结构主动控制设计

为增加施工过程的可实施性，通过 Y 形刚构混凝土悬臂、水平系杆索、竖向拉杆索组成主动控制系统，实现对悬臂、主墩内力的主动控制。项目组首次在特大系杆拱桥中采用系杆分离体系，即将纵向系杆分为中跨系杆与边跨系杆，并将其独立锚定。在此基础上，又在边墩增设了竖向系杆索。在实施过程中，3 套相对独立的系杆体系可对大桥的主体（刚构、主拱）进行内力与线形的调整与控制（图 4.32）。

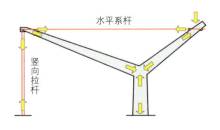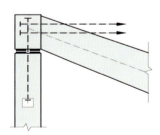

图 4.32　结构主动控制设计

3）轨道横梁与整体节点连接可靠性研究

通过对整体节点疲劳研究资料的调研、节点荷载谱研究和计算，制订了重庆菜园坝长江大桥轨道横梁与整体节点连接可靠性试验方案，完成了相关数值分析和疲劳试验，对轨道横梁与整体节点联结总体疲劳特性和典型焊缝细节和螺栓连接的疲劳强度进行了评定。

4）Y 形刚构钢 - 混凝土接头承载力试验研究

对 Y 形刚构钢 - 混凝土接头承载力研究资料的调研、疲劳荷载谱研究和计算，制订了主拱肋与 Y 形刚构钢 - 混凝土接头和 Y 形刚构与前次横梁接头承载力试验方案，完成了相关数值分析和疲劳试验，对两类接头的承载力进行了评定，为大桥设计及安全运营提供了可靠依据。

5）主桥试验模态及车桥耦合振动研究

设计并制作了重庆菜园坝长江大桥主桥全桥缩尺模型，相似比为 1/50，对缩尺模型进行动力学试验，确定大桥的模态参数；研究了在地震和轻轨车辆制动冲击作用下大桥纵向阻尼器的减振性能，确定阻尼器的合理参数范围，为纵向阻尼器设计要求提供了技术依据；研究汽车 - 轻轨车辆 - 大桥三者的动力耦合作用，进行了车桥耦合振动分析，确定了公轨动载下主桥安全性和行车舒适性。

6）风洞模型试验与分析研究

试验包括了主桁与拱圈的静态三分力系数测量、颤振导数及涡激振的研究。进行了 5 种状态下全桥气动弹性模型风洞试验（图 4.33），包括成桥运营状态、成桥临时状态（塔架未拆除）、主桥最大悬臂施工状态、主拱最大悬臂施工状态、主拱 1/4 悬臂状态等。试验结果表明，该主桁架的颤振发散风速和涡激锁定风速均较高，在设计风速下，不会发生明显的颤振失稳和涡激振动。

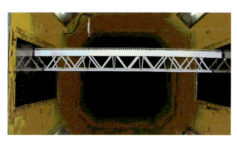

图 4.33 大桥风洞研究

4.2.4 大节段正交异性桥面钢桁架梁设计及制造

大桥采用的正交异性桥面与钢桁架梁的组合，提高了组合桁梁的承载效率；工地吊装的节段化提高了施工速度，更好地保证了结构质量。

在设计层面解决了新问题主要包括：

①正交异性桥面与桁架梁上弦杆的联合作用。

②桁架梁上弦杆桥面板及桥面板主、次横梁的连接构造细节。

③吊杆 - 组合式桁架梁横梁 - 斜吊杆 - 下弦杆 - 下轨道横梁传力设计及构造设计。

在制造方案及工艺设计方面解决了新的问题（图4.34），其中主要有：

①组合式桁架梁正交异性桥面板制造基本单元分块。

②组合式桁架梁正交异性桥面板制造基本单元的连接形式。

③组合式桁架梁正交异性桥面板形变控制技术。

④组合式桁架梁多种整体节点的制造工艺。

⑤组合式桁架梁大节段总体组装方案与精度控制技术。

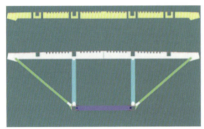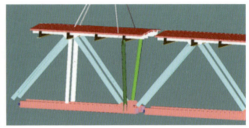

图4.34　桥面板制造、分割与吊装示意图

4.2.5　钢箱拱的设计、制造及吊装

主拱结构为提篮式钢箱拱，跨度320 m，矢高约56.44 m，主拱肋内倾角为10.67°。拱肋箱形截面尺寸为2.4 m×4.0 m，板厚为24～40 mm。两片拱肋通过6道钢箱横撑连为一体。上下游拱肋沿着桥轴立面内水平线，分为23个节段，其中，包括起拱段、标准段（分有横撑及无横撑两类）、合龙段。单肋最重节段为92 t。钢拱箱吊装现场如图4.35所示。

6个箱形横撑的外尺寸分别为：门撑1.60 m×2.4 m，中间撑1.4 m×2.0 m。横撑与拱肋间设整体节点。

在节段间主拱箱板的连接为熔透焊接，纵向加劲肋的连接为高强度螺栓栓接。横撑与拱肋间整体节点连接为全断面熔透焊接。

图4.35　钢拱箱吊装

4.2.6　钢桁梁及丫形刚构施工

1）正交异性桥面板钢桁梁整体节段制造

主桥钢梁有52个节段单元，最重节段3 200 kN，宽43 m，长16 m。要求把段内杆件、

梁段、节点、正交异性桥面板片在节段总拼厂拼装成段，然后将整体钢梁节段运至工地吊装（图 4.36）。钢桁梁当时在国内首次采用的正交异性板钢桁梁整体节段安装技术，实现了钢桁梁整体节段设计、制造、运输和吊装综合技术的突破，提高了工地钢梁安装速度，更好地保证了结构质量。钢桁梁的架设详见第 3 章 3.3.2 节缆索吊装。

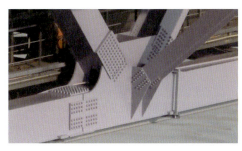

图 4.36　桁梁整体节点及整体节段示意图

2）三维空间预应力混凝土 Y 形刚构施工

为满足 Y 形刚构悬臂梁施工要求，根据预应力布置特点和节段荷载的平衡对称原则，结合现场施工条件，设计将 Y 形刚构前、后悬臂梁分成长度不等的节段（图 4.37）。通过施工方案优化研究，前悬臂梁选择悬臂灌注施工方案，后悬臂梁选择悬臂灌注和支架分段灌注相结合的施工方案。Y 形刚构线形控制良好，结构受力满足设计、规范要求。采用的支架系统、模板结构系统效果良好，成功降低了特殊 Y 形刚构施工的难度。

图 4.37　Y 形刚构满布支架部分悬臂法施工示意图

第5章 依山借势隧道锚碇

5.1 概　述

　　山地城市跨江大桥地形陡峻，受两岸地形条件限制，悬索桥采用的隧道锚能较好地利用锚址区的地质条件，工程量相对较小（体量仅为重力锚的 20% ~ 25%），是一种性价比高、对周边环境扰动小的锚碇结构形式。但隧道锚的设计受修建锚址区围岩地质的影响较大，要求岩体节理较少、完整性好，这对隧道锚的工程应用形成了制约。锚碇作为悬索桥的四大部分之一，其土方量占悬索桥总开挖量的绝大部分，是最大限度地减少环境扰动的关键所在。隧道锚可有效减少开挖量和混凝土用量，是理想的锚碇形式。例如：美国的华盛顿大桥，其新泽西岸隧道锚与纽约岸重力锚混凝土用量比为 1∶4.8；我国四渡河大桥宜昌岸隧道锚与恩施重力锚混凝土用量比为 1∶4，土石方开挖量之比为 1∶5。因而，隧道锚的使用对有效保护自然环境、避免大规模开挖、节约投资方面具有重要意义。然而，对于受力形式特殊的隧道式锚碇，由于其对围岩等地质条件要求苛刻等原因，发展相对缓慢。目前，国内外已建的主要悬索桥隧道锚结构统计如表 5.1 所示。

表 5.1　国内外部分悬索桥隧道锚统计表

桥　名	主跨跨径 (m)	主缆拉力 (t)	主缆折射角度 (°)	地质条件	锚体尺寸 (m)	备　注
乔治·华盛顿大桥	1 066.8	55 000×2	40	玄武岩	断面 14.2×17.1，长 45.7	锚体处岩面极为粗糙
英国福斯桥	1 005.8	14 000×2	30	南岸：页岩与砂岩互层；北岸：粗玄岩	南岸为圆形断面，前直径 7.62，后直径 13.72；北岸前断面 6.1×12.2，后断面 12.8×12.2，长 53.8	—
日本下津井濑户大桥	940	32 000×2	38	闪长岩、花岗岩	前断面 6.7×10.95，后断面 14.7×13.95，长 77.2	尾部匙状，长 25.5 m
重庆江津几江大桥	600	10 800×2	37	砂岩与泥岩互层	前断面 10×10，后断面 14×14，长 60	—

续表

桥　名	主跨跨径 (m)	主缆拉力 (t)	主缆折射角度 (°)	地质条件	锚体尺寸 (m)	备　注
矮寨大桥	1 176	27 000×2	45	灰岩	前断面 12×11，后断面 16×15，长 43	—
四渡河大 桥	900	22 000×2	35	灰岩	前断面 9.8×10.9，后断面 14×14，长 40	—
重庆鹅公 岩大桥	600	13 000×2	26	泥质砂岩 与砂质泥 岩互层	前断面 9.5×10.5，后断面 12.5×13.5，长 42	尾部匙状，另 设抗滑桩
万州长江 二桥	580	10 200×2	30	砂质黏土 岩、泥质 粉砂岩、 粉砂岩	前断面 11×11.03，后断面 14.2×15.3，长 19	尾部岩锚，作 安全储备
重庆丰都 长江大桥	450	6 845×2	35	长石石英 砂岩	断面 7×8，长 10	—
广东虎门 大桥	888	15 900×2	40	石英砂岩 与砂质泥 岩	前断面 9×10，后断面 13×14，长 53	未实施
贵州坝陵 河大桥	1 088	27 000×2	45	灰岩、白 云岩	前断面 12.5×14，后断面 21×25，长 40	—

5.1.1　锚址的选择

在进行锚址选择时，应从以下 3 个方面考察锚碇周围岩体的地质条件：

①锚址区的地质条件应是区域稳定的，不应存在滑坡、崩塌、倾倒体、层间滑动及深大断裂等地质灾害隐患。

②锚址区岩体应有较强的整体性，不应存在较多的裂隙、层理等地质构造，这些构造都将降低岩体的整体性，对隧道锚的变位控制极为不利。

③锚址区的岩体应具有一定的强度。由于隧道锚的承载能力与围岩的强度密切相关，故对锚址区的岩体有一定的强度要求，以达到隧道锚的承载要求。因此，隧道锚碇应该设置在地质条件较好、岩体完整、强度较高的位置，且地形能够满足全桥总体布置要求的场合。

5.1.2　隧道锚设计要点

1）锚塞体尺寸的拟定

锚塞体的主要功能是将主缆拉力通过锚固系统传递到围岩中，是隧道锚的主要承重结构。隧道锚锚塞体尺寸的设计可分为锚塞体截面设计和锚体长度设计，是隧道锚设计的主要环节。对于锚塞体截面设计主要应考虑以下 3 个方面：

①锚塞体截面应能满足主缆索股锚固空间的需要。

②锚塞体截面不宜过大，以至于左右锚体的距离过近，围岩扰动严重，降低强度。

③锚塞体截面的外轮廓应有利于岩体的开挖及稳定，可参考常规的隧道断面确定。

对于锚塞体长度的拟定，建议采用以下近似估算公式，即

$$L_{\mathrm{m}} = \frac{3\sqrt{3}\,PK}{8\sqrt{C}\,U_p\,[\,\tau\,]} \qquad (5.1)$$

式中　L_{m} —— 锚体长度；

　　　P —— 主缆拉力；

　　　K —— 锚碇安全系数；

　　　C —— 参数，建议在 0.10 ~ 0.12 取值；

　　　U_p —— 锚体截面的周长；

　　　$[\,\tau\,]$ —— 岩体容许抗剪强度，偏安全计可取无正压力时的岩体抗剪强度，即黏聚力。

式（5.1）根据锚体周围剪应力分布特点及最大剪应力准则得到，供设计者参考。锚塞体纵断面通常设置为前小后大的楔形形状，在锚固系统轴向力的作用下，可使围岩产生压力；锚塞体横断面顶部通常采用圆弧形。锚塞体混凝土可采用聚丙烯纤维膨胀抗渗混凝土，以满足对锚固系统的防护和不同部位的结构受力需求。

前锚室的主要功能是容纳主缆的散索，并有足够的长度以满足主缆索股的锚固空间，同时提供进行锚碇锚固系统、主缆散鞍等防护、维护等作业的空间。根据具体情况，前锚室断面可采用等截面或变截面的形式。由于隧道锚的前锚室一般均需开挖山体，故需采取初期支护和二次衬砌。隧道锚的主要构造如图5.1所示。

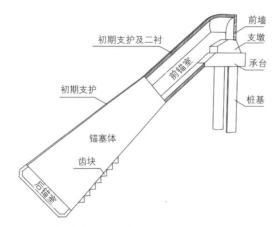

图 5.1　隧道锚的主要构造

2）锚碇验算

根据《公路悬索桥设计规范》（JTG/T D65—2015）相关规定，隧道式锚碇结构的计算应满足以下要求：

①锚碇周围岩体的物理力学参数及结构面抗剪强度宜通过室内或现场试验获得。

②无实测数据时，可按《公路隧道设计规范》(JTG D70—2014) 确定。

③锚碇开挖阶段应计算开挖时稳定性、锚塞体的承载能力、围岩变形和塑性区分布。

④锚塞体整体抗拔安全系数不应小于 2.0，围岩稳定安全系数不应小于 4.0。

同时，应对锚体—围岩进行筒体抗剪强度验算，包括竖直截面抗剪和斜截面抗剪。

5.1.3　隧道锚设计难点

1）设计难点

①隧道锚设计规范、标准未成体系。为规范悬索桥的设计，我国专门编制了《公路悬索桥设计规范》（JTG/T D65—2015），但设计规范仅给出了隧道锚设计的基本原则，对具体的隧道锚设计方案未给出指导意见，其他国家规范也无相关条文。

②隧道锚设计输入参数具有不确定性。隧道锚对围岩的依赖性很强，而对岩体的性能认识还很有限，岩体的许多基本问题，如岩体力学参数的取值、分析方法及岩体材料本构模型、地应力场测量仍在深入认识之中。

③水位变化对隧道锚受力性能的影响。当隧道锚锚体位于水位线以下，泡水后隧道锚的稳定性、破坏形态及变形均有可能受到影响。水对岩体具有显著的软化作用，导致力学参数降低，这些都将给隧道锚的设计带来一定的困难。

因此，为保证隧道锚设计的安全性及经济性，有必要进行隧道式锚碇的原位岩体力学性能试验及缩尺模型试验（图 5.2）。通过现场试验为设计提供更为精确的围岩力学参数，确定隧道式锚碇的承载能力及破坏模式，以验证设计方案的受力安全性，进一步优化隧道式锚碇的设计。

图 5.2　现场原位试验

2）试验研究

试验研究的主要目的：

①提出隧道锚碇区工程岩体力学的参数取值。

②基于锚碇模型拉拔试验及拉拔流变试验，提出具体地质与地形条件下的可能破坏模式。

③确定隧道锚碇围岩的极限承载力。

④确定实桥隧道锚碇的围岩稳定安全系数。

⑤优化施工图设计，如隧道锚尺寸等。

5.1.4 隧道锚锚固系统选择

悬索桥锚固系统是保证结构整体安全的重要环节之一，锚固系统的选用、设计施工质量维系着整座桥梁的安全和耐久。锚固系统一般包含型钢锚固系统和预应力锚固系统两种，如图 5.3 所示。

（a）型钢锚固系统　　　　　　　　　（b）预应力锚固系统

图 5.3　隧道锚锚固系统

其中，型钢锚固系统中主缆索股直接锚固与埋在锚块混凝土中的型钢拉杆上，索股拉力通过拉杆传递给后锚梁，最后混凝土的局部承压和斜截面抗剪的受力模式传递给锚块。国内外早期的悬索桥多采用型钢锚固系统，国内如广东虎门大桥、汕头海湾大桥、南京长江四桥等，国外有美国华盛顿大桥、金门大桥、新港桥等。

而预应力锚固系统是事先对锚块混凝土施加预压力，主缆索股在前锚面通过锚固连接器及拉杆将缆力传递给预应力系统，由预应力系统传给锚块。近期，预应力锚固系统在国内外悬索桥中也有了许多应用，国内有江阴长江大桥、厦门海沧大桥、宜昌长江大桥、润扬长江大桥、香港青马大桥、重庆鹅公岩大桥等，国外有英国赛文桥、土耳其博斯普鲁斯大桥、瑞典霍加库斯腾桥等。这两种系统的特点如表 5.2 所示。

表 5.2　两种锚固系统对比表

类　型	优　点	缺　点
型钢锚固系统	耐久性能好，后期维护成本低，加工工艺成熟，结构整体性能和安全性能好	现场安装精度要求高，耗钢量大，造价高
预应力锚固系统	用钢量少，拉索布置灵活，施工方便，造价低	后期需进行维护，耐久性较差

5.1.5　合川渠江景观大桥设计

合川是重庆北部的城市发展新区，地处重庆三环，毗邻两江新区，因嘉陵江、渠江、涪江三江汇流而得名，更因钓鱼城影响世界历史进程而闻名。

"十三五"时期，合川将加快建设重庆新型工业城市、旅游休闲胜地和幸福宜居家园。其中，建设旅游休闲胜地，就是要围绕"历史文化、滨水休闲、乡村体验"三大主题，把合川建成旅游休闲示范区。为展示合川区城市旅游形象，改善民生，提倡健康生态的生活休闲方式，同时整合提升现有乡村休闲旅游资源，推动农业产业化项目与现代乡村旅游业的互动结合，促进沿线区域社会经济发展，提出建设合川渠河迎宾绿道漫游画廊项目（以下简称渠江绿道）。渠江绿道是自渠江南岸钓鱼城渠河嘴起，跨越渠江，沿渠江北岸连接 4 个镇街，至涞滩古镇下涞滩止（图 5.4）。

合川渠江景观大桥为渠江绿道重要跨江连接工程，项目的实施将更好地发挥和挖掘合川区旅游资源的优势和潜力，促进合川区旅游业发展。同时，将突破渠江对两岸的交通制约，有效串联钓鱼城街道与云门街道，进一步完善合川区公路路网、拓展城市空间，助推沿线经济社会发展。

图 5.4　项目区位

关键技术创新：单主缆悬索桥、单孔隧道锚
关键技术：加劲梁施工、隧道锚施工

5.2 创新理念

合川渠江景观大桥项目位于渠江与嘉陵江两江交汇之处，江面开阔，自然山水风光宜人，具有较广的可视范围，景观位置突出，宜重点打造桥梁景观。

本方案结合桥位周边山水特色的自然环境，提取山的脉络和水的流线形成独具特色的拱塔造型。桥面布置上将机动车、非机动车和行人进行分离，既保障了行人的安全，又使主梁平面线形得以丰富变化，使得大桥整体线形流畅美观，与环境和谐统一，现代感强，具有极强的标志性。

结合地形，南岸采用重力式锚碇。北岸锚碇位于 45° 的自然斜坡上，岩体整体性较好，围岩多为泥岩，属于Ⅳ级质量软岩，有条件采用隧道式锚碇，因此推荐采用隧道式锚碇方案。这种方案对周边环境影响较小，且景观效果好。

5.3 桥梁设计

5.3.1 桥梁总体设计

合川渠江大桥景观工程连接南北岸绿道系统和南北岸公路系统。同时，作为绿道旅游项目的起点及过江节点，应打造独特的桥梁景观；跨江桥建设规模大，位于城市旅游核心区，地理位置突出，景观影响大，需充分满足高水准的景观定位，有条件打造成为合川的标志性桥梁、新的城市名片。

该桥的交通功能技术标准根据现状实际情况及近远期交通功能需要确定。其交通功能分绿道系统和公路系统，绿道系统与所连接的渠江绿道匹配。公路系统根据交通需求及业主要求，按三级公路建设，设计时速为 30 km/h，双向两车道布置。

1）桥跨布置

主桥为单跨 400 m 悬索桥。平面布置上，主梁在中跨部分的两端位于平曲线上，纵断面沿中心点对称设置 4% 的纵坡，竖曲线半径 R=4 000 m（图 5.5—图 5.8）。

2）横断面设计

桥梁横断面的布置主要依据两岸交通需求和交通量而确定，公路系统布置双向两车道，绿道系统布置电瓶车道、自行车道和人行道。公路系统与绿道系统路幅均设 2% 单向横坡，如图 5.9 所示。

主桥典型横断面布置：0.5 m(护栏)+7.5 m（车行道）+0.5 m（护栏）+2～18.6 m（拉索区）+0.5 m（护栏）+ 3 m（电瓶车道）+ 3 m（自行车道）+2 m（人行道)=19～35.6 m。

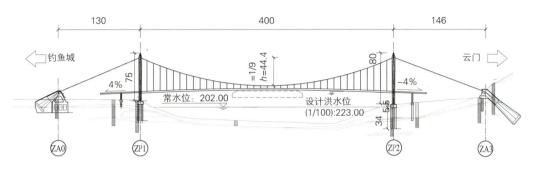

图 5.5 立面布置图（单位：m）

图 5.6 全桥鸟瞰效果图

图 5.7 岸侧实景效果图

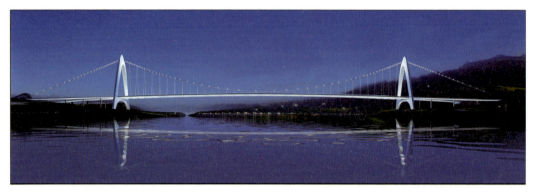

图 5.8 夜景效果图

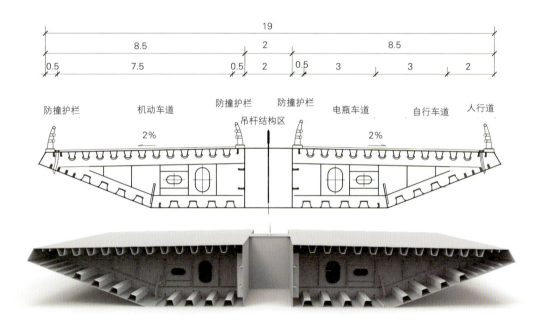

图 5.9 主梁横断面布置图（单位：m）

公路系统（A 线）引桥标准横断面布置：0.5 m（防撞护栏）+7.5 m（机动车道）+0.5 m（防撞护栏）=8.5 m。

绿道系统（B 线）引桥标准横断面布置：0.5 m（护栏）+3 m（电瓶车道）+3 m（自行车道）+2 m（人行道)= 8.5 m。

3）结构形式

本方案结构形式采用地锚式单索面单跨悬索桥，主缆矢跨比为 1/9。

（1）主塔

主塔为"山"形拱式桥塔，由混凝土箱形截面柱组成，桥面处设横梁，ZP1 塔柱全高 80 m，ZP2 塔柱全高 75 m。塔冠采用钢壳体结构。

（2）主梁

主梁为分离式等截面钢箱梁，梁高 2.5 m，之间靠横梁连接，隔板沿单幅箱梁中线间距为 3.5 m，吊索间距为 10.5 m 左右。

5.3.2　隧道锚设计

1）隧道锚碇构造设计

隧洞总长 65 m，其中锚塞体 40 m，前锚室 25 m，隧道最大埋深约为 72 m。洞轴线水平方向倾角为 41°，锚体后面设 3.0 m 的后锚室。图 5.10 所示为隧道锚碇结构图。

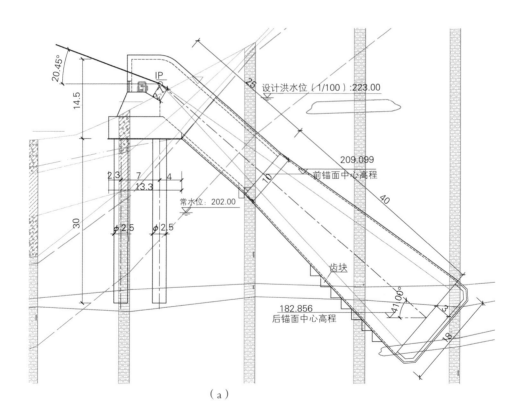

（a）

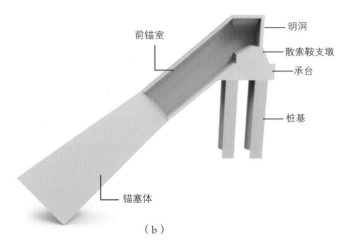

（b）

图5.10　隧道锚碇结构图（单位：m）

前锚室自IP点沿索股中心线至前锚面部分为横截面断面，前锚室断面尺寸为10.0 m×10.0 m；锚塞体部分均为变截面开挖，呈一喇叭形状，断面由小变大，锚塞体断面尺寸由10.0 m×10.0 m变化至18.0 m×18.0 m，锚塞体部分顶拱坡度为35°，底板坡度为47°，整个锚体为一倾斜洞。

2）锚固系统

北岸隧道式锚碇采用预应力锚固系统。预应力钢束沿索股发散方向布置，并沿发散方向与大缆合力线发散，锚固于后锚面，前后锚面均为大缆合力线垂直的平面。锚固系统设计要点如下：

①锚固系统由索股锚固连接器和预应力钢束锚固系统构造组成。索股锚固连接器构造由拉杆及其组件、连接器组成；预应力钢束锚固构造由管道、预应力钢绞线及锚具、防腐油脂、锚头防护帽等组成。拉杆上端与主缆索股锚头相连接，另一端与前锚面的连接器相连接。

②索股锚固连接器由两根拉杆和连接器构成，云门岸隧道锚主缆有48套索股锚固单元。

③由于主缆索股数量较少，均采用单索股锚固单元，预应力钢束锚固设计有常规预应力钢束锚固和多股成品索锚固。相比多股成品索锚固系统，常规预应力钢束锚固用量更省，工艺更成熟，因此设计对应采用15-17规格预应力钢束锚固，采用特制的15-17型锚具。其关键是应满足设计所需的锚下应力不超过C40混凝土的受力要求。

5.3.3　隧道锚计算

1）锚碇抗拔出安全系数计算

隧道锚的抗拔计算可视锚碇为一大型锚杆，根据《公路悬索桥设计规范》（JTG/T D65—2015），主要针对锚塞体的整体抗拔安全系数进行控制。整体抗拔验算认为，锚固段埋置较深，锚碇在巨大缆力作用下，岩锚周围岩体产生破坏，锚塞体被拔出，破坏面出现在锚固段与围岩接触面。下面介绍隧道锚的主要计算过程。

（1）计算公式

抗拔出安全系数可用下式简化计算：

$$K = \frac{f'W_F + C'A + W_L}{P} \qquad (5.2)$$

式中　K——抗拔出安全系数；

f'——接触面抗剪断摩擦系数；

C'——接触面（或结合面）的抗剪断黏聚力，kPa；

A——接触面（或结合面）的面积，m^2；

W_L——结构自重岩拉拔方向的分量，kN；

P——设计主缆拉力，kN。

（2）计算参数选取

根据本项目初步设计地质勘察报告，计算采用的岩体力学参数可从表5.3中选取。

表5.3　隧道锚碇计算中岩体物理力学参数推荐值

岩石名称		粉质黏土	砂卵石土	粉砂土	强风化基岩	中风化砂岩	中风化砂质泥岩	裂隙面	岩层层面	岩土界面
自然重度（kN/m³）		19.5	22.0*	18.0*	23.0*	25.0*	25.6			
单轴抗压强度标准值（MPa）	自然					31.0~46.4	7.5~14.5			
	饱和					21.7~34.8	4.1~9.2			
内聚力 C（kPa）		23.4	30~33*	15*	50*	2 100~2 200	400~450	50*	30*	28*
内摩擦角 φ（°）		10.0	（综合 φ）	10*	30*	40.0~43.0	30.0~32.0	18*	15*	12*
抗拉强度（kPa）						550~600	75~80			
压缩模量（MPa）		3~7	8~15	5~12	—	—	—	—	—	—
弹性模量（MPa）						4 500~4 800	900~1 000			
变形模量（MPa）						3 800~4 000	650~700			
泊松比 μ						0.12~0.15	0.40~0.43			
地基承载力基本容许值 $[f_{ao}]$（kPa）		—	250~300	—	—	1 500~2 000	500~600			
岩体与注浆体界面黏结强度特征值（kPa）		—	—	—	—	1 000~1 500	300~500			
桩侧土侧摩阻力标准值（kPa）		40~50	80~150	—	—	—	—	—	—	—
挡墙基底摩擦系数		0.25	0.30~0.40	—	0.35~0.45	0.45~0.55	0.35~0.45			
土体水平抗力比例系数（MN/m⁴）		6~10	30~80							
岩体水平抗力系数（MN·m³）						260~350	40~100			

续表

岩石名称	粉质黏土	砂卵石土	粉砂土	强风化基岩	中风化砂岩	中风化砂质泥岩	裂隙面	岩层层面	岩土界面
岩体抗剪断摩擦系数					0.4~0.6	0.30~0.44			
岩体抗剪断黏聚力（MPa）					0.22~0.53	0.16~0.38			

注：* 表示经验数据。

（3）计算假定条件

为计算方便起见，可做如下假定或简化：

①锚塞体垂直投影上方的岩体视作匀质岩体；

②锚塞体上方岩体与地面的边界线假定为锚碇中心轴线地面标高线；

③锚塞体底、侧面混凝土与岩体间的黏聚力看作同一常数。

（4）计算结果及分析

根据北岸锚碇总体布置图可知，其结构计算图示如图 5.11 所示，取锚碇中心线纵剖面图。

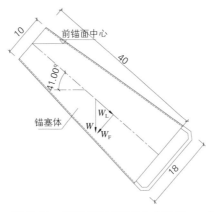

图 5.11　隧道锚计算图示（单位：m）

根据表 5.4 及锚碇总体布置图，再结合计算图 5.11，采用图上量面积进而求体积的方法计算 W_F、W_L，主缆设计拉力 T 也取自合川渠江景观大桥初步设计计算文件中最不利组合下的值（钢箱梁方案）。最后，将抗拔出安全系数公式中各计算参数结果如表 5.4 所示。

表 5.4　锚塞体抗拔出安全系数公式中各计算参数

锚塞体基本参数			岩 层			
参数	数值	单位	参数	数值	单位	备注
前锚面周长	35	m	摩擦系数	0.3	—	0.3~0.44
前锚面面积	89.27	m²	黏聚力	0.16	MPa	0.16~0.38
后锚面周长	64	m	主缆折射角度	0.715 585	rad	—
后锚面面积	289.23	m²	计　算			
锚塞体长度	40	m	抗拔承载力	433 705.5	kN	—
结构体积 V	7 570	m³	设计主缆拉力	91 000	kN	—
结构自重 G	132 475	kN	抗拔安全系数	4.8	—	>2
接触面积 A	1 980	m²	计算结果	OK	—	—

表 5.4 中，摩擦系数 μ 及黏聚力 C_1、C_2 是不考虑洞室开挖引起围岩松动造成岩体力学强度参数降低的影响。另外，加之锚洞开挖深度较大，在雨季将会产生较大的涌水，锚洞完工后，虽然对产生涌水或滴水的部位会进行封堵，但地下水充填在锚洞围岩的裂隙中，这也降低了裂隙面的强度。为考虑实际问题的这些不利情况和锚碇锚塞体抗拔出安全系数的安全储备，通过降低强度参数 f' 和黏聚力 C' 来考虑这些影响，降低幅度为原参数的 20%、40%、60%。

根据式（5.2），3 种情况下的计算结果如表 5.5 所示。

表 5.5　锚塞体抗拔出安全系数计算结果

降低幅度	0	20%	40%	60%
中风化砂质泥岩	4.8	4.0	3.2	2.5

从表 5.5 的计算结果可以看到，在给定条件下的抗拔出安全系数都在 2.0 以上。从工程经验的角度判断，在这种情况下，云门岸的锚塞体有足够的抗拔力，锚塞体是稳定的。另外，还可以发现，岩体力学参数的降低对计算结果有显著的影响。最不利情况下的抗拔出安全系数为 2.5，还是偏于安全的。因此，隧道锚的整体抗拔安全系数满足《公路悬索桥设计规范》（JTG/T D65—2015）的相关规定要求。

2）锚碇锚固段围岩抗剪计算

在巨大主缆力作用下，锚碇后端面以外的周边围岩受到锚碇的挤压力和剪切力作用而一般处于压剪应力状态。为保证锚固段筒体不因被剪切而发生失稳破坏，应验算岩体平均剪应力。

（1）计算公式

$$\tau = \frac{T}{A} \tag{5.3}$$

式中　τ——岩体平均剪应力；

　　T——设计主缆拉力；

　　A——以锚塞体尾部断面为横断面，沿锚固体长度范围内的筒体内表面积。

（2）假定条件

为计算方便起见，计算做了如下假定：

①锚塞体围岩视作匀质岩体；

②在缆力作用下，假定锚固长度范围内岩体发生以锚塞体尾部断面为横断面的筒体受剪破坏。

（3）计算结果及分析

根据推荐方案及锚碇一般构造图，按照式（5.3），求得计算结果如表 5.6 所示。

表 5.6 锚塞体围岩平均剪应力计算结果

参数	$A(m^2)$	$T(MN)$	$\tau(kPa)$
数值	1 980	91	46

因为，岩石抗剪强度可表示为：

$$\tau_0 = C + \sigma \times \tan \varphi$$

根据表 5.6，$\tau_0 > 0.16$ MPa，从而 $\tau \leqslant \tau_0$，因此可以得出云门岸锚固段围岩不会产生剪切破坏。

3）锚碇散索鞍支墩抗滑移计算

根据推荐方案中云门岸锚碇一般构造图，在基底承载力验算中，对明洞，只考虑在支墩基础水平投影范围内明洞部分重量的影响，其结构计算示意图如图 5.12 所示。

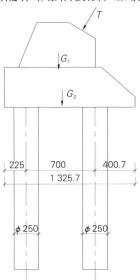

图 5.12 隧道锚支墩计算示意图（单位：cm）

已知主缆设计拉力 $T=92$ MN，主缆力入射角 $\alpha=20.45°$，折射角 $\beta=41°$。设散索鞍反力作用在主缆转折角（内角）中分线上，其与竖向线的夹角为 θ，则 $\theta =31.2°$。根据主桥纵向计算结果，该散索鞍反力 $F=27.8$ MN。

根据《公路桥涵地基与基础设计规范》（JTG D63—2007）对桩基的计算规定，应进行支墩结构的地基承载力进行验算。计算时，混凝土容重取为 25 kN/m³，验算过程如下：

（1）桩基竖向承载力

根据《公路桥涵地基与基础设计规范》（JTG D63—2007）5.3.4 条的规定，支撑在基岩上或嵌入基岩内的钻孔桩的单桩轴向受压承载力容许值 $[R_a]$，可按下式计算，式中各参数取值及计算过程如表 5.7 所示。

$$[R_a] = c_1 A_p f_{rk} + u \sum_{i=1}^{m} c_{2i} h_i f_{rki} + \frac{1}{2} \zeta_s u \sum_{i=1}^{n} l_i q_{ik} \tag{5.4}$$

表 5.7　单桩承载能力验算

单桩承载能力验算		
桩基直径 (m)	D	3
桩端截面面积 (m^2)	A_p	7.07
桩身周长 (m)	u	9.42
嵌岩深度 (m)	h	9
土层厚度 (m)	L	8
岩石饱和单轴抗压强度 (kPa)	f_{rk}	4 100
岩石端阻发挥系数	c_1	0.5
岩石侧阻发挥系数	c_2	0.04
土层侧阻发挥系数	ζ_s	0.8
土层侧阻力标准值 (kPa)	q_k	30
$c_1 \times A_p \times f_{rk}$		14 490.6
$u \times C_2 \times h \times f_{rk}$		13 911.0
$0.5 \times \zeta_s \times u \times L \times q_k$		904.8
单桩承载能力容许值 (kN)	R_a	29 306.3
作用效应组合值 (kN)	P	6 134.0
桩基础嵌岩深度验算		
桩基在基岩顶面处的弯矩 (kN·m)	M_H	4 635.0
系数	β	0.5
最小嵌岩深度 (m)	$[h]$	3.4
设计嵌岩深度 (m)	h	9.0

考虑主缆竖向反力、支墩及基础的竖向反力，计算出支墩的最大竖向反力为 58 900 kN；考虑完全由桩基进行承担，则单桩的最大竖向反力为 19 663 kN，单桩竖向承载力满足规范要求。

（2）桩基水平承载力

根据《建筑桩基设计规范》（JTG 94—2008）中 5.7 节对桩基水平承载力的计算规定，受水平荷载的一般建筑物和水平荷载较小的高大建筑物，单桩基础和群桩应满足下式要求：

$$H_{ik} \leqslant R_h \tag{5.5}$$

式中　H_{ik}——在荷载效应标准组合下，作用于桩基之桩顶处的水平力；

　　　R_h——单桩的水平承载力特征值。

当桩的水平承载力由水平位移控制，容许位移取 6 mm，可按下式估算灌注桩的单桩承载力特征值：

$$R_{ha} = 0.75 \times \frac{\alpha^3 EI}{\nu_x}$$

式中　EI——桩身抗弯刚度；

　　　ν_x——桩顶水平位移系数；

　　　α——桩的水平变形系数。

支墩的水平反力主要来源于主缆在散索鞍位置处的水平分力。根据计算可知，支墩的最大水平反力为 16 809 kN，考虑完全由桩基进行承担，则单桩的最大水平反力为 5 603 kN，单桩水平承载力满足规范要求。

（3）结论

①对锚塞体，在计算假定条件下，当保持主缆设计荷载不变时，分别对 3 种岩体在考虑因洞室开挖引起围岩松动造成岩体力学强度参数降低影响的各种不同情况下的计算结果可知，锚塞体的抗拔出安全系数均大于 2.0，锚塞体是稳定的。

②经计算可知，云门岸隧道锚锚固段围岩平均剪应力远小于地勘推荐值，不会出现剪切破坏。

③经计算可知，云门岸锚碇散索鞍支墩桩基的水平剪力及竖向反力小于地基容许承载力，故基底承载力也满足要求。

5.3.4　隧道锚施工

1）隧道锚施工工艺流程

隧道锚施工工艺流程如图 5.13 所示。

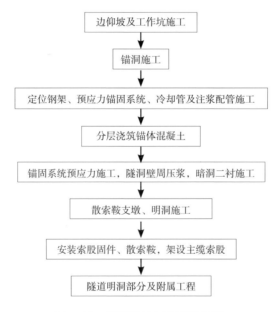

图 5.13　隧道锚施工工艺流程图

2）隧道锚施工流程效果展示

根据设计图纸中围岩类别及断面特征，为了减少围岩扰动，本桥锚洞开挖拟采用全断面法施工及台阶法相结合的方式，施工中采用小药量预裂爆破法，确保工程质量和进度。

锚洞为一变化断面，洞室设计断面由小到大不断变化且又为斜洞室，因此在锚洞洞室施工中，将注意隧道断面复测，尽量避免隧道超欠挖。

锚洞施工中采取"管超前、严注浆、短开挖、强支护、快封闭、勤量测"的基本工艺，施工工序严格遵守"先排管、后注浆、再开挖、注浆一段、开挖一段、支护一段、封闭一段"的原则。

在锚洞开挖施工中，将合理安排工序，尽可能安排各施工工序平行作业，加强对地下水和施工用水的管理，及时做好排水设施，严禁水浸泡地基。

锚洞开挖作业，采用"三八制"，即每天 3 班，8 小时工作制。每一锚洞为一个独立作业班组，两个班组组成一个锚洞开挖作业队。

集渣、出渣方式：根据开挖边坡的开挖高度，布置两条运输便道与主施工便道接通；开挖前先形成施工集渣场地，边爆破边开挖，开挖渣土用自卸汽车将土石方运至弃土场。

隧道锚施工流程图如图 5.14 所示。

（a）开挖效果图

（b）安装效果图

（c）完成效果图

图 5.14　隧道锚施工流程图

5.4　桥梁施工方案

①施工进场，清理施工现场，三通一平；主塔桩基施工；开挖南岸重力式锚碇基坑；北岸山体隧道锚碇洞身开挖［图 5.15（a）］。

②主塔承台混凝土施工；引桥桩基承台施工；南岸重力式锚碇基础施工［图 5.15（b）］。

③施工南岸重力式锚碇、北岸隧道锚；架设主塔塔吊，爬模逐段施工主塔混凝土结构；浇筑引桥桥墩及桥台；架设两岸引桥支架，并进行预压试验［图 5.15（c）］。

④支架上现浇引桥混凝土箱梁，并张拉预应力；两岸临时锚碇施工；主塔上安装主索鞍，两岸锚碇安装散索鞍；先导索过江［图 5.15（d）］。

⑤架设两根施工索道；施工索道上安装天车系统［图 5.15（e）］。

⑥猫道架设；主索安装；用紧缆机将主缆紧成圆形并用钢带箍紧，安装索夹［图 5.15（f）］。

⑦将吊杆安装就位；钢梁支架拼装［图 5.15（g）］。

⑧天车起吊钢箱梁段，由主塔至跨中方向逐段安装；每安装一节段钢箱梁，将两根斜吊杆固定于梁段耳板上［图5.15（h）］。

⑨按上述方法逐段安装钢箱梁至单吊杆范围；用天车系统起吊钢箱梁进行安装；用临时三角形刚性杆将钢箱梁临时固定；安装下一阶段钢箱梁，并安装各段单吊杆；每隔4个节段，对钢箱梁进行一次临时三角形刚性杆固定［图5.15（i）］。

⑩逐段安装钢箱梁至全桥合龙；张拉吊杆，控制主梁线形，完成体系转换；安装主塔索鞍装饰保护罩；主缆缠丝与防护，拆除猫道与索道；拆除引桥施工支架；拆除钢梁支架［图5.15（j）］。

⑪对吊杆进行二次张拉，达成成桥线形状态；施工主塔附属及表面涂装；施工桥面附属工程及景观工程；拆除主塔塔吊［图5.15（k）］。

⑫对施工环境进行原装恢复；全桥荷载试验；成桥竣工验收；大桥通车［图5.15（l）］。

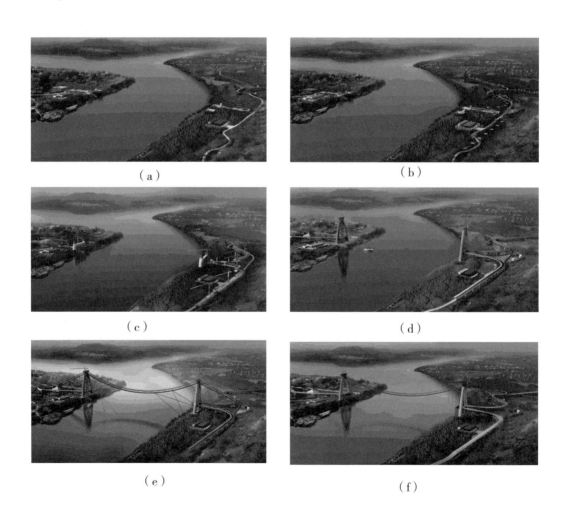

（a）

（b）

（c）

（d）

（e）

（f）

（g）　　　　　　　　　　　　　　（h）

（i）　　　　　　　　　　　　　　（j）

（k）　　　　　　　　　　　　　　（l）

图 5.15　主桥施工流程图

第6章 人文主题设计思路

古希腊哲学家亚里士多德说："人们居住在城市，是为了生活得更好。"城市交通发展最重要的是处理好人与城市中其他元素的融洽关系，人是中心，因此城市公共空间的"人性化"就显得非常重要。"人性化"就是强调"人"重于"物"，要求对人性及人的各种需求给予充分的理解和尊重。

老城区作为城市发展的源点，在特定的时期和条件下形成，经过一定的时间发展，积淀了厚重的地方文化，构成了城市的物质环境风貌和人文精神特征，是无法再生和取代的文化资源。老城中的建构物，伴随城市成长，对市民来说是一种成长记忆，在城市功能扩展、完善过程中如何留住记忆，延续城市历史文脉，留住城市特有的文化特色、建筑风格等"基因"，保护好前人留下的文化遗产。保持人性化设计是现在人们在社会发展中的追求，是城市建设中最严格，也是最基本的要求，吻合着城市发展的目标。

6.1 合川涪江一桥——古典传承，风格依然

涪江晚渡成了记忆，老桥没入水底，新桥屹立而起，将古典美学与现代技术融为一体。

合川涪江一桥老桥于 1971 年建成通车，桥面宽仅为 10 m［图 6.1（a）］。其中，车行道宽 6.5 m，人行道宽 2×1.75 m，荷载标准：汽车 -13，拖 -60 级。新建涪江一桥，正桥长 520 m，桥宽增加为 20 m，双向四车道，御洪能力由 50 年一遇提高到 100 年一遇。为尊重市民愿望，新涪江一桥基本保留了原涪江一桥的风格，桥型为新型的混凝土拱式梁桥［图 6.1（b）］。

关键技术创新：梁拱组合体结构、墩梁一体化设计

关键技术：20 m 宽单箱双室结构悬臂施工

（a）老桥

（b）新桥

图 6.1　合川涪江一桥

6.1.1　创新结构体系

合川涪江一桥新桥结构体系实际上是上承式拱桥和梁桥的组合体。每个主墩上的受力结构就像系杆在上层的上承式系杆拱，当两个桥墩的系杆拱放在一起时，就形成一个典型的双飞燕式上承系杆拱。

在本桥特定的水位条件下，这样的"系杆拱"最大主跨可达 80 m，但这并不能达到设计需要的跨度。设计构思是把两个半拱沿中心线左右分开，中间用一段等截面箱梁连接。箱梁梁高 3 m，凭经验，3 m 高的预应力混凝土箱梁跨径就能做到 60 m，而本桥两个分开后的"系杆拱"之间的净距离不超过 55 m，在受力上是合适的，边跨也是如此。因此，提出了跨度为 85 m+135 m+88 m 的拱式梁桥创意。

设计时，把边跨、中跨的等截面箱梁和每个桥墩上的上层"系杆"箱梁连接，纵向形成一个全桥通长的等截面连续箱梁，因此本桥实质上是搁置在两个"系杆拱"上的连续梁桥，这也是设计的独到之处（图 6.2）。结构计算表明，当梁和拱结合在一起时，

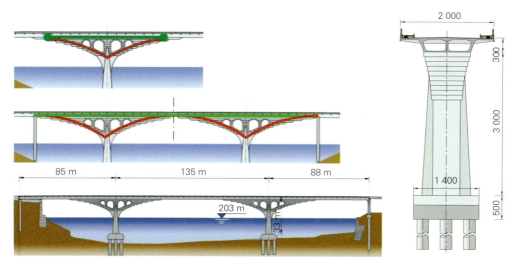

图 6.2　拱 - 梁组合体系（未标注尺寸单位：cm）

组合体呈现出拱桥和梁桥的受力特点，故被称为拱式梁桥。在恒载作用下，拱桥通常在拱顶以受压为主，弯矩相对较小。由于本桥的边跨、中跨分别增加了一段平直的箱梁，而该段箱梁需要有足够的抗弯能力以抵抗恒载、活载产生的弯矩，因此设计过程中按梁桥的受力特点配置预应力钢筋。为使本桥看起来更像拱桥，在主梁根部参照传统的空腹式拱桥设计有4个横向贯穿的腹孔。腹孔设计成拱形，对称布置，既增加拱桥的外形和含义，也增加了过洪面积，减少了洪水的流水压力。

6.1.2 方案选择

合川涪江一桥位于主城区，是连接涪江两岸的主要跨江通道桥位，距上游涪江二桥约900 m，距下游交汇口约600 m。老桥由于长期的超负荷运行，病害严重，已进行多次加固设计，桥梁采用机动车限重，单向行驶通行，成为城市交通的瓶颈地段。2009年1月5日，旧桥被爆破拆除（图6.3）。

图6.3 拆除老桥

城市交通的发展迫切需要进行合川涪江一桥的拆建，以改善南北城区的交通瓶颈、排除桥梁结构的安全隐患，使之有利于整体打造两岸城区，提升城市整体形象；有利于实现"商旅活城"的战略目标；有利于增强城区辐射和影响力，带动城镇的繁荣发展。

桥梁设计方案总体构思，应突出大桥的景观效果，充分利用该地区的自然特色，处理好大桥与周边环境的相互协调、和谐关系。整座大桥要以新颖美观的造型，令人心旷神怡、耳目一新。桥梁设计方案应尽量减少对环境的影响，设计、施工时应加强环境保护措施。

1）方案一：拱式梁桥方案

该方案将拱桥和梁桥桥型巧妙结合起来，形成新颖的拱式梁桥。通过适当提高桥面标高，可使其在满足交通功能的前提下，满足规划航道通航的净空要求。通过设置古典的拱上腹拱和独特的叠层造型，使其含有古典拱桥的元素，不仅达到拱桥的视觉效果，而且还增加了桥梁的观赏性，满足市民们希望还建一座拱形桥梁的愿望（图6.4）。

整个桥梁的造型是仿古式的拱式桥，是现代技术与古典美学的完美结合。

图 6.4　方案一

2）方案二：索辅梁桥方案

该方案采用矮塔斜拉索辅式梁桥，较低的桥塔可与桥梁周边建筑很好地匹配，轻盈的主梁给人以非常简洁、轻巧的感觉，能满足交通和通航的需求。但它与旧桥的风格完全不同，而对于与旧桥有深厚感情的当地市民来说，更喜欢还建一个拱形桥梁。此外，在这个桥位，如果建设一个主跨约 135 m 的矮塔斜拉索辅式梁桥，则显得大材小用（图 6.5）。

图 6.5　方案二

3）方案三：顶推钢梁桥方案

为尽可能减少因拆除旧桥中断过江交通对城市的影响，该方案考虑以最短的工期还市民一个过江桥梁，即利用旧桥现有的基础和桥墩，将桥墩加高，以提高桥面，满足规划通航要求（图 6.6）。然后，在南引道上将工厂分段加工好的钢箱梁进行拼接，由南向北顶推，最终形成一座连续钢箱梁桥。本方案投资最为节省，施工速度最快。但桥梁的跨度没有改变，枯水位的主航道通航条件未得到改善，桥梁外形也未达到市民的心理期望。

由于下游草街电站水坝正在修建，桥位处水位将会提高，将会有更多的航运需求，能提供更优通航条件的方案就显得更为可取，因此最终选择方案一作为建设方案。

图6.6　方案三

6.1.3　桥梁设计

1）总体设计

根据通航论证结论和总体布跨设计，新桥主跨为135 m，边跨分别为85 m、88 m（图6.7）。结合两边受限的接线条件，桥宽定为20 m，主梁采用预应力混凝土结构。

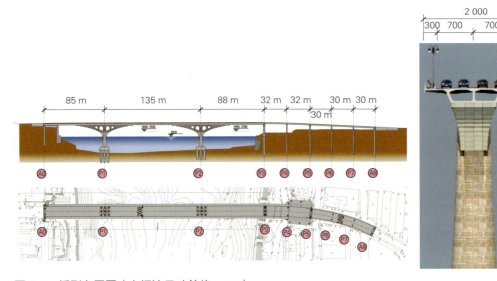

图6.7　桥型布置图（未标注尺寸单位：cm）

2）梁 - 墩结合段设计

拱式梁桥的桥墩及墩顶区段主梁（即镂空区段主梁）在受力及构造上是整体结合在一起的。圆端形的墩柱向上延伸成为"拱桥"的中立柱，继续向上延伸进梁体内构成中横梁；墩柱顺桥向截面扩大直至分体成为"拱圈"，最终延伸至主梁，并与之结合成整体。

图 6.8　结合段示意图

为使墩、梁过渡起来更有创意，在梁底缘设计了逐级放大的倒阶梯式叠层造型，从较窄的墩顶逐渐过渡到较宽的上部主梁，外观看起来像是逐层堆砌加高、逐层扩大的叠层"书卷"。叠层范围长 35 m，共设置 10 级，每级阶梯高 1 m，梯阶长度根据拱形的造型需要而逐渐变化（图 6.8）。

3）主梁设计

非结合段主梁，由变高梁段和等高梁段组成。变高梁段主梁，梁高 3 ~ 9 m。梁体 3 m 等高段以下为叠层造型部分，截面为单箱双室变截面箱梁；等高段主梁梁高 3 m，长为 92 m，截面为单箱双室等截面箱梁（图 6.9）。

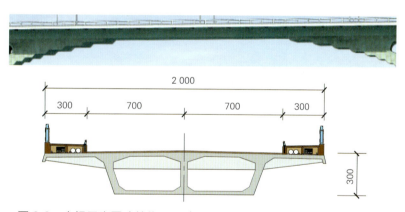

图 6.9　主梁示意图（单位：cm）

6.1.4　施工工法创新

由于主梁根部高达 14 m，混凝土方量较大，叠层台阶构造复杂。其中，墩顶 0 号块（腹孔段范围）长 31 m，在腹孔尚未形成时，底板以悬臂受弯为主。

通常，腹孔段需采用临时支架平台施工，然而涪江里不允许搭设影响航道的大型支架。因此，为了减少施工措施及费用，设计时采用化整为零的方法，将该腹孔段再次分层分段，并根据每次浇筑的构件逐层、逐段设置临时对拉钢束，使先前浇筑成型的构件参与受力，且对浇筑初始构件用的支架规模要求非常小，仅利用承台的余宽就可搭设。

当腹孔段形成后，就可安装挂篮，剩余的梁段均采用悬臂节段法施工（图 6.10）。

135

图 6.10　梁 - 墩结合段及悬臂施工

6.1.5　环境、景观及人性化设计

本工程包括桥梁周边相关的环境局部整治。南桥头处结合现状的地形，在桥台下方增设过街通道，并完善护栏设施；北桥头处综合平场，清除旧桥桥头处的土堡，平场成为平地，增加空间空透感；南北桥头均设置电梯直接连接桥面与地面层，方便市民出行（图 6.11）。

图 6.11　人性化景观

为增添更多的古香古色气氛，本结构将在主桥的主墩及主梁上进行刻痕处理，让结构形态及外轮廓线条更富内涵，看上去似一座古桥，与周边的环境相协调。

设计考虑了桥梁的景观照明，将灯光照明与桥梁艺术有机结合。特别是在夜间，结合通航助航轮廓灯及景观灯光的表现，将主体结构的虚实线条及拱上拱轮廓表现出来，使其更具美观效果（图 6.12）。为使桥梁更具美观性，拟对桥梁外表面进行景观性涂装，以浅色调为主体，防腐涂料将与景观性涂装同时实施。

新桥于 2009 年 1 月 10 日开工，2010 年 12 月 31 日建成通车，工期近 2 年（图 6.13）。该桥的建设给当地还建了一个更宽、更通畅的过江通道，缓解了上游涪江二桥的交通压力，方便市民出行，社会效益明显，有力地促进了当地社会经济发展。

图 6.12　合川涪江一桥夜景

图 6.13　合川涪江一桥实景

6.2　泸州沱江一桥——古今交融，凤凰涅槃

延续城市记忆，留住人文情怀，是融合，是飞跃，是发展，更是历史佐证和成长的记忆。

泸州沱江一桥是泸州历史上第一座跨沱江桥，建于 1965 年，为 7 跨 45 m 老式拱桥，桥面宽 14 m，双向两车道，荷载标准为汽 -15。它代表泸州人的城市记忆，是城市历史文化的一部分。随着城市的扩容，泸州市要建立和升级新的南北向城市主干道入城系统，泸州沱江一桥是控制性节点工程。桥位位于城市中心区域，两岸都是市中心繁华区域，各种商业、住宅建筑都紧邻老桥建设。保留老桥、在旁边新建两幅新桥的构想得到了泸州市民的拥护，新桥采用连续刚构形式与老桥相互交融，使原有老桥的功能得到重生（图 6.14）。

关键技术创新：墩梁一体化设计，新、老桥构成特色双层空间

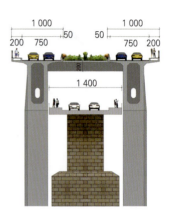

图 6.14　泸州沱江一桥效果图（单位：cm）

6.2.1　创新理念

1）历史的传承——凤凰涅槃

规划新桥通道在老桥位置，按照固有的思路进行改造，要么拆除老桥，要么拆除两侧大量的建筑，占用更多的城市用地。从传承历史的角度，泸州人民要求保留老桥（图 6.15）。

图 6.15　泸州沱江一桥老桥原貌

泸州沱江一桥新桥与老桥同桥位，保留老桥，传承历史文化，保留城市记忆。新桥采用变截面连续刚构梁桥，工程造价低，施工方便，形式与老桥保持基本一致，统一与融合（图 6.16）。

图 6.16　新桥、老桥总体图

2）新老桥双层桥面

在不拆除老桥，又要减少拆迁的前提下，还要增加车行通道，这似乎是不可能的事。新桥设计突破了传统的思维方式，在平面宽度上可能性不大的时候，就在空间高程上做了很多思考，创新地提出了"双层桥面"的概念（图 6.17）。

图 6.17　大桥风貌

箱形桥梁的翼缘板到梁底的空间，往往都是无用的空间，我们把这一部分空间灵活地利用起来，把新桥桥面置于老桥之上，使新桥的翼缘部分宽度与老桥在空间上重叠在一起，这样在平面上，就为新老桥的布置节省出了两个翼缘的宽度来，让整个桥梁的总宽度减少至少 6 m。

双层桥的布置形式，可以为城市提供 4 条增加的车行通道，同时又能让新桥的边缘与两侧的建筑物保持适当的距离，避免了对建筑物的拆迁。

工程实践证明，在如此狭窄的地方成功地建成了复线桥，同时对两边的建筑物几乎没有拆迁，只有一些小的局部改造。老桥的保留利用，对施工期方便群众过江创造了便捷的交通条件。复线桥建好后，人、车合理地分配到新老桥不同的交通层次跨越沱江，形成了一个和谐的交通体系（图 6.17）。

双层桥的布置形式,在城市景观的处理上也是一个创新的尝试。从老桥上通过时,新桥就位于老桥两侧,通过新桥梁底曲线的塑造,老桥就像一个光影斑驳的时空隧道,增添了不少的趣味。

如果把新桥两个主梁之间连起来,再加上漂亮的天窗,老桥可以成为十分舒适的步行街(图6.18)。

图6.18　老桥景观打造

3)墩梁一体化设计

采用90 m+135 m+90 m连续刚构桥,墩梁一体化设计,保证了主梁和桥墩的协同受力,充分利用了高墩的柔度,使主梁和桥墩的受力最优;墩梁固结,无支座,有利于悬臂施工,省去大型支座及其养护、维修费用;同时,减少了桥面伸缩缝的数量,保证了行车的舒适性。

4)"大横梁"连接

新桥设计为左右两幅桥,由于有老桥的隔断,相互是独立的;每幅桥宽10 m,主跨135 m,而桥最高45 m,桥墩的横向宽度仅有4 m。这样的结构尺寸,让单幅桥显得非常单薄。通过在两幅桥梁主墩0号块的位置设置"大横梁",将两幅桥连为一体,这样能够有效提高桥梁整体横向刚度,保证其横向稳定性(图6.19)。同时,"大横梁"也被用作景观花坛,为桥梁的景观增色不少。

图6.19　大横梁实景

6.2.2　桥梁设计

新桥采用 90 m+135 m+90 m 连续刚构桥，双幅桥结构形式，两幅桥距离 8.5 m（图 6.20）。单幅桥宽 10 m，横桥向布置为 2.0 m（人行道）+7.5 m（车行道）+0.5 m（防撞栏）。主梁采用单箱单室变截面混凝土箱梁，箱梁顶板宽 10.0 m，底板宽 4.0 m。箱梁跨中及边跨现浇梁段高 3.0 m，墩与箱梁相接的根部断面高 9.5 m，其间箱梁高度按二次抛物线变化。全桥节段浇筑共分为 0 ～ 16 号节段，从箱梁根部到 3 号梁段腹板厚 80 cm，5 号梁段到 9 号梁段腹板厚 65 cm，11 号梁段到 15 号梁段以及合龙段腹板厚均为 50 cm。从箱梁根部到跨中底板厚从 1.0 m 以二次抛物线方式变化为 0.28 m，顶板均厚 0.3 m。

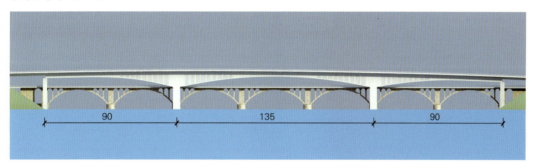

图 6.20　桥型布置（单位：m）

主墩墩高 24.4 m，横桥向宽 4 m，顺桥向为与老桥桥墩外形协调，在老桥拱址以下部分采用 1：0.05 变宽，以上部分为 5 m 等宽。主墩采用空心薄壁墩，顺桥向壁厚 0.7 m，横桥向壁厚 0.8 m。在远离老桥侧采用圆弧形迎水面处理。

交接墩墩高 22 m，采用 2.5 m×4.0 m 矩形截面。

主墩和交接墩均采用群桩基础。主墩沿纵桥向布置 5 排桩，横纵向为 2 排桩，桩基础直径 1.5 m。交接墩沿纵桥向布置 3 排桩，横纵向为 2 排桩，桩基础直径 1.4 m。

大桥两端分别设置两座折返式下桥梯道，解决了新桥与老桥的人行交通组织（图 6.21）。

图 6.21　人行梯道

6.2.3 桥梁施工

主梁除边跨现浇段采用支架现浇施工、0号节段采用墩旁托架施工外，其余节段均采用挂篮悬臂对称现浇施工［图6.22（a）］。

在新桥修建期间，旧桥要保持车辆的通行。为保证人车的安全，设置两个可滑动的盖棚安放到旧桥桥面。盖棚可根据新桥施工挂篮的位置滑动至合适的位置，使旧桥的这一段桥面被遮盖起来，防护施工挂篮上的杂物掉落。

由于新桥的边中跨比达到0.66∶1，如果采用传统的边跨先合龙，跨中最大悬臂端的变形将显著增大，不利于线形和中跨内力的有效控制。本桥采用中跨先合龙，并施加一定的顶推力后，很好地解决了这个问题［图6.22（b）］。

（a）悬臂施工　　　　　　　　　　　　（b）悬臂合龙

图6.22　悬臂施工

新桥的基础施工期间，需特别注意不要对旧桥桥墩造成任何可能的伤害。

通过现场监控和监测计算等手段，对主墩、主梁施工过程中的结构内力和位移状态进行有效的监测、分析、计算和预测，以确保整个结构在施工过程的安全并达到最终的设计成桥状态。

6.3 重庆红岩村嘉陵江大桥——留住城市历史，传承红岩精神

时光记忆了经典，一座桥就是弥足珍贵的藏品，见证一个城市的人文印迹；用它跨越山川的挺拔身影，印刻城市历史，见证城市变迁、时代的进步。

重庆红岩村嘉陵江大桥毗邻红岩革命纪念馆，红岩村原名红岩嘴，因其地质成分主要为侏罗纪红色页岩而得名。抗日战争时期，中共中央南方局和八路军驻渝办事处设于红岩村。从此，红岩村这片红色的土地就成为革命的象征。红岩村作为重庆十大文化符号之一，具有特殊寓意。红岩精神就是一种坚定团结、爱国奉献的革命精神。

如何将桥梁与城市历史文化相结合，其基本设计理念来源于"红岩"片石——桥塔塔身层层叠叠和红岩片石形态如出一辙，形成的竖向线条肌理还原了红岩片石的原始形态。同时，竖直向上的直线也和不断发展的城市线条相符相称，威严硬朗，彰显出桥塔的挺拔和坚毅，整体造型感十分强烈。桥塔造型源于鬼斧神工的天生石桥，历经千年仍岿然不动；塔柱造型源于岁月洗礼的岩石节理，饱受风雨仍风骨犹存；横梁造型源于牢牢拼接的累累块石，铿锵有力而又韵律十足；塔身赭红源于红色页岩的天然本色，热情奔放而又庄严典雅。整体造型端严庄重、气势恢宏，彰显出大气磅礴的气势和舍我其谁的魄力（图 6.23）。

图 6.23　高低塔方案效果图

6.3.1　创新理念

从大桥的功能定位来看，首先需满足江北区与九龙坡区、大渡口区之间的快速路连接需求；其次，必须满足轨道过江的需要；同时，还需要满足江北区与沙坪坝区、渝中区、高新区之间的联系需求，并为江北岸的北滨路和江南岸的沙滨路提供连接通道。

受两岸地形及水面通航净空限制，大桥桥面标高比桥下的滨江路高出近 50 m，巨大的高差是两岸接线设计的最大难点。重庆红岩村嘉陵江大桥为公轨合建桥，轨道结构位于道路交通下层，形成上、下双层布置。为更合理地解决与滨江路衔接的问题，设计中提出了在下层轨道两侧增设双向车行匝道的构思，这种方式能有效减少与滨江路约 10 m 的高差，大幅降低两岸接线的设计难度，实现在快速路与轨道交通组织合理的基础上，尽可能地考虑城市道路交通和行人组织与两岸地面交通的合理衔接，充分体现科学、系统、以人为本的设计思路（图 6.24）。

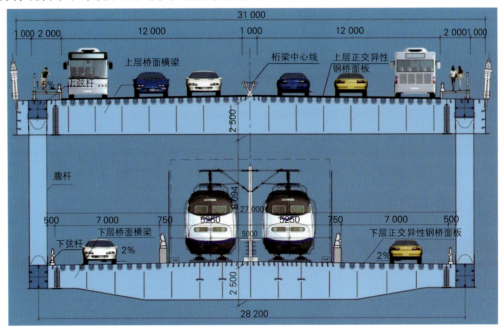

图 6.24　重庆红岩村嘉陵江大桥横断面布置（单位：cm）

6.3.2　桥梁设计

1）总体布置

重庆红岩村嘉陵江大桥南侧主墩紧靠牛滴路布置，跨过牛滴路与嘉陵路后即与现状地面相接，因此南边跨度定为 120 m。北边跨布置主要受北滨路及规划道路的影响，同时为满足轨道技术要求应布置在平面直线段范围内，故边跨长度不大于 225 m。

大桥的跨径布置采用（91.4+138.6+375+120+7.8）m，总长 732.8 m（图 6.25）。

2）桥塔设计

高、低塔均为门式框架结构，设上、中、下 3 道横梁。塔柱为空心薄壁多边形断面，竖向按 100∶1.5 内收，高塔总高 202 m，每侧塔柱横桥向尺寸均为 7.0 m；顺桥向采用变截面形式，塔顶 7.0 m，塔底 10.5 m。低塔总高 150.75 m，每侧塔柱横桥向尺寸均为 6.2 m，顺桥向采用变截面形式，塔顶 6.5 m，塔底 9.4 m（图 6.26）。

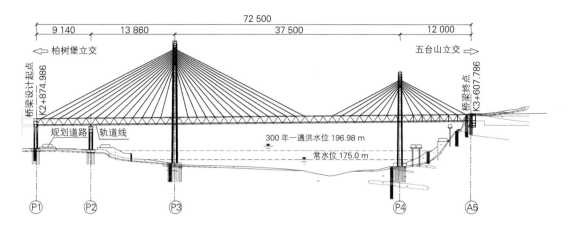

图 6.25　重庆红岩村嘉陵江大桥桥型立面图（单位 :cm）

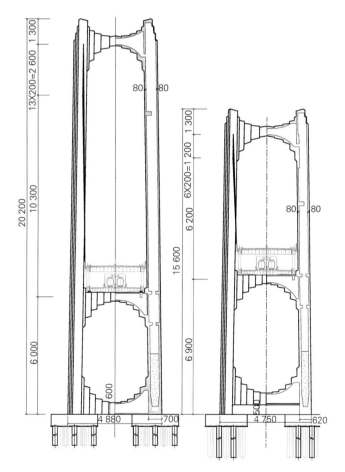

图 6.26　高、低塔结构总图（单位：cm）

3）主桁设计

钢桁梁沿桥纵向分成49个节段，主桁采用两片主桁的纯华伦桁架（三角桁），桁间距为28.2 m（等间距布置），桁高11.163 m（图6.27）。主桁由上弦杆、下弦杆、腹杆组成。上弦杆为闭口箱形截面，截面内轮廓宽度为1 200 mm，内轮廓高度为1 200 mm，板厚为20～24 mm，设计共两种截面类型。上弦杆采用焊接的整体节点，在工厂内把杆件和节点板焊成一体，运到工地架设时将腹板和底板采用高强度螺栓拼接，顶板作为桥面板的一部分采用焊接。下弦杆为闭口箱形截面，截面内轮廓宽度为1 200 mm，内轮廓高度为1 600mm，板厚为20～40 mm，设计共3种截面类型。下弦杆用高强度螺栓与整体节点连接。斜腹杆为闭口箱形截面，截面内轮廓宽度为1 200 mm，内轮廓高度为1 000 mm。根据受力特征，板厚设计为24～32 mm，设计共3种截面类型。所有腹杆与上、下弦整体节点板及节点内的隔板四面对拼连接。

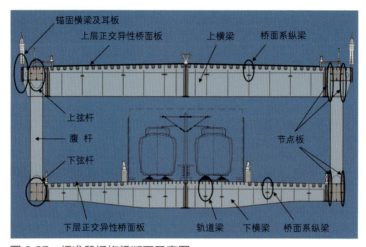

图6.27　标准段钢桁梁断面示意图

第7章 多层空间建设理念

公轨两用桥采用双层桥面结构已经很常见，而多层桥面也广泛运用于其他方面。山地城市道路依山而建，受山地地形影响，难以形成横平竖直的网格结构，大量的道路因地制宜，形成了在不同台地上的有明显竖向特征的道路路网体系。利用多层桥梁设计能更有效地解决不同路网的交通功能，从而在解决高差问题时实现上、中、下道路之间的连接难题，不但可以实现结构的美学特点，而且可以大大节约投资。

7.1 多层桥梁空间设计

城市跨江桥梁特别是在成熟的都市中，桥位资源稀缺，为充分利用有限资源最大限度地提供交通需求，同时为连接城市空间的多个层次，在城市整体规划中，往往将城市轨道交通与城市道路交通相结合，形成公、轨共建桥梁。有时，为更好地提高公共交通服务水平，充分利用双层交通优势，也设计双层公路交通桥梁。表7.1所示为国内外部分双层桥梁统计情况。

表 7.1 国内外部分双层桥梁统计表

序 号	桥 名	跨径布置（m）	桥 型	类 型
1	重庆江津鼎山长江大桥	216.5+464+216.5	斜拉桥	公路＋轨道
2	湖北黄冈长江大桥	81+243+567+243+81	斜拉桥	公路＋铁路
3	芜湖长江大桥	180+312+180	斜拉桥	公路＋铁路
4	京福高铁铜陵长江大桥	90+240+630+240+90	斜拉桥	公路＋铁路
5	郑新黄河大桥	120+5×168+120	部分斜拉连续钢桁结合梁	公路＋铁路
6	重庆朝天门长江大桥	190+552+190	拱桥	公路＋轨道
7	武汉天兴洲长江大桥	98+196+504+196+98	斜拉桥	公路＋铁路
8	大连星海湾大桥	180+460+180	悬索桥	双层公路
9	重庆菜园坝长江大桥	88+102+420+102+88	拱桥	公路＋轨道

续表

序　号	桥　名	跨径布置（m）	桥　型	类　型
10	上海闵浦大桥	4×63+708+4×63	斜拉桥	双层公路
11	上海闵浦二桥	38.25+147+251.4	斜拉桥	公路＋轨道
12	日本柜石岛桥	185+420+185	斜拉桥	公路＋铁路
13	香港汲水门大桥	80+80+430+80	斜拉桥	公路＋轨道
14	厄勒桑特桥	141+160+490+160+141	斜拉桥	公路＋铁路
15	费马恩海峡大桥	201+282+724+724+282+201	斜拉桥	公路＋铁路
16	重庆东水门长江大桥	222.5+445+190.5	斜拉桥	公路＋轨道
17	重庆千厮门嘉陵江大桥	88+312+240+80	斜拉桥	公路＋轨道
18	蒙华铁路公安长江大桥	98+182+518+182+98	斜拉桥	公路＋铁路
19	钱江四桥	2×85+190+5×85+190+2×85	拱桥	公路＋轨道
20	葡萄牙四月二十五号大桥	主跨1 012.88	悬索桥	公路＋轨道
21	旧金山海湾大桥西桥	352+704+352+352+704+352	悬索桥	双层公路

为保证营运安全，将公、轨交通分层布置，形成公路层和轨道层（如重庆菜园坝长江大桥），轨道层宽度比公路层宽度小；有时，为了更好地利用桥梁空间，在轨道层增加了公路功能，如重庆红岩村嘉陵江大桥（图7.1）、重庆朝天门长江大桥。人行过桥也是山地城市跨江大桥的一大功能需求，有时为充分利用空间，减小桥面宽度，将人、车分离而设计成双层桥，如重庆嘉悦大桥（图7.2）。

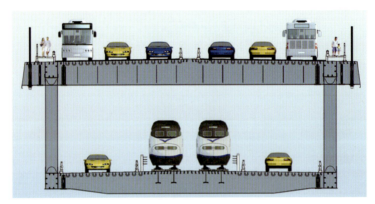

图7.1　重庆红岩村嘉陵江大桥横断面图

图7.2　重庆嘉悦大桥横断面图

山地城市跨江桥梁多层设计主要优点：

①充分利用桥位资源、减少占地空间。

②轨道交通的载体。

③有效连接山地城市不同台地路网。

总体布置应遵循各种桥型的合理桥跨布置，在空间布置上应注意轨道、人行净空的要求。

7.2 多层次桥头接线设计

菜园坝立交实现了对上半城——两路口，下半城——菜园坝片区各道路、南区路、八一隧道，以及高程更低的长滨路 3 个不同空间层次的道路连接，使重庆菜园坝长江大桥成为重庆主城唯一一座同时连接上、下半城的桥梁。所连接的高差最大达 60 m。重庆菜园坝立交独具匠心、见缝插针式的门形框架桥墩穿越密集的建筑群间，不仅节约用地，还创下了零拆迁的奇迹，成为国内旧城区立交项目的范例（图 7.3）。

（a）菜园坝立交车辆走向　　　　　　（b）苏家坝立交车辆走向

图 7.3　重庆菜园坝长江大桥立交工程

菜园坝立交为三层五叉全互通式立交，与重庆菜园坝长江大桥配套的共有 12 条匝道，其中 7 条与大桥直接相连。因所处的位置非常狭窄，建筑物、管线地下建筑众多，且交通繁忙，造成菜园坝立交布置相当困难（图 7.4）。

图 7.4　菜园坝立交控制条件

　　苏家坝立交的地理位置也极具山地城市所独有的典型特点：东侧地势较高，地面高程在 270 m 左右；两侧地势较低，地面高程在 190 m 左右，在相距 430 m 范围内，东西两侧高差达 80 m（图 7.5）。苏家坝立交所连接的高差最大处近 80 m。

图 7.5　苏家坝立交实景

7.3　三层桥构思——重庆郭家沱长江大桥

　　重庆郭家沱长江大桥是重庆南北向城市快速路六纵线跨越长江的节点工程，是两江新区联系主城核心区最快捷的通道，项目建设对于推动东部新城发展，带动两侧土地开发具有重要的作用。大桥桥位位于铜锣峡出口回流沱与广阳岛分汊河段之间的过渡段，河道微弯；左岸边滩有所发育，右岸礁石、石梁密布，深槽居于左岸，河床质多为大颗粒卵石或基岩、礁石，近年来河床及河势基本稳定。经通航论证分析，桥区

河段航道等级为 Ⅰ-（2）级，设计通航净空高度为 18 m，并按 24 m 净空高度进行预留。通航论证确定采用主孔跨度为 720 m 的桥跨布置方案，主桥长 1 200 m，主桥为单孔悬挂双塔三跨连续钢桁梁悬索桥，桥跨布置为（90+720+90）m，总长 900 m，南、北侧引桥均为 3×50 m 连续梁桥（图 7.6）。

图 7.6　重庆郭家沱长江大桥三层桥面效果图

图 7.7 所示为重庆郭家沱长江大桥主墩位置图，图 7.8 所示为重庆郭家沱长江大桥三层桥梁方案立面布置图。

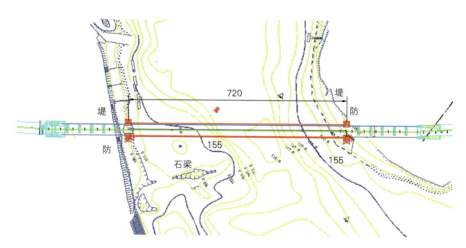

图 7.7　重庆郭家沱长江大桥主墩位置图（单位：m）

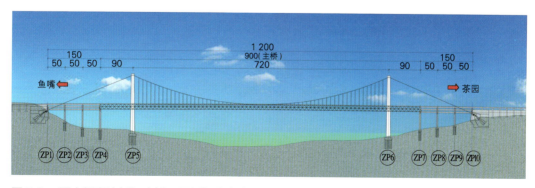

图 7.8　重庆郭家沱长江大桥三层桥梁方案立面布置图（单位：m）

根据重庆市总体规划，联系长江南北两岸的轨道交通 8 号线也将在郭家沱过江，其建设时间在 2020 年后，但考虑到充分利用稀缺跨江桥位资源、节约工程投资，重庆郭家沱长江大桥采用公轨共建方案，同时解决城市道路交通和轨道交通过江的需求（图 7.9、图 7.10）。

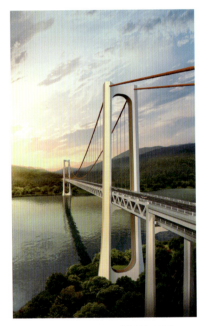 

图 7.9　先期两层公路桥效果图　　　图 7.10　后期加轨道三层方案效果图

由于本桥预留的轨道线路为重庆市远景规划线位，轨道交通的运营时间与城市道路开通运行的时间间隔较长，同步建设将导致轨道相关的工程投资费用闲置。

在设计过程中结合大桥的建设模式，对桥梁方案进行了深入的研究及论证，提出适应本桥特点的桥梁布置方案。

7.3.1　桥面布置

公轨合建桥梁通常采用分层布置的形式，在重庆的多座已建桥梁中得到了成功的应用。其横断面布置如图 7.11 所示。

针对重庆郭家沱大桥轨道实施时间较为滞后，且两岸地形高差变化大的特点，我们提出了另外一种桥面布置方案。整个桥面设置为三层，轨道布置于最上层，城市道路按照通行方向并结合两岸地形分别置于中、下两层桥面上，如图 7.12 所示。

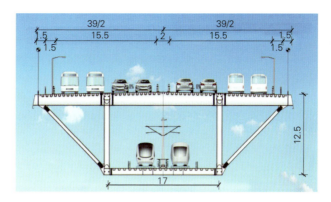

图 7.11　双层桥面布置图（单位：m）

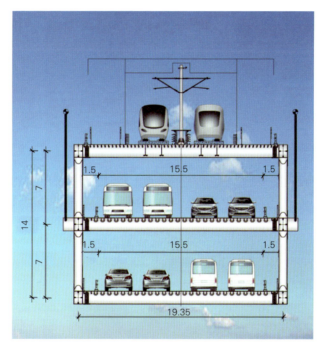

图 7.12　三层桥面布置图（单位：m）

　　两种桥面布置方式均可一次实施完成，但三层桥面方案可通过近期仅实施下层桁梁，远期实施上层桁梁的方式，实现分期建设。该分期方案具有提高桁梁刚度，近期实现 8 车道通行，整体景观协调的优点，更可有效减少工程量，避免资金闲置。

　　上层桥面：为远期预留轻轨结构，桥面总宽达 18.5 m，可满足远期 8AS 型轨道通行及远期人行通道要求。

　　中、下层桥面：1.5 m（检修道）+15.5 m（机动车道）+1.5 m（检修道）=18.5 m。

7.3.2 加劲梁

主桁加劲梁采用双层钢桁梁，每层弦杆中心距离 7.0 m；主桁中心间距 19.35 m，桁式为纯华伦桁架（三角形桁架），节间长度均为 11.25 m。

7.3.3 引桥设计

南、北引桥均采用 50 m 跨径预应力混凝土梁桥，引桥主梁分上、中、下 3 层。为降低结构高度，增加通行净空，上层及中层主梁采用了纵横梁体系，双纵梁放置于桥墩位置，加高纵梁不影响通行净空，横向采用横肋布置向主梁传递桥面荷载。下层主梁由于不受净空限制，采用常规箱梁形式（图 7.13）。

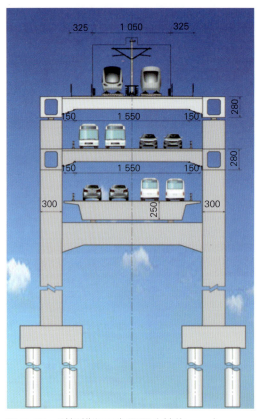

图 7.13　引桥横断面布置图（单位：cm）

7.3.4 接线设计

采用竖向分层交通组织方案后，对大桥两岸的线路稍做调整。道路主线距离桥头 900 m 处开始错幅，右线标高往下降，在桥头北侧 200 m 处右线进入到左线下方，形成上下两层车道后进入重庆郭家沱长江大桥。通过大桥后，在南岸距离桥梁终点 200 m 处右线标高逐渐从桥梁下层上抬，经过约 800 m 的主线分离段后与左线合龙。

7.3.5　桥梁施工

对于三层桥面方案，若采用分期实施方案则划分为近期实施部分和远期实施部分，近期实施部分与常规悬索桥施工相同。远期实施主要施工流程为：

①施工进场准备，三通一平→在桥塔侧架设施工平台→在施工平台顶，架立起重设备→凿除一期引桥桥墩顶部预留段混凝土，露出预留钢筋→施工二期引桥桥墩〔图 7.14（a）〕。

②搭设支架，完成引桥段混凝土梁现浇施工→船运桁架至桥位，通过起重吊机起吊桁架杆件→在既有公路交通桥面，设置可移动拼装支架〔图 7.14（b）〕。

③在移动支架上，完成首节段钢桁架拼装→拼装支架迁移至下一个节段→起重吊机继续起吊杆件，通过已拼装桁架进行运输〔图 7.14（c）〕。

④重复进行步骤③，直至完成顶层桁架拼装合龙→施工桥面系，敷设轨道及附属设施等→全桥施工完成〔图 7.14（d）〕。

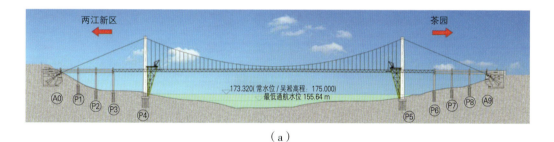

（a）

（b）

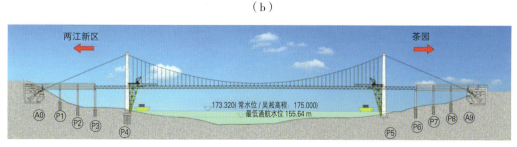

（c）

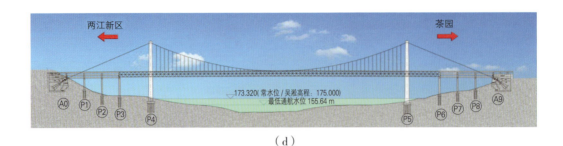

（d）

图 7.14　重庆郭家沱长江大桥远期实施主要施工流程

7.4　泸州长江二桥——双层交通分快慢，城市组团添纽带

泸州长江二桥上层交通服务于交通性主干路、过境快速交通，下层交通服务于滨江两侧，为服务性交通。双层桥梁将快慢交通分离，相互不干扰，同时下层交通也将泸州市 CBD 中心与东桥头一侧的高坝片区连成一体（图 7.15）。

图 7.15　泸州长江二桥效果图

7.4.1　创新理念

1）交通性主干路，过境快速交通

泸州市规划了"两环四横六纵五联络"的城市骨架路网，泸州长江二桥是其中二横线的一部分，是联系城西、中心半岛、茜草、高坝的东西向干道，道路功能定位为交通性主干路，设计时速 60 km/h，标准路幅宽度为 40 m，双向八车道，两侧各 40 m 控制绿带（图 7.16）。项目建成后将成为泸州市东西向主要的骨干道路，是泸州市城市东侧的入城快速通道，因此，过境快速交通是本桥的主要考虑因素。

图 7.16 路线平面布置总图

2）滨江两侧，服务性交通

通过滨江两岸交通需求与地形分析，桥梁设计时还应考虑滨江两岸的交通联系需求。

首先，根据用地规划，泸州长江二桥（城东）西桥头为茜草半岛，规划建设为泸州市 CBD 中心，东桥头一侧为高坝片区，规划控制为滨江居住用地，长江两岸的交通需求将越来越紧密，因此，跨江桥梁的建设应考虑滨江两侧地块相互联系的交通出行需求。

其次，根据地形分析，泸州长江二桥（城东）桥头均为斜坡地带，滨江地块整体标高相对较低，规划滨江道路与跨江大桥高差较大，因此，跨江桥梁的建设应处理与滨江道路的关系，确保桥头接线与两岸路网衔接顺畅（图 7.17）。

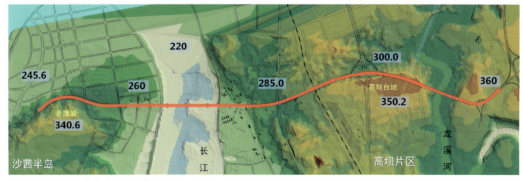

图 7.17 两岸地貌高程示意图

3）双层桥面方案

本方案对本桥的断面形式提出双层桥面方案，快慢交通分层布置，交通功能更为明确。

上层桥面双向六车道 + 人行检修道，下层桥面双向两车道 + 人行检修道；上层桥面组织过境快速交通，形成入城快速通道，主线上跨分离直行快速交通；下层桥面连接两岸组团服务性交通，连接两岸组团滨江慢行交通与人行系统（图 7.18）。

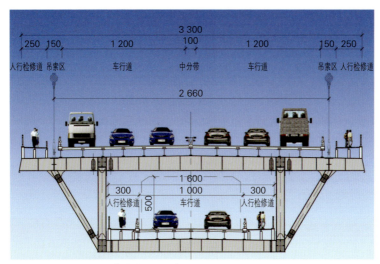

图 7.18　桥梁断面（单位：cm）

上层主要考虑过境快速交通功能，主线交通完全分离，通过桥梁两端的立交实现与各道路的衔接，进出城方向较为顺畅，与道路的功能定位相符［图 7.19（a）］。

下层桥面系统在桥梁东西两端均形成 T 形平交路口，连接两岸组团滨江慢行交通与人行系统，更加有效地联系两岸滨江地带，更利于两岸滨江路地块价值提升；同时，为远期过江管线布设预留了通道位置［图 7.19（b）］。

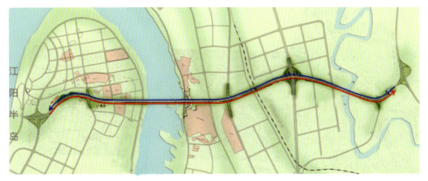

（a）上层交通组织

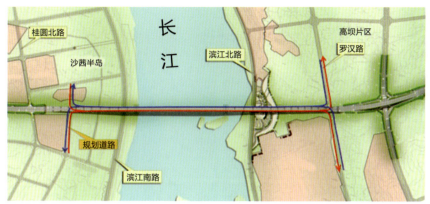

（b）下层交通组织

图 7.19　上、下层桥面交通组织

7.4.2　桥型方案

城市过江桥位是一种稀缺资源，因此现代城市桥梁必须是交通功能与景观功能兼备的建筑。一座桥梁成功与否，选择合适的桥型至关重要。本项目修建在城市核心区，同时也是进入泸州城区的主要通道之一，作为泸州市的东大门，所选桥型要求新颖，具有标志性、创新性，能起到门户功能。桥梁设计应力求与城市文化、历史、环境相协调，应充分重视在桥梁建设和运营期间对城市环境的保护。

桥梁结构的总体布置往往会受到通航、行洪、鱼类保护及河道水文等多方面因素控制。从桥位河势水文及前期调研航道资料可知，本桥主跨应采用一孔跨过通航水域的布跨方式，主跨偏向于右岸，跨径不宜小于 380 m（预可研对此桥的建议跨径是 560 m）。在这样的前提条件下，悬索桥是一个比较适宜的方案（图 7.20）。主桥为 536 m 单跨双塔地锚式悬索桥。主梁采用双层桥面体系，上层桥面宽 33.0 m，下层桥面宽 16.0 m。桥塔、桥墩均采用承台接桩基础的形式。桩基直径 2.5 m，难点在于深水桩基础施工。

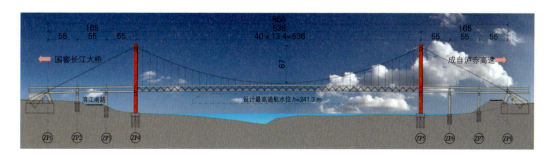

图 7.20　主桥桥型布置图（单位：m）

鲜明的色调主导于城市，映照于江面，红色既是中国色，也是喜庆和宴请的主色调。桥塔造型源自门的形象，浓缩了中国传统建筑的特点，借鉴中华文明之精髓，表达泸州国窖之气象（图7.21）。

图 7.21　桥塔造型

7.5　涪陵乌江二桥螺旋匝道设计

曲线梁桥在现代化城市道路立交中应用已非常普遍，尤其在立交的匝道设计中应用最广。由于受地形、地物和占地面积的影响，匝道桥的设计往往受多种因素限制，使匝道桥具有以下特点：

①桥宽窄。一般匝道多为一或两车道，宽度为 6 ～ 11 m。

②半径小。匝道桥用于实现道路转向功能，受到占地面积的限制，多为小半径的曲线梁桥，平曲线最小半径可在 30 m 左右。

③纵坡大。由于匝道一般都是单向的连接，在立交中为消除冲突点往往采用定向匝道通过立体空间关系来组合，所以要求匝道竖向标高变化频繁，使匝道桥需要设置

图 7.22　施工中的涪陵乌江二桥

较大纵坡。

在曲线梁匝道桥结构设计时，为减少占用土地、改善结构布局、增加视野和桥形美观，往往采用非常规的结构形式。这种独特结构形式的曲线梁桥受力较为复杂，所以在设计过程中，必须对其结构受力特点有充分的了解，综合考虑各种因素影响。

涪陵乌江二桥螺旋匝道是一个非常规结构形式的曲线匝道桥，该桥涵盖了以上各种特点。图 7.22 所示为施工中的涪陵乌江二桥现场。

7.5.1 工程概况及关键边界条件

1）工程概况

涪陵乌江二桥西桥头立交是涪陵乌江二桥工程的重要组成部分，位于乌江与长江汇合口处上游约 500 m，涪陵主城区一侧，紧靠着作为乌江二桥建成后过江主要通道的滨江路。西桥头立交的建设，实现了涪陵乌江二桥与主城区及滨江路相连。西桥头立交分两期实施，一期工程包括的西桥头立交引桥和螺旋匝道，二期工程包括连接主城区的 A、B 匝道。

2）工程地质

立交拟建区地貌单元属河谷斜坡地貌。场地位于乌江左岸，因护堤工程施工原始地形已被改变，护堤高 20 余米，堤顶高程 179.15 m，堤内高程约 175 m，为人工回填，岸坡已进行护坡处理。西桥头立交螺旋匝道桥位场地范围地面高程 172.23 m，相对高差 3.05 m，地形平坦。桥位区内多被第四系全新统填筑土及亚黏土覆盖，土层厚度达 18 ~ 25 m，采用中风化泥岩作为基础持力层。

3）技术标准

①道路等级标准：按城市道路双向四车道标准控制设计。

②设计行车速度：30 km/h。

③车辆荷载等级：城 –A 级，人群荷载为 4.0 kN/m^2。

④桥面桥宽：0.5 m（防撞护栏）+ 9.0 m（车行道）+3.0 m（中央分隔带）+9.0（车行道）+ 2.0 m（检修道）= 23.5 m。

⑤纵坡、横坡：全桥位于 4.5% 单向纵坡。车行道为单向 4.0% 超高横坡，检修道为单向 1.0% 横坡。

⑥平曲线：螺旋匝道道路中心线位于 R=45.0 m 的圆曲线上。

4）影响立交结构形式和桥跨布置的因素

西桥头立交位于人工改造后的场地上，地形地貌和已建成的诸多构筑物对立交结构形成制约因素，主要包括以下 4 个方面。

（1）立交占地范围及周边建筑

受场地周边已建房屋建筑的限制，仅能以现有空地中央为中心，半径约 60 m 的范围内修建西桥头立交。考虑到立交桥面宽度及立交对周围建筑的最小影响距离，螺旋匝道道路中心线的半径不得大于 45 m（图 7.23）。

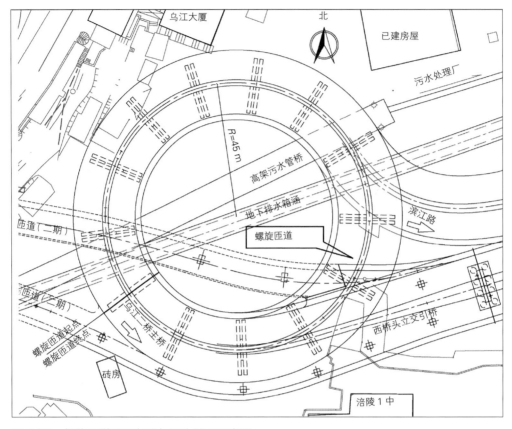

图 7.23　螺旋匝道平面布置与周边关系示意图

（2）滨江路与乌江二桥引桥高差

由于滨江路与乌江二桥引桥高差达 34 m，且受立交道路中心线半径的限制，因此仅能通过设置一个双层螺旋环形匝道桥通过展线，均匀升坡，以克服高差解决滨江路与乌江二桥引桥的衔接问题。

（3）地下排水箱涵

在螺旋匝道桥位区，有一个与乌江防护大堤同时建成的排水箱涵自西向东横穿，埋深为 15 ~ 20 m，在考虑桥跨布置时，须保证基础与箱涵之间足够的安全距离。

（4）景观

本立交是地处乌江与长江汇合口处附近的桥头立交。结合桥址特点，应具备陪衬主桥、融合江岸、协调桥头建筑的景观功能，发挥桥头立交在桥梁环境景观的特殊作用，使之成为一个靠江岸的标志性建筑。

7.5.2　螺旋匝道方案研究

1）方案构思的理念和原则

方案构思的理念应以人为本，力求创新，因地制宜，既要考虑满足交通功能，又要顾及经济效益和环境影响等因素，结构造型力求美观、新颖、简洁大方。因此，在对乌江二桥西桥头立交的桥型方案研究中，充分尊重、认真分析现有周边环境，注重城市景观组织，从功能和美学的角度，把桥头立交与引桥作为一个相互关联的建筑群进行综合研究。这样既能保证车辆行驶的安全、便捷、舒适，又能使桥头立交构成一个与主桥相协调、与环境相适应、美观、合理、高效的江岸建筑物，是西桥头立交设计的基本原则。

2）结构形式构思及比较

（1）方案 I——单墩大悬挑横梁整体连续结构方案

本方案将桥墩均设置于内、外两幅匝道之间，内、外幅箱梁通过大悬挑横梁与桥墩连为一体实行墩梁固结，整体协同受力，内、外幅主梁在全桥范围内均为连续结构（图 7.24、图 7.25）。

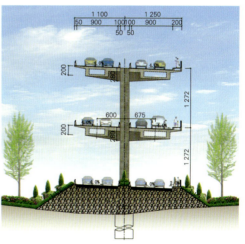

图 7.24　螺旋匝道立体示意（方案 I）　　图 7.25　典型横断面布置（方案 I）（单位：cm）

（2）方案 II——门型墩多跨连续梁方案

本方案匝道设计起、终点与单墩大悬挑横梁整体连续结构方案相同（图 7.26、图 7.27）。桥墩采用常规的门型框架墩，桥墩横梁与主梁之间受力是分离的，主梁的竖向荷载通过设置在墩横梁上的支座传递给桥墩。主梁沿纵桥向在每个圆周分成 4 联，联间设置伸缩缝。每联为 3 ~ 4 跨连续箱梁。

图 7.26 螺旋匝道立体示意图（方案Ⅱ）

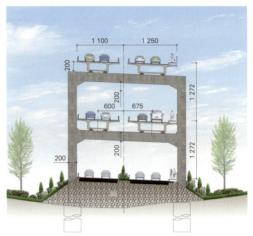

图 7.27 典型横断面布置（方案Ⅱ）（单位：cm）

根据桥位处建设条件，综合考虑经济适用、景观效果等因素，方案Ⅰ——单墩大悬挑横梁整体连续结构方案被确定为推荐方案。两方案比较如表 7.2 所示。

表 7.2 螺旋匝道结构形式综合方案比较表

方案名称	方案Ⅰ	方案Ⅱ
对周边构筑物的影响	对场地及周边构筑物基本没有影响	对原有的地下排水箱涵影响较大，在施工时需要对部分排水结构进行改造
美学效果	造型雄伟壮观。桥墩置于内、外两幅匝道间，通透性好，与主桥单柱式桥塔协调一致，结构新颖，提升了地区形象，扩展了城市空间的多样性	结构形式普通，桥墩较多，视觉感受凌乱，景观效果较差
功能评价	全跨无伸缩缝、采用墩梁固接的形式最大限度地减少了支座和伸缩缝，免除了后期维护，避免了小半径曲线桥由此产生的病害	需设置多条伸缩缝，由于匝道半径太小，不可避免设置多个较昂贵的拉力支座，后期的维护工作量大
施工方法	采用满堂支架分跨逐层施工，主梁设后浇带	采用满堂支架逐跨施工
实施技术难度	技术成熟可靠，施工难度相对于方案Ⅱ较大	技术较成熟，施工难度不大

7.5.3 螺旋匝道设计要点与结构计算分析

1）结构设计

（1）结构总体布置

螺旋匝道沿道路中心线展开为两层 26 跨。由上至下，第 2 层为第 1 ~ 13 跨，第 1 层为第 14 ~ 26 跨，单层匝道沿道路中心线的桥跨布置为：（21.94 +23+4×20+20.3+20+20.3+25+23+3×22.5+22）m（图 7.28）。内、外幅箱梁中心线半径分别为 38.25 m、51.0 m。

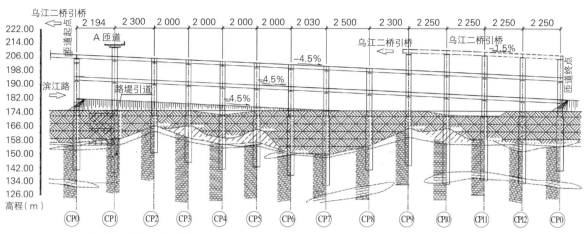

图 7.28　螺旋匝道桥型总体布置图（单位：cm)

内、外幅匝道间距 2.0 m，在内、外幅匝道桥之间设置 13 个桥墩。通过 27 个沿桥墩径向设置的墩横梁将内、外幅匝道箱梁与桥墩相连。其中，1 号～25 号墩横梁将内、外幅箱梁与桥墩连为一体实行墩梁固接，仅在 0 号、26 号墩横梁上设置拉力支座。内、外幅匝道在整个桥跨范围内均为连续结构，仅在螺旋匝道起始端与引桥交接处、结束端与路堤引道交接处各设一道伸缩缝。内、外两幅箱梁通过平转使顶面倾斜实现设超高横坡。

（2）结构构造设计

主梁采用内、外双幅分离式结构，均为单箱单室截面，内幅箱梁顶板宽 11.5 m，外幅箱梁顶板宽 10.0 m；内幅箱梁底板宽 6.5 m，外幅箱梁底板宽 5.0 m，梁高均为 2.0 m（图 7.29）。内、外幅箱梁翼缘板悬挑宽均为 2.5 m，顶板厚均为 25 cm，底板厚均为 20 cm，腹板厚均为 45 cm。在距各实心段一定范围内，箱梁的顶、底板及腹板分别加厚，以增大抗弯、剪、扭的承载内力。

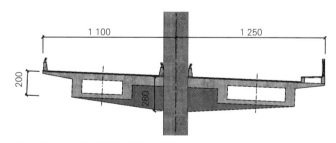

图 7.29　主梁横断面构造（单位：cm)

经过反复分析比较，主梁按普通钢筋混凝土结构设计，主梁内不配置纵向预应力。其原因基于以下考虑：

①由于不受桥面净空限制，主梁的梁高可以做到 2 m，而最大跨径仅达到 28.3 m，主梁高跨比大。在一般钢筋混凝土箱形截面连续梁标准跨径不宜大于 30 m 的合理范

165

围，主梁作为钢筋混凝土受力构件是合理可行的。

②内、外幅箱梁中心线半径分别为 38.25 m、51.0 m。若在如此小的半径张拉纵向预应力，沿程的摩阻损失将非常大，这样势必降低预应力钢材的使用效率。

③预应力钢束的径向力对小半径曲线梁往往造成很多不利影响。在箱梁构造上，预应力筋的径向力使腹板必须加厚，从而增加了整个结构的自重；在整体受力上，预应力钢束的径向力加大了墩柱的弯矩，由预应力产生的二次效应对结构造成不利影响；在主梁的变形上，由于预应力钢束沿梁高度方向的竖向弯曲，使径向力的作用点总是沿梁高度方向在变化，当其作用点与主梁截面剪切中心不重合时，钢束径向力就会对主梁产生扭转作用，不仅增大了截面扭矩，而且会造成曲线梁扭曲变形不一致，使截面向内或向外偏转。

桥墩与主梁通过墩横梁连接，墩横梁内设有横穿桥墩的预应力钢束，以增大截面的抗弯承载能力。

螺旋匝道桥墩均采用 2.0 m×3.0 m 等截面矩形墩，墩高 27～39 m，所有桥墩沿道路中心线径向设置。桩基础采用直径为 4.0 m 单根桩基础，桩长 23～39 m。

2）结构计算分析

（1）整体空间计算模型概况

采用通用有限元分析程序建立涪陵乌江二桥螺旋匝道整体有限元模型。计算模型中，结构各构件包括内外幅箱梁、桥墩、墩横梁及桩基等各组杆件均采用三维梁单元模拟。考虑到桩基将穿过厚 20～33 m 覆土层及弱风化带嵌入基岩持力层中。因此，不可忽视桩在土中水平向的位移对墩内力的影响，故将桩-土共同作用在整体模型中同时考虑。

成桥阶段整体计算考虑的工况有：恒载、混凝土收缩徐变、汽车活载、人群荷载、整体温度和梯度温度作用、车辆离心力和制动力、引桥支座摩阻力。同时，对结构进行整体静力稳定性分析。

（2）整体空间计算主要结论

对结构的三维整体分析计算分析结果表明：整体结构受力体系明确，结构受力满足设计功能要求。螺旋匝道结构新颖，结构受力空间效应非常明显。作为整体连续结构，虽受力较复杂，但传力途径清晰流畅。将桥墩均设置于内、外两幅匝道之间提升了结构的使用效率。

由于螺旋匝道墩梁固接、整体共同受力的特点，在恒载作用下，整个结构的内力分布是匀顺的。桥墩虽然较高，但对车辆荷载偏载作用下以及汽车制动力、离心力、作为引桥的共用墩的墩顶支座摩阻力作用下，产生的不利因素反应不敏感，对温度作用的反应较敏感。

由于螺旋匝道墩梁固接，不设支座，全桥之间不设伸缩缝，在各种工况作用下，主梁的变形是连续的。这样的构造避免了曲线梁在汽车离心力和制动力长期反复作用下，主梁向曲线外侧及汽车制动力方向水平错位对结构产生的病害。

整体稳定方面，在考虑结构本身自重并在桥面施加活载的情况下，结构的静力稳定安全系数为 27.1。失稳模态为：桥墩径向侧弯。本桥成桥状态的稳定安全系数远远大于 4.0，满足规范中的有关规定。这说明虽仅在内、外两幅匝道之间设立桥墩，但结构的静力稳定性是有充分保证的。

7.5.4　总　结

经过为期 10 个月的建设，螺旋匝道的主体结构施工已经顺利完成（图 7.30）。

图 7.30　螺旋匝道主体建成实景

由以上的介绍可以明显看到，涪陵乌江二桥螺旋匝道结构形式新颖，空间受力特性明显。通过对该匝道的空间计算分析和详细结构设计，可以认为该结构造型独特、结构合理，在满足景观和使用要求的同时，保证了结构优良的力学性能和材料使用效率。在结构设计中运用了新颖的设计思想，实现了景观立交桥的新思路。从建成后的效果看，说明设计构思正确，构造措施可行。在立交匝道桥设计中尝试这种结构形式，不仅可以在有限的平面空间实现竖向大高差充分连接，而且结构形式新颖、独特，更是充分利用环形匝道的特点，实现多层、长联墩梁结构一体化的设计。

第8章 山地城市人车协调

山地城市的起伏地形，造成了城市土地资源紧缺、交通联系障碍，机动车道常常无法遍布居民出行的每一个地点。在那些空间局促且高差大的地段，就借助人的步行能动性，通过台阶、坡道、跌落平台及架空廊道等进行联系，步行成为山地城市重要交通联系手段。山地城市三维立体的城市空间形态使得城市立体化步行系统的发展成为可能，其起伏的地形为人车立体分流及三维立体化的交通转换提供了天然基底。

绿色交通是一种环境友好型的交通方式，这与山地步行系统的目标相吻合，"生态环境和景观享受"应当纳入山地步行系统规划当中。

①生态环保的步行：考虑到山地城市生态环境更为薄弱，自然地形、地质条件状况对步行网络的布设起着至关重要的作用，山地步行系统建设应当尽量与城市绿化体系廊道相结合，在具体的技术处理上应当充分体现绿化生态效应，减少对地貌和原生植被的破坏，突出绿色环保的交通理念。

②景观享受的步行：如何将山地城市良好的山水景观与步行系统结合，使步行出行成为具有吸引力的活动，也是主要特征之一。强调步行过程中人的视觉感受，人们在山地步行环境中的景观需求成为规划者重点关注的问题。

如何做到人与车的协调，重庆嘉悦嘉陵江大桥人车分离以及结合跨江桥梁布设步道过江的思考可以提供一种思路。

8.1 重庆嘉悦嘉陵江大桥——纤纤玉手迎宾客，观光长廊览风景

重庆嘉悦嘉陵江大桥（以下简称"嘉悦大桥"）是重庆市快速路"一横线"中跨越嘉陵江的重要节点工程，大桥的建设将会使得

蔡家组团与悦来片区的联系更加紧密，同时也可缩短北碚区与主城区的距离（图 8.1）。

图 8.1　桥面视图

嘉悦大桥设计中有两点属于我市首创：桥型为 Y 形矮塔斜拉桥，主塔犹如张开的双手，迎接到来的宾客，桥型独特优美；车辆与行人上下分流，下端两侧设计成各宽 4.5 m 的 "观光长廊"。

关键技术创新：索辅梁桥、墩梁一体化设计、人性化步道设计

关键技术：28 m 宽单箱单室结构悬臂施工

8.1.1　创新理念

①嘉悦大桥矮塔斜拉跨度 250 m，世界第一；创新地采用 "大跨度索辅梁桥" 结构体系，成为新的世界纪录。桥型优美独特，与周边环境协调一致，成为重庆标志性的桥梁建筑（图 8.2）。

图 8.2　嘉悦大桥实景图

嘉悦大桥桥址处风景秀丽、环境优美，东、西两岸是重庆市今后重点打造的滨江景观带。在此建桥对景观的要求非常高，同时为了满足桥下通航净宽要求，大桥主跨不得小于 250 m。针对这样一种实际情况，创新性地提出了"大跨度索辅梁桥"设计理念。该桥型综合了普通梁桥和普通斜拉桥的结构优点，通过梁和索共同承担荷载，充分发挥主梁自身的承载能力，有效减小了主梁高度，从而解决了混凝土梁桥自重荷载大的难题。大桥采用 Y 形桥塔，上塔柱向外倾斜，增强了塔身和拉索在空间的层次感，拓宽了车上乘客的视野，犹如张开的双手，迎接到来的宾客，桥型独特优美。

②"人车分离"设计构思，拓展城市桥梁设计新思路。嘉悦大桥要求按照双向六车道另加两侧各 3.5 m 人行道的设计，桥面总宽将达到 35 m。对于 250 m 主跨的索辅梁桥，结构受力所需要的主梁高度较大，结构箱梁翼缘下侧具有足够的空间位置。设计采用人车分流的双层交通组织设计——将人行道布置在桥面箱梁翼缘下层，这不仅提高了行人的行走安全性，更避免了行人对桥面车辆可能造成的干扰，提高了桥面交通通行能力，充分体现"以人为本"的设计理念。

③可单根换索斜拉索体系的应用，降低施工难度，减少后期维护成本。

嘉悦大桥的单根斜拉索最大索力达到 1 100 t，斜拉索成为整个桥梁设计中最重要的环节。为了解决常规斜拉桥中斜拉索更换周期短、换索工期长、换索期间对交通影响大等问题，设计采用了可单根张拉、单根更换的环氧填充型钢绞线斜拉索体系。换索过程中，主梁的受力状态基本不变，可在确保桥面交通正常运营的状态下进行换索施工，从根本上解决了常规斜拉索换索期间对交通影响大的难题。嘉悦大桥施工过程中，成功进行了斜拉索单根换索试验。

④嘉悦大桥主梁首次采用了超大悬臂单室箱形截面，斜拉索锚固在主梁两侧，通过横隔板与箱梁顶板将索力均匀地传递到主梁上，桥面宽度 28 m，悬臂长度 8 m，为国内悬臂长度最大的混凝土箱梁。通过开展超大悬臂索辅梁桥混凝土箱梁模型（1∶3）试验研究，明确了超大悬臂箱梁框架效应、剪力滞效应、大吨位斜拉索锚下受力等特性，验证了超大悬臂混凝土箱梁结构设计的合理性。这对桥梁设计合理性以及施工可操作性起到了重要的作用，对于确保桥梁设计可靠性和耐久性具有十分重要的作用。同时，主梁采用大悬臂单箱单室形式，以降低施工复杂性。

⑤桥塔端斜拉索锚固采用钢 - 混凝土组合结构，受力方式明确，施工便捷。斜拉索的锚固方式是索辅梁桥桥塔设计的关键，嘉悦大桥斜拉索在桥塔端采用钢锚箱与混凝土组合锚固体系，以解决大吨位斜拉索锚固引起的混凝土开裂难题。嘉悦大桥的成功建成证明了这一体系的可行性，积累的技术资料对同类结构的设计、施工和试验研究均具有重要的参考价值。

8.1.2 桥型方案

1）桥跨总体布置

嘉悦大桥桥位区为不对称的"V"字河谷地貌，两岸岸坡呈折线形，河谷最低点紧靠东岸侧。嘉陵江的航道等级为国家Ⅲ级航道，通航的净宽要求不小于 219.5 m，主航道偏向东岸布置（图 8.3）。根据通航专项论证，确定大桥主跨为 250 m，东岸主墩位于地面高程 180.0 m 处，以确保通航安全；西岸桥墩处的地面高程为 167.0 m，在枯水季节进行施工，能够避免出现深水基础，降低工程难度，节省工程投资。

图 8.3　嘉悦大桥桥位地质断面图

2）桥型选择

对于主跨为 250 m 的桥梁，可供选择的桥型众多。斜拉桥、连续刚构及拱桥等均有成功的先例。桥位处河谷底面与顶面的高差近 90 m，桥面设计标高与谷顶等高。采用拱桥方案，则桥梁的矢跨比接近 1∶3，不利于结构受力，若采用增大跨径的方式实现结构受力最优，将大幅增加工程费用。连续刚构桥具有整体性好、施工工艺成熟的特点，但 250 m 主跨规模难以达到梁桥结构可靠性、耐久性和经济性的平衡。250 m 的主跨对于常规的常规斜拉桥而言，并不在其经济跨径范围内，同时过高的桥塔及桥面密集的斜拉索难以与桥位周边的地形匹配，整体景观效果差。矮塔斜拉桥作为由梁桥向斜拉桥的过渡桥型，250 m 正是显示其适应性的跨径。斜拉索如同上移至梁体外部的体外索，能增加结构效率，有效解决大跨径连续刚构桥所面临的使用期间主梁下挠和腹板开裂等难题。上部塔柱的降低以及桥面拉索数量的相对较少，更有利于桥梁与周边景观的融合。

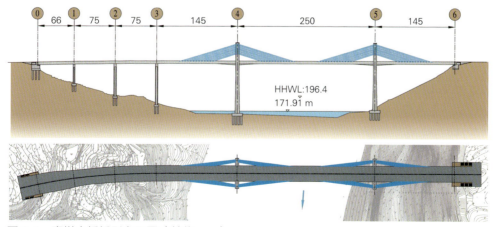

图 8.4　嘉悦大桥桥型立面图（单位：m）

综合各种桥型的特点及适应性，嘉悦大桥最终采用主跨 250 m 的矮塔斜拉桥方案，结合两岸地形条件，全桥跨径布置为（66+75+75+145+250+145）m，桥梁总长 774 m（图 8.4）。

8.1.3　桥塔设计——纤纤玉手

美学上，矮塔斜拉桥具有斜拉桥的纤细柔美，又兼具连续刚构桥的刚劲有力，是一种刚柔结合体系的桥梁。矮塔斜拉桥的上部桥塔比较小，一般在侧面比较窈窕好看，但在桥面上则因为上部的塔柱太短小，没有吸引力。嘉悦大桥方案把这部分向外倾斜，增强了塔身和拉索在空间的层次感，使得上部塔柱变得醒目，同时也拓宽了车上乘客的视野，让他们感觉到行车时眼前的广阔舒畅。这样，嘉悦大桥的桥塔在外观上就是流线 Y 形结构，两个桥塔远观像一双美丽的玉手，轻轻托住"纤细"的主梁，宛如张开的双臂迎接各方来客（图 8.5）。同时，Y 形桥塔下塔柱具有较大的刚度，更有利于抵抗船撞。

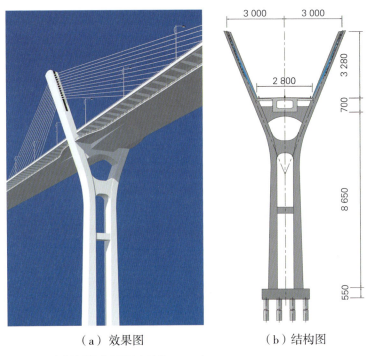

（a）效果图　　　　　（b）结构图

图 8.5　主桥桥塔立面图（单位：cm）

嘉悦大桥基础采用直径为 2.5 m 的挖孔桩基础。Y 形桥塔桥面以下的下塔柱高分别为 88.82 m 和 82.7 m，断面为箱形，从上到下外形尺寸线形增大。桥面以上为上塔柱，整个塔柱均向外倾斜，与竖直方向成 22° 夹角。上塔柱的高度由拉索的空间位置以及桥塔内部的锚固空间决定，塔高 32.53 m。主塔均采用箱形断面，根据壁厚不

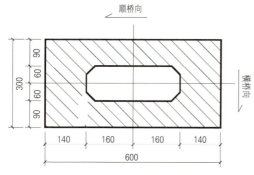

图 8.6　桥塔上塔柱横断面图（单位：cm）

同分为 3 部分，即上塔柱有索区、上塔柱无索区、下塔柱。上塔柱有索区横桥向壁厚 0.4 m，顺桥向壁厚 0.8 m；上塔柱无索区横桥向壁厚 0.9 m，顺桥向壁厚 1.4 m（图 8.6）；下塔柱横桥向壁厚 0.9 m，顺桥向壁厚 1.4 m。整个桥塔外形纤细优美，与当地的地形条件相适应。

嘉悦大桥斜拉索在桥塔上的锚固通过钢锚箱，采用夹片锚直接锚固于塔壁内侧。钢锚箱为箱体结构，箱宽 1 600 mm，长 4 400 mm，高 1 618.7 mm，主要结构由侧拉板、端部侧压板、锚垫板、临时施工平台肋、外围剪力钉等组成。其中，侧面拉板主承担斜拉索水平拉力，板厚 50 mm；端部侧压板与侧拉板一起构成箱体框架，板厚 40 mm；剪力钉主要将斜拉索的力传递到锚箱上（图 8.7）。斜拉索在索塔上的索距统一为 1.5 m。

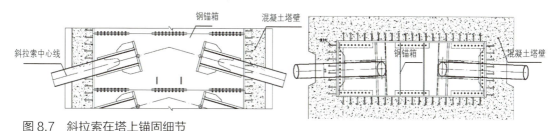

图 8.7　斜拉索在塔上锚固细节

8.1.4　人行系统设计——景观长廊

大桥两岸布置的桥头公园为人们提供了一个休闲、娱乐的空间，依山而建的"绿色步道"更是今后居民健身、观光的最优选择。如果能通过大桥将东、西两岸的步道延伸至江上，成为一个"山、水、园林"的整体，将有效提升桥位环境的景观效果（图 8.8）。

图 8.8　桥头整体景观平面

173

通常，人行道布置在桥面顶部、车行道的两侧，桥面车辆行驶造成的噪声和尾气污染都不利于"绿色步道"的打造。嘉悦大桥主梁采用的是单室箱形截面，外侧悬挑长度达 8 m，桥面板下方的空间是布置人行道的最佳选择。一方面，人行道位于桥面下，有利于增大人行道宽度，桥面板起到为行人遮风避雨、阻隔桥面噪声的作用，增加人行舒适度；随着人行道标高的降低，其与两岸步行道的连接也更为顺畅。另一方面，人车分流的双层交通组织方案，使不同的交通严格分道行驶，避免行人对桥面车辆可能造成的干扰，提高了车辆和行人的通行能力及安全性，便于交通管理。

大桥主梁高度为 5 m，悬臂宽度为 8 m，为避免刮风下雨影响桥下行人，确定桥下人行道宽度总宽 4.5 m。这样既提供了足够的空间，确保行走舒适性，又不增加过多的结构自重，影响工程投资。人行道附着在主梁腹板上，靠连接键连接于主梁腹板与梁肋上（图 8.9）。采用型钢与钢板组合而成，桥面铺彩色橡胶砖（图 8.10）。

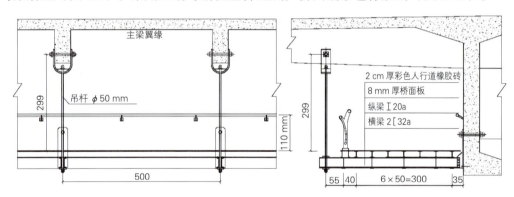

图 8.9　人行道构造设计（单位：cm）

| （a）人行道长廊 | （b）人行道外观 |

图 8.10　成桥人行道实景

在大桥两端通过设置下穿通道连接左、右两侧人行道，并且在人行道端头设置无障碍坡道，同时在人行道内侧设置盲道，实现全桥的无障碍通行。在两桥塔位置，设置了外伸的观景平台，供行人休憩观江。为确保行人安全，在下层人行道全线设置监控设施，预防桥上突发事件。

在嘉悦大桥的设计过程中，通过对区域规划定位、周边地形环境条件、交通流量的深入研究，确定采用 Y 形桥塔的矮塔斜拉桥方案，在体现桥梁景观创新的同时，提高资源利用效率，实现良好的工程经济性。人车分离的桥面交通布置，不仅提高了桥面交通通行安全与通行能力，并且下层人行道与两岸的桥头公园融为一体，成为跨越嘉陵江的"景观步道"，充分体现了"绿色、生态、环保"的设计理念。

8.2 山地城市桥梁过江步道思考

步道，就是只能步行的城市小道。山地城市是一个建在山地的城市，许多相邻的地方落差高达几十米，交通只能靠这种爬坡上坎的城市小道。历史悠久的山地城市，从古至今走出了多条盘山的步道。如今的步道，维护和保持了老山城的行走爬山的本色，增加了现代元素，将历史文化与现代景观、健身、观光串联在一起，形成山地城市的地方特色和旅游观光品牌（图 8.11）。沿着条条步道，拾级而上（下），缓慢而行，饱收上下近远美景，赏心悦目，心旷神怡。

图 8.11 山地城市步道

重庆南纪门长江大桥由于规划功能单一，为充分利用桥位资源，利用两岸高地特点以及在北岸渝中已形成山城步道系统，设计考虑在跨江段打造跨江空中花园步行走廊，促进城市空间综合利用，从而形成将过江步道通向南岸，连接两岸步行系统。

8.2.1 创新理念

根据重庆渝中半岛步行系统规划，将依托城市道路及现有步行资源，结合交通站点、"吸引元"以及网络化覆盖等相关需求，形成"五横十二纵一环"的步行休闲廊道结构，联系重庆中心城区主要公共领域圈及特质地区，使城市魅力随步行活动流动起来（图 8.12）。

规划中的第 6 南北纵向步道北起嘉滨路富成大厦，经一号桥中医所、华一路上到业成花园路，再经巴渝世家、通远门、金汤街妇幼保健院，再接放牛巷、马蹄街，最后穿过南区路到达长滨路公园。规划中的第 7 南北纵向步道从黄花园轻轨站起，穿过北区路，经两江丽景酒店、康田城市阳台、胜利路、华一路，上到新德村，再至中山一路路口，经兴隆街危旧改片区，到达石板坡的山城步道，最后经山城巷下到南区路，到达长滨路。南纪门长江大桥北桥头紧邻这两条人行步道。

考虑到过江通道资源的稀缺性，为充分发挥过江通道的作用，在轨道专用桥的基础上引入人行系统，可扩展轨道交通跨江桥的单一使用功能，促进城市空间综合利用（图 8.13）。

图 8.12 南纪门长江大桥与渝中半岛步行网络规划关系示意图

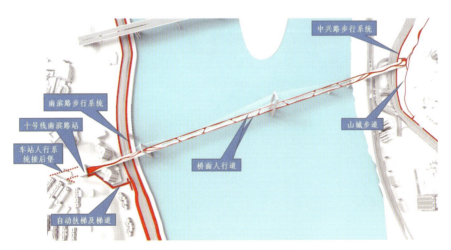

图 8.13 南纪门长江大桥与两岸步行系统关系示意图

设计提出的双层桥面布置钢桁梁方案，采用人行和轨道分层布置，实现行人和轨行区空间上的隔离，解决了行人对轨道交通设备、线缆等设施设备蓄意破坏和偷盗的

图 8.14　人行系统与轨行区空间关系

风险；相对于人行和轨道交通平层布置，减轻了轨道车辆运行造成的气流、震动和噪声对行人带来不适的体验，克服了行人和轨行区相互干扰的问题（图 8.14）。

将人行道布置于钢桁梁的上层桥面并设置景观绿道，打造独具特色的跨江空中花园走廊，可成为重庆新的景点。在为城市创建美好空间的同时，让步行者获得心理和视觉享受，极大地提高了人行过桥的舒适性，并有助于形成公民对城市的归属感和认同感。

大桥北桥头连接着陡峭的山体，上层桥面人行道在北桥头端部通过沿山体修建悬空栈道直接与山城步道相衔接，在大桥上游侧修建一折返式楼梯使得桥上人行道和中兴路地面人行系统衔接（图 8.15）。

图 8.15　双层桥面布置人行系统与北岸人行系统衔接空间关系

177

大桥南桥头紧邻轨道 10 号线南滨路站，上层桥面人行道在南桥头端部直接与南滨路站站厅相连接，通过南滨路站连接南滨路之间 3 号出入口实现与南滨路地面人行系统衔接，通过 2 号无障碍电梯实现与后堡片区的人行系统连接（图 8.16）。

图 8.16　双层桥面布置人行系统与南岸人行系统衔接空间关系

8.2.2　桥型方案

1）桥跨布置

主桥设计起点桩号为 K6+551.491，设计终点桩号 K7+777.491，采用高低塔斜拉桥，跨径布置为（40+170+480+200+110+3×70）m，主桥全长 1 226 m。桥型布置如图 8.17 所示。

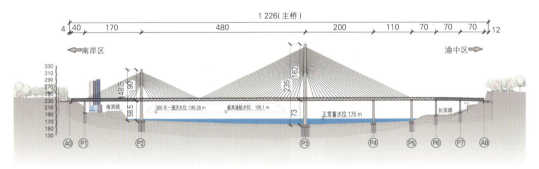

图 8.17　双层桥面布置桥型立面布置图（单位：m）

2）横断面布置

该方案桥梁标准横断面分两层布置：

①双线区间下层标准布置为 1.25 m（检修通道）+0.45 m（防撞护栏）+5.55 m（轨行区）+4.4 m（间隔镂空区）+5.55 m（轨行区）+0.45 m（防撞护栏）+1.25 m（检修通道）；上层标准布置为 1.0 m（拉索区）+2.0 ~ 3.5 m（人行道）+ 3.0 ~ 1.5 m（桥面景观绿化带）+9.4 m（间隔镂空）+3.0 ~ 1.5 m（桥面景观绿化带）+2.0 ~ 3.5 m（人行道）+1.0 m（拉索区）。

②三线区间下层标准布置为 1.25 m（检修通道）+ 0.45 m（防撞护栏）+ 15.5 m（轨行区）+ 0.45 m（防撞护栏）+ 1.25 m（检修通道）；上层标准布置为 1.0 m（拉索区）+ 4.8 ~ 6.9 m（桥面景观绿化带）+ 5.6 ~ 9.8 m（人行道）+ 4.8 ~ 6.9 m（桥面景观绿化带）+1.0 m（拉索区）。

横断面布置如图 8.18 所示。

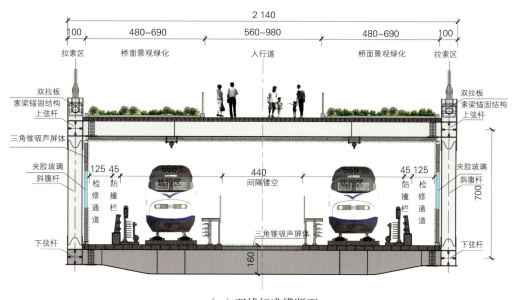

（a）双线标准横断面

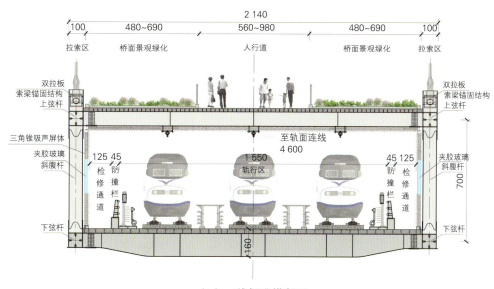

（b）三线标准横断面

图 8.18 双层桥面布置桥型横断面布置图（单位：cm）

3）主梁

该方案主梁采用钢桁架和混凝土桥面板结合的断面布置形式。

主桁构件、桥面系构件材质主要采用 Q345qD 钢材。连接型钢的材质均采用 Q345C，材质和外形尺寸等技术条件均符合相关国家现行标准的要求。高强度螺栓为 10.9s 级，M30 高强度螺栓材质采用 35vB，M24、M22 高强度螺栓材质采用 20MnTIB。螺母、垫圈采用 45 号优质碳素钢。

加劲梁采用钢桁架和混凝土桥面板的组合体系，矩形横断面；钢桁架采用三角桁布置形式，钢桁梁总宽 21.3 m，钢桁总高 7.86 m，上下弦杆及斜腹杆均为箱形截面，其中，斜腹杆与上下弦杆采用插入式或对拼连接方式；桁架节段长度为 10 m（图 8.19）。

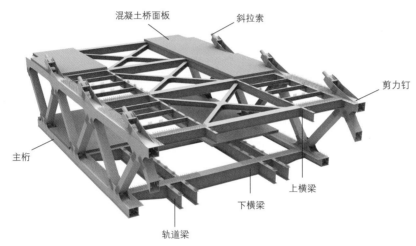

（a）双线区间标准节段

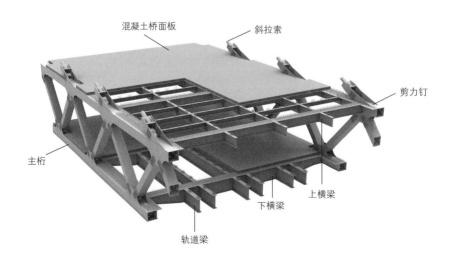

（b）三线区间标准节段

图 8.19　钢桁梁标准节段总体构造示意图

上弦杆箱形截面高为 860 mm，宽为 872 mm，顶底板板厚为 30 mm，腹板板厚为 36 mm；下弦杆箱形截面高为 860 mm，宽为 848 mm，顶底板板厚为 30 mm，腹板板厚为 24 mm；腹板箱形截面高为 600 mm，宽为 800 mm，顶底板及腹板板厚均为 16 mm。

4）景观设计

大桥连接两岸的周边用地多为居住用地，居住人口高度集中。考虑到过江通道资源的稀缺性，在大桥设置人行步道对完善都市步行系统，改善通行条件和步行环境具有重要意义，能够更便捷地服务桥梁两岸居民和来渝观光游览的游客。依据桥址现状为滨河山地地形的特点，可以充分利用桥面自有的高度形成江上观景平台，为人们的通行、健身、游憩和观景提供高品质的户外空间，也充分利用和发挥了轨道桥梁的建设的附加价值，漫步江上空中花园的步行体验将进一步提升重庆城市名片形象（图 8.20）。

图 8.20　桥面空间不同区域的视觉效果

绿化与景观能为步行环境增加更多的人性化尺度和提供更舒适的行走体验。钢桁梁双层桥面方案桥面景观绿化本着"生态、环保、和谐"的设计理念，通过绿色植物造景得以体现。通过运用几种不同的植物元素与人工造景手法，充分考虑植物的层次、色彩等各项特性，结合植物生长变化创造优美的诗意空间。在桥梁公园平面设计上由山水之形构思而来，人行步道和绿色廊道均以秀美柔和的形象呈现，衔接山城两岸。

　　在景观的处理上遵循简洁大气的植物配置方式。绿化布置在平面上通过不同类型的植物种类搭配，以简洁流畅的平面曲线线条和色彩渐变过渡的形式，实现多种组合变化，体现景观层次的丰富性，既和谐统一又独具特色的整体风貌。

　　视线的通畅应成为布置绿化的重要考虑因素，本方案桥面种植绿化高度低矮，以保证行人观景视线通透；通过局部点缀乔灌草以丰富植物配置，以形成景观视觉焦点的效果，如图 8.21、图 8.22 所示。

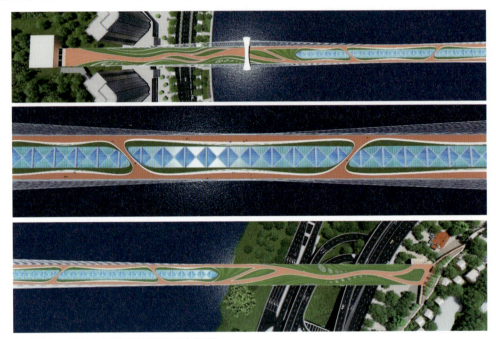

图 8.21　桥面人行道和绿化平面布置图

图 8.22　桥面绿化效果

第9章　中国桥都标志工程

重庆是西南地区和长江上游最大的工业城市之一，拥有西部地区唯一的水陆空三位一体的枢纽交通条件，是长江上游经济带的核心。重庆两江大桥，是东水门长江大桥和千厮门嘉陵江大桥的统称，其位于都市核心区的核心——朝天门，处于两江交汇口。

朝天门码头位于重庆半岛东南端，地处黄金水道要冲，是重庆的重要交通枢纽之一，每天运送数千人游览长江三峡美景，吞吐着上万吨的货物。同时，这里还是中外游人观赏两江环抱重庆渝中半岛、山水相映、百舸争流的好地方，堪称重庆的门户。

在这里建桥，既要融入现代都市核心区，又要体现重庆作为西部重要工业城市的特点，还要结合朝天门地区整体的景观特点，成为重庆的象征。

重庆两江大桥、朝天门长江大桥桥梁区位如图9.1所示。

图9.1　重庆两江大桥、朝天门长江大桥桥梁区位图

9.1 重庆两江大桥——独具匠心双子桥，两位一体新标志

东水门长江大桥连接重庆渝中区与重庆南岸区，千厮门嘉陵江大桥连接重庆渝中区和重庆江北区，无论外形还是功能，都极其相似，因此被喻为"双子桥"或"双胞胎桥"。两桥均是单索面斜拉桥，均为"公路 + 轨道"模式，分为上、下两层：上层设置人行道及双向四车道；下层设置双向轨道线，地铁 6 号线经下层桥面通过长江和嘉陵江。在"公路 + 轨道"模式的大桥中，这种"双子桥"的建造方法目前在世界上仅此一例，称得上是独具匠心。

笔直的拉索尽显张力，曲线的塔柱透出柔和。从空中鸟瞰重庆两江大桥，宏伟、柔美两相宜。两座大桥将"两江四岸"连成一个整体，一气呵成，气势磅礴，已成为两江交汇口一道独特的亮丽风景，吸引着世人的目光（图 9.2 — 图 9.4）。

图 9.2 重庆两江大桥全貌

图 9.3 东水门长江大桥实景

图 9.4 千厮门嘉陵江大桥实景

9.1.1 创新理念

重庆两江大桥，作为重庆新的城市地标，是造型优美、结构合理完美结合的典范，技术上也具有独到的创新。

桥梁的方案构思需要从多方面进行考虑，功能需求、实施工艺、景观造型、经济指标等缺一不可。对于重庆两江大桥而言，由于身处都市核心区，跨越繁忙的航道，需要满

足的要求就更多一些,大致有以下几点:

①航道要求。按照通航论证要求,东水门长江大桥主跨要求不小于 440 m,千厮门嘉陵江大桥主跨要求不小于 252 m。

②交通功能。两座大桥作为公轨两用特大桥,需要满足市政道路和轨道交通两方面的要求。相比而言,轨道交通的要求更严格一些,对于大桥的线形、刚度等指标都有一定的限值。

③景观造型。桥位紧邻两江交汇处,远处南山郁郁葱葱,近处江水奔腾不息,既有湖广会馆古韵流传,又有摩天大楼鳞次栉比,桥梁的造型就显得尤为重要,是这条风景线上的点睛之笔。

基于上述几点的考虑,选择把重庆两江大桥设计成为一个两位一体单索面稀索体系的部分斜拉桥。东水门长江大桥采用主跨为 445 m 的双塔斜拉桥,千厮门嘉陵江大桥采用主跨为 312 m[1] 的单塔斜拉桥,具有以下特点:

（1）桥型布置两位一体,与现状景观有机融合

两座大桥在两江交汇口处分别从南岸区和江北嘴接入渝中半岛,在很多视角都可以同时看到这两座桥的景观。在这些地方,我们能看到南山风景——东水门长江大桥景观——渝中半岛繁华市容——千厮门嘉陵江大桥景观——江北嘴大剧院、科技馆等这样一个连续流动的风景线。重庆两江大桥是连接这条风景线的纽带,两位一体的桥型设计给人带来风景连绵、有起伏韵律的视觉享受,感受到两江交汇处开阔的雄伟气势,令人心胸豪迈,荡气回肠。

（2）桥塔造型新颖美观,别具匠心

方案的索塔造型新颖,柔美的曲线勾勒出水瓶状的主塔外轮廓造型;橄榄叶形的内部线条与外轮廓相得益彰,别致新颖,呈现出简约、秀美而又充满现代气息的艺术风格,与两江口灵秀风光完美匹配。斜拉桥是一种跨越感很强的结构形式,整体给人一种阳刚之美的气势。柔美现代的桥塔造型和张力很强的主桁斜拉体系结合在一起,刚柔并济,既象征了山城大山一般坚毅不屈的性格,体现了山城像长江一样包容万物的胸怀,也表达出重庆这座风景如画、景色秀丽的城市的自然风貌。塔高的选择,既保留斜拉桥索塔自身挺拔、耸立的气势,又综合考虑两岸现状及规划建筑高度的协调统一,使设计桥塔高度一方面不因过于高耸突兀而和大剧院、洪崖洞等建筑景观不匹配,破坏景观画面的整体性;另一方面也不因高度不够而失去结构自身应有的气势。索塔部分的造型还充分考虑到两江水位在枯水期、常水位和洪水期较大的水位变化,研究不同水位对桥塔景观的影响。因此,桥塔处不设置横梁,确保任何水位时都能欣赏到一座美丽、比例协调的结构。桥塔形式的设计选择充分体现了景观和谐、技术领先、以人为本的先进设计理念。东水门长江大桥采用双塔结构,千厮门嘉陵江大桥采用单塔形式,双塔与单塔既协调一致,又各具特色,既相映生辉,又独自成景。

（3）索辅桥梁结构体系独特创新,技术领先

东水门长江大桥与千厮门嘉陵江大桥采用单索面稀索部分斜拉结构体系,充分利

---

[1] 在最终的设计中,在滨江路的外侧增加了一个桥墩,跨度由 340 m 优化到 312 m。

用线路交通所需的主梁高度,改变常规斜拉桥主梁仅承受传递活载作用的受力模式,让主梁和拉索共同承受结构自重,减少拉索数量,很好地解决了密索体系的屏障效应,主梁刚度的充分利用也让结构拥有很好的经济性能指标。合理的结构体系达到功能、经济和景观的和谐统一。

9.1.2 桥型比选

1)项目建设条件

东水门长江大桥和千厮门嘉陵江大桥分别位于渝中半岛的东水门和千厮门处,两桥贯通连接弹子石、解放碑和江北城三大 CBD 片区(图9.5)。桥位地处城市核心区域,该区域为重丘地貌,地形呈中间高两侧低,如龙脊伸入两江交汇口,脊背较宽,脊侧陡峭。区域人口密集,高楼林立,建筑密度大。

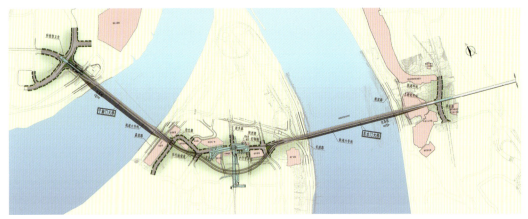

图9.5 重庆两江大桥桥位图

值得指出的是,重庆两江大桥紧邻两个重庆重要的标志性建筑:洪崖洞和湖广会馆。洪崖洞是具有典型古重庆风格的建筑群,而湖广会馆则是具有四百年历史的古建筑群,在设计中必须慎重考虑大桥与周边环境的保护和协调。由于大桥是非常突出的建筑,因此在桥型选择过程中美观是很重要的一个因素。两座大桥的桥型必须满足美观、地理环境和技术 3 个方面的标准。由于她们位于城市 3 个地区之间,也需要与 3 个不同的外部环境保持和谐。她们必须既能相互映衬,也要能独自成景。最后,还要求长江大桥尽量不阻碍城区任何景点的视线。

当地的通航和地质条件要求东水门长江大桥和千厮门嘉陵江大桥的主跨长度分别不小于 445 m、340 m。在千厮门嘉陵江大桥的渝中半岛一侧,其边跨布置受限,因此只能采用独塔形式。

此外,为在下层桥面通行轻轨,大桥的主梁高度是 13 m。与重庆菜园坝长江大桥的情况类似,采用桁架作为主梁的结构形式,是为乘坐轻轨的旅客提供更好的视野,同时使大桥本身具有更高的通透度。

　　大桥首先要满足通航需要的跨度要求，四大桥型里除了梁桥受制于跨度不予考虑，其他 3 种桥型，即悬索桥、斜拉桥、拱桥均可以选择。由于桥位上下游已建成两座拱桥——重庆朝天门长江大桥和重庆菜园坝长江大桥。再考虑拱桥不免雷同，而且拱桥施工难度大、造价高，因此不宜采用拱桥方案，而设计者最初就是从悬索桥和斜拉桥两种桥型进行考虑的。

　　若采用传统斜拉桥方案，会妨碍这座城市的景色。一座 340 m 跨度的独塔斜拉桥，其桥塔塔身将高出桥面约 170 m。加上桥面本身处于常水位约 60 m 的上空，整个桥塔的高度将达到大约 230 m，这比这座城市的几乎所有建筑都高。同时传统的斜拉桥拉索又多又密，进一步遮挡了城市的景色。这样一来，桥型就只好采用部分斜拉梁桥或者悬索桥了。因为这两种桥型都拥有相对较低矮的桥塔和较稀疏的缆索，能对周边空间的影响降到最低。

　　由于这两座大桥与渝中半岛的地理位置关系，很自然，其结构形式应当是相似的。因此，设计师设计了两套方案：一对悬索桥和一对部分斜拉梁桥。

　　2）悬索桥——牵手

　　从环境协调，给洪崖洞和湖广会馆更通透视线的角度来看，悬索桥方案比斜拉桥方案更适合这个桥位（图 9.6）。

图 9.6　悬索桥——牵手

　　每一座悬索桥，都需要在两端设置锚碇，将大缆牢牢固定在地上。如果按照通常的方法，悬索桥方案需要在洪崖洞和湖广会馆附近设置两个巨大的锚碇，这在渝中半岛高楼林立，建筑物密集区域，是一件十分困难的事。设计师在这里采用了一个绝妙的创意，解决了这个难题。连接两桥的轻轨隧道位于渝中半岛的一条街道之下，长约 600 m。设计师的想法是将两座悬索桥的主缆延伸穿越隧道并互相连接，而不是将其单独锚固在地下（图 9.7—图 9.10）。

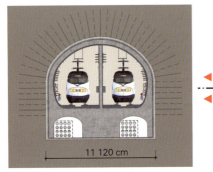

（a）隧道内主缆布置

（b）连接转换示意图

图9.7　隧道主缆对拉索断面图

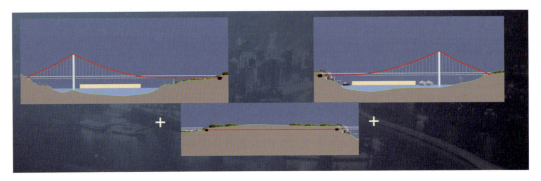

图9.8　悬索桥"牵手"方案（传力简图）

图9.9　悬索桥方案手绘稿1

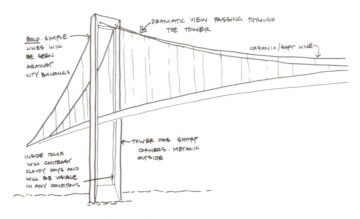

图9.10　悬索桥方案手绘稿2

东水门长江大桥为单塔双索面悬索桥, 其跨径布置:（240+496+112+96） m =944 m; 千厮门嘉陵江大桥为单塔双索面悬索桥, 其跨径布置:（208+496+48）m =752 m（图 9.11）。

（a）东水门长江大桥　　　　　　　　　（b）千厮门嘉陵江大桥

图 9.11　悬索桥方案效果图

3）斜拉桥——双子

另一个设计方案是单索面斜拉梁桥。设计师应用索辅梁桥的设计理念, 最大限度地利用主梁的承载能力, 尽量少用斜拉索, 使得大桥对渝中半岛的美景最少遮挡, 也使桥塔不至于过高而显得突兀（图 9.12 —图 9.14）。

图 9.12　斜拉桥——双子

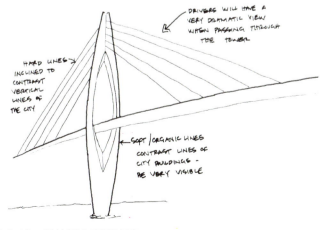

图 9.13　斜拉桥方案手绘稿

（a）东水门长江大桥　　　　　　　　（b）千厮门嘉陵江大桥

图 9.14　斜拉桥方案效果图

最终经过综合比选，重庆两江大桥采用了斜拉桥方案，但悬索桥方案构思奇妙，是为此处量身打造而成的。两套方案各具特点，堪称春兰秋菊，各有所长。

9.1.3　桥梁设计

1）总体设计

东水门长江大桥采用跨径布置为（222.5+445+190.5）m = 858 m 的公轨两用双塔单索面钢桁梁斜拉桥，主桥全宽 24 ~ 39.2 m，每座塔各设置 9 对拉索［图 9.15（a）］。

千厮门嘉陵江大桥采用跨径布置为（88+312+240+80）m = 720 m 的公轨两用单塔单索面钢桁梁斜拉桥，主桥全宽 24 ~ 37 m，设置 10 对拉索［图 9.15（b）］。

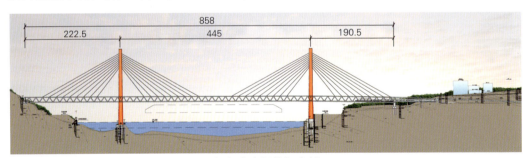

（a）东水门长江大桥

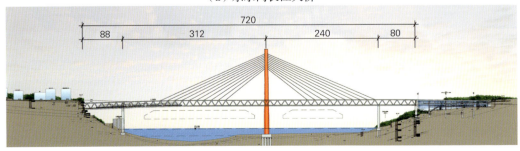

（b）千厮门嘉陵江大桥

图 9.15　重庆两江大桥桥型布置图（单位：m）

重庆两江大桥横断面布置图如图 9.16 所示。

东水门长江大桥标准节段上层桥面宽 24 m,分为 3 m(人行道)+8 m(车行道)+2 m(中央分隔带)+8 m(车行道)+3 m(人行道);下层桥面桁宽 15 m,轨道间距 6 m。

千厮门嘉陵江大桥标准节段上层桥面宽 24 m,分为 3 m(人行道)+8 m(车行道)+2 m(中央分隔带)+8 m(车行道)+3 m(人行道);下层桥面桁宽 15 m,轨道间距 4.6 m。

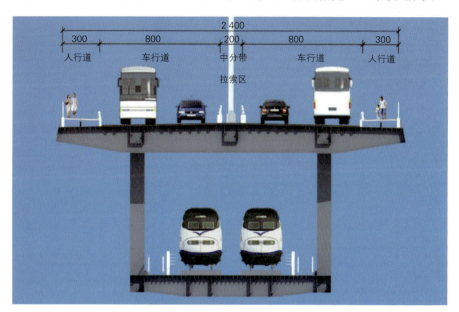

图 9.16　重庆两江大桥横断面布置图（单位：cm）

2）桥塔

从梭形的主塔外轮廓立面看,上塔柱至塔底由一条直线连接两段相切的圆弧勾勒而成;从平面上看,下塔柱均为曲面,由上至下保持相同的圆弧半径,变宽处由直线相连,线形柔美流畅。橄榄叶形的内部线条由上、下两段圆弧组成,与外轮廓相得益彰;梭形变化至橄榄叶形则由两个向内倾斜 8° 的斜面构成。整个桥塔呈现出简约、秀美而又充满现代气息的艺术风格。桥墩在主梁之下开始分成两个塔肢,留出空间放置主梁,然后再收回,这一放一收,将主梁含在桥塔中央。塔肢在顶部收拢,成为斜拉索的锚固区。

由于地形差异,东水门长江大桥北塔高 162.50 m,南塔高 172.61 m;千厮门嘉陵江大桥塔高 182 m（图 9.17）。3 座塔从桥面至塔顶的距离均为 109 m。随着塔高不同,桥塔下部以同样的曲率内收,使得 3 座塔的塔底横向尺寸各不相同,但保证了外形的一致性。

塔柱采用单箱单室结构形式,塔墩采用单箱多室结构形式,塔柱壁厚 1.0 m,塔墩壁厚 2.0 m,考虑景观效果,局部作细节处理。考虑到防撞需要,在 180.0 m 标高以下采用 C20 素混凝土充填。

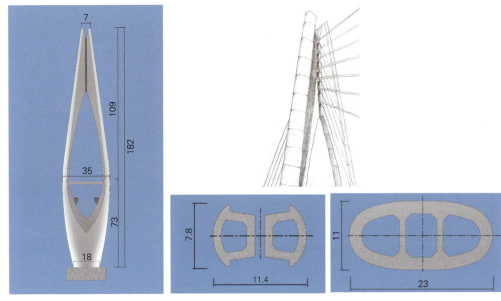

图 9.17　桥塔造型（单位：m）

3）钢桁梁

大桥为公轨两用双层结构，采用现代桥梁中应用广泛的三角桁梁（图 9.18、图 9.19）。除东水门长江大桥桥塔处两个节段长 14.5 m 外，其余节段长均为 16 m，每段钢桁梁整体节段由主桁、上层桥面系、下层桥面系和节点组成。按构件单元也可分为：正交异性桥面板、上弦杆及中纵梁、上横梁、主桁腹杆、下弦杆、下横梁、轨道梁及上下弦节点板。

主桁主要杆件均为焊接箱形截面。其中，下弦杆截面宽 1 200 mm，高 1 600 mm，板厚 24～60 mm；上弦杆截面宽 1 200 mm，高 1 200 mm，板厚 24～44 mm；腹杆截面宽 1 200 mm，高 1 200 mm，板厚 20～44 mm。除部分腹杆按插入式双面拼接设计外，其余杆件均按照四面拼接设计。单个构件最大长度为 16 m，最大安装吊重约 80 t。

上层桥面系采用正交异性钢桥面板，有索区及桥塔根部处无索区桥面板厚 24 mm，其余无索区桥面板厚 16 mm，采用 16 mm×200 mm 板肋加劲，板肋标准间距为 350 mm。沿桥纵向设置横梁，间距为 1.9～2.75 m。

图 9.18　主桁标准节段

下层桥面系采用正交异性钢桥面板，桥面板厚 16 mm、24 mm、32 mm，采用板肋加劲，纵桥向每 4 m 左右设置一道横梁。横桥向共设置两道轻轨纵梁，其中心间距为 4.6 m。每组轻轨纵梁由两片纵梁组成，两片纵梁和横梁直接连为一体，轻轨纵梁上设置整体式混凝土道床板和钢轨，作为地铁的走行轨道。

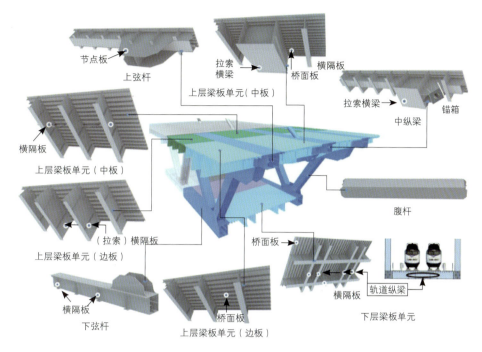

图 9.19　钢桁梁体系

主桁节点均采用整体式节点,节点板最大厚度为 70 mm(桥塔支座处),最大规格为 5 570 mm×3 200 mm。

4)钢锚箱

桁梁锚箱长 7 700 mm,高 2 400 mm,净宽 820 mm;含拉索横梁宽 2 350 mm,顶板厚 50 mm,腹板厚 40 mm,底板厚 30 mm(图 9.20)。

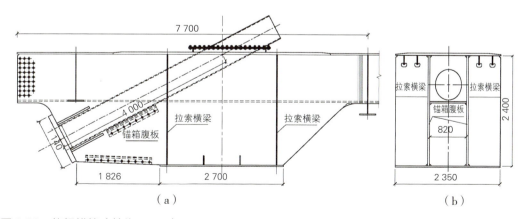

图 9.20　桁梁锚箱(单位:mm)

桥塔锚箱净宽 560 mm，净高 560 mm，顶板厚 50 mm，腹板厚 30 mm，底板厚 50 mm，顶、底板与侧拉板焊接，侧拉板通过剪力钉与桥塔相连（图9.21）。

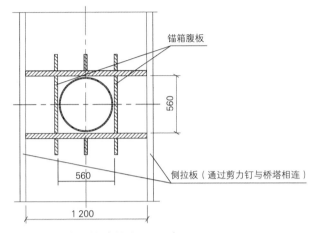

图 9.21　桥塔锚箱（单位：mm）

5）拉索

利用部分斜拉梁桥设计理念，把最不利荷载下的最大索力固定为每根 1 400 t，这使得所有斜拉索都可以采用同样直径大小的缆索。

斜拉索采用平行钢绞线拉索。索体由多股无黏结高强度平行镀锌钢绞线组成，外层由双层同步挤压成形双螺旋线 HDPE 护套管防护。在锚固区，钢绞线由 PE 导管组件防护，其端部浸泡在油脂中（不得在锚固区内裸露的钢绞线之间直接灌环氧树脂、沥青或水泥浆，以造成钢绞线不能单根更换）。钢绞线采用单根穿索、单根张拉、单根测试检查，并可以进行单根钢绞线调索和更换。

斜拉索采用高强低松弛镀锌 ϕ^s 15.2 钢绞线，抗拉标准强度 f_{pk}=1 860 MPa。单根 PE 镀锌钢绞线由 7 根镀锌钢丝绞成，每根钢丝在绞成钢绞线以前外部涂有油脂或蜡，整股钢绞线外挤压 PE（聚乙烯）层的成型钢绞线（图9.22）。

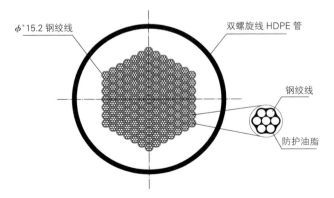

图 9.22　斜拉索横断面

斜拉索上端锚固于索塔上塔柱，间距分别为 3.8 m（东水门长江大桥）和 3.4 m（千厮门嘉陵江大桥），下端锚固于桁梁上层桥面板拉索横梁上，间距 16 m，均在梁上张拉。东水门长江大桥共 18 对永久性索，千厮门嘉陵江大桥共 20 根永久性索，索体规格均为 PE7-139，控制索力 14 500 kN。

9.1.4　桥梁施工

1）桥塔

重庆两江大桥的桥塔采用梭形，高度方向是曲线，底部较窄，中部最宽，顶部又收缩到最窄；水平方向截面也是曲线，两头为圆弧，中间段随着长度增加用直线连接。虽然造型漂亮，但给施工带来很大的挑战，每一节段的模板都需要经过计算，高度、水平两个方向都要吻合整体曲线，最终的整体线形才能流畅。随着桥塔的升高，线形也会发生变化，每一节段的模板都要经过重新计算、调整，才能用于下一个节段。直上直下的桥塔施工速度很快，一套模板可以不经过调整从头用到尾，但造型平庸；曲线形的桥塔施工速度较慢，但考虑到一个工程将矗立百年，虽然牺牲一点施工时间，带来的却是一个流传百世的作品（图 9.23、图 9.24）。

图 9.23　安装桥塔模板　　　　　　　　　　　　　　　图 9.24　流线型的桥塔初具雏形

2）桁梁

重庆两江大桥的主梁是钢桁梁。上层桥面采用正交异性钢桥面板，提供 4 车道市政交通和 2 条人行道；下层桥面采用纵横梁体系，提供轨道交通。钢桁梁施工可分为节段拼装和杆件拼装两种方式，钢结构预先在工厂制作完毕，再通过船运的方式运输到桥位现场进行拼装；考虑到内河船的运输能力有限，重庆两江大桥的钢桁梁施工采用杆件拼装的方法（图 9.25—图 9.28）。

图 9.25　船运钢桁梁杆件

图 9.26　桥塔位置搭设支架，安装首节段

图 9.27　千厮门嘉陵江大桥悬臂施工

图 9.28　吊装上弦杆

3）斜拉索

重庆两江大桥的每根斜拉索由 139 根钢绞线组成，外层采用油脂、套管等加以防腐保护。东水门长江大桥最长的拉索长 213 m，质量为 38.7 t；千厮门嘉陵江大桥最长的拉索长 257 m，质量为 46.6 t。由于张拉需要使用液压千斤顶、油泵等机械，在高空进行操作不便，因此一般而言张拉端都在主梁上，锚固端在桥塔上。采用单根 PE 镀锌钢绞线安装、单根张拉、单根调索、单根换索的施工方案（图 9.29）。

施工控制采取标高与索力双控，施工期间主梁拼装标高允许偏差不大于 5 mm，桥轴线偏差不得大于 5 mm，施工阶段控制标高允许偏差不大于 ±20 mm，主梁上下游控制标高允许偏差不大于 ±10 mm，斜拉索张拉力允许偏差不大于 ±2.5%，且不得大于 50 kN。

张拉斜拉索用千斤顶必须配备经过校核的测力传感器。正常情况下，每施工 4 对斜拉索，必须对张拉千斤顶以及传感器进行标定，并测量一次索塔塔顶偏位。

（a）斜拉索在桥面进行运输

（b）安装斜拉索

（c）张拉斜拉索

（d）张拉完毕进行密封处理

图 9.29　斜拉索施工

9.1.5　主要技术特点和创新点

1）索梁锚固系统

梁上锚固系统采用锚箱式（承压式）连接，桁梁锚点设计为锚箱式传力结构。锚固结构设置于桥面以下，斜拉索水平分力由锚箱和中纵梁的传递，经桥面板扩散至上弦杆由主桁架体系传递；竖向分力由锚箱分配至两片拉索横梁，并由其以弯曲和剪切方式传递至主桁大节点（图 9.30、图 9.31）。具有以下特点：

①锚固结构设置于桥面以下，锚垫板与锚箱之间采用承受压式的锚固方式。斜拉索需穿过桥面板，拉索横梁由于斜拉索穿过桥面板开孔的而采用双横梁。拉索锚固结构和拉索横梁的设置受拉索倾角的影响较大，因此有索区节段的横梁间距较大，因此需要加高桥面板纵肋。

②约 50% 的斜拉索索力直接作用于锚箱腹板和锚箱腹板的加劲肋，进而传递到中纵梁、拉索横梁和桥面板；约 50% 的斜拉索索力作用于锚箱横向承压板和承压板加劲肋，通过锚箱横向承压板与锚箱腹板的 4 条焊缝传递到锚箱腹板，进而传递到中

纵梁、拉索横梁和桥面板。

③锚箱应力分布较为均匀。

④不需要特殊钢材，对钢材的性能也没有特别要求。

⑤工地连接接头较多，锚箱与桥面板采用高强度螺栓连接；高强度螺栓连接数量很多，对安装制造的精度要求较高。

⑥外形通透、美观。

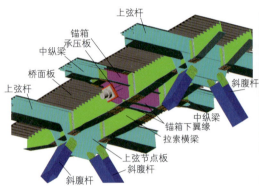

图9.30　索梁锚固系统三维图

图9.31　梁上锚固系统细节

2）索塔锚固系统

斜拉索通过钢锚箱实现在塔上的锚固，为适应景观要求，钢锚箱首次采用外置开放式钢混组合结构（图9.32、图9.33）。即在两个分离的混凝土塔肢之间，通过钢结构锚固构造与相邻两混凝土塔壁的连接，实现索力的传递。

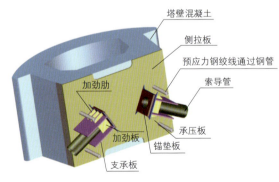

图9.32　塔上锚固系统三维图

图9.33　塔上锚固系统细节

钢锚箱可主要分成锚固横梁和侧拉板两大部件。锚固横梁直接挂住斜拉索，侧拉板则与锚固横梁焊接，同时通过背侧的剪力栓钉，将锚固横梁传递过来的索力传递到混凝土塔壁上，钢锚箱侧拉板顶、底缘也是节段安装的定位基和参照，均水平设置。

两座大桥分别相应设置9节钢锚箱和10节钢锚箱。对应斜拉索的单索面，每节钢锚箱均设置共面的两个拉索锚点。每个锚点均由锚固横梁直接承担索力，而锚固横梁则由两侧的侧拉板组合于一体。借助于组合后的钢锚箱整体刚度，每对斜拉索间的水平分力能部分在钢锚箱内平衡，其余部分则由侧拉板借助剪力栓钉传至混凝土塔壁。拉索竖向分力通过侧拉板传到塔壁后，全部由索塔承受。因此，侧拉板与混凝土塔壁的连接可靠性与耐久性是锚固构造的关键要素。为此，构造上采取下列措施：

①采用较厚的侧拉板（$t = 60\ \mathrm{mm}$），以保证其有较大的自身刚度，有利于将索力均匀地传递到剪力连接件上，再转换至混凝土塔身。

②侧拉板与塔壁的连接采用均匀布置的剪力栓钉实现，剪力栓钉长度大于直径的5倍，利用剪力栓钉的柔性，实现剪力的相对均布。

③由于斜拉索着力点在塔肢截面以外，侧拉板上不仅需要传递平面内的剪力，还需要传递平面外的弯矩和扭矩。因此，设置横向穿过钢锚箱的对拉预应力钢束，保证混凝土塔壁压紧钢锚箱，避免剪力栓钉受到拉拔力的作用。

④侧拉钢板未平衡的水平分力有纵向撕裂混凝土的可能，为加强连接构造的耐久性，在钢混结合的塔壁内，沿纵桥向设置适当规格的预应力钢束。

⑤在钢混结合面的端部（塔壁前壁与侧壁相交处），混凝土较易开裂，为此设置包角钢板，包角钢板沿竖向贯通上塔柱锚索区。

⑥为给后期检测、加强维修预留操作条件，钢锚箱设计时，在上下节段交接处的中部，侧拉钢板间开口，代以混凝土结构。如检测发现塔壁内侧有裂纹存在，在此区域压注加强浆液进行封闭。

9.2 重庆朝天门长江大桥——雄伟壮观第一拱，矗立门户望雾都

重庆朝天门长江大桥桥址位于长江干流和长江第三大支流嘉陵江交汇口朝天门下游约 1.3 km 处，主跨 552 m，被称作"世界第一拱桥"，也是重庆的标志性建筑（图 9.34）。大桥为三跨连续中承式钢桁系杆拱桥，采用上层"汽车道 + 人行道"、下层"汽

图 9.34 重庆朝天门长江大桥守望主城

车道＋轨道线"的"双层通行"模式。当夜幕降临，华灯初上之时，站在朝天门长江大桥上放眼望去，可见岸上万家灯火如璀璨群星，熠熠生辉。长江干流和嘉陵江在朝天门汇合，撕咬翻卷，流急涡漩，犹如野马奔腾，滚滚东去，气势磅礴。

9.2.1 创新理念

1）国内建设情况

在钢拱桥方面，20 世纪六七十年代，在我国的铁路建设方面，建设了一些拱桁组合拱桥 - 刚性桁梁柔性拱圈。例如，在成昆线上建造了迎水河桥、桐模甸二号桥、泸沽安宁河桥、拉旧桥 4 座跨度 112 m 的桥，又在内蒙古黄河大桥（跨度 132 m）、九江长江大桥（主跨 214 m）采用此桥。随着我国经济和交通的发展、钢产量的提高、新钢种的不断研发，钢材用于桥梁工程也日益增多。特别是 2000 年后，我国大跨度钢拱桥的建设掀起高潮，最具代表性的就是 2003 年建成的上海卢浦大桥，主跨 550 m，被誉为"天下第一拱"。该桥两边跨端横梁之间布置强大的水平拉索，以平衡中跨拱肋的水平推力。加劲梁通过吊杆或立柱支承于拱肋之上。边跨加劲梁分别在中跨和边跨的拱梁交汇处与拱肋固结。中跨加劲梁的两端支承于中跨拱梁交汇处的横梁上，端支承为纵向滑动支座，横向和纵向设置阻尼限位装置。

在铁道建设上，有 2004 年建成通车的万州长江铁路大桥采用（168+360+180）m 三跨连续钢桁拱 - 桁梁组合结构桥，两侧边跨为平弦钢桁梁，中跨为刚性拱柔性梁的钢桁拱桥。边跨主桁桁式采用有竖杆的三角形桁式，其中主跨达 360 m，是国内最大跨度的铁路桥梁，也是目前世界上同类型桥梁中跨度最大的重载铁路桥梁。该桥建设过程中，在国内首次运用最新研制的 BWQ-35 型拱形爬坡吊机吊装，采用世界领先水平的拱连续钢桁梁技术。万州长江铁路大桥是三峡库区第一条千米以上的长江铁路大桥。

南京大胜关长江大桥全长 9 273 m，是京沪高速铁路、沪汉蓉铁路的共用过江通道，同时预留搭载南京城市轨道交通（双线）搭载条件（图 9.35）。其中，京沪高速铁路设计时速达 300 km，沪汉蓉铁路为 I 级干线，客货共线，客车设计行车时速为 200 km，南京地铁行车时速为 80 km。主桥采用双孔六跨钢桁拱拱桥方案，中跨 336 m 钢桁拱矢高 84 m，矢跨比 1/4，拱顶跨中处高 12 m，支点处高 53 m，边跨钢桁连续梁桁高 16 m，节间长均为 12 m。主桥横桥向采用三桁承重结构，桁宽 2×15 m，采用正交异性整体桥面。该桥共有 239 孔、240 个墩，基础均为钻孔桩。其中，3 个主墩采用 12.0 m×40.0 m 圆端形空心墩，基础桩径 2.8 m，桩长 105 ~ 112 m。南京大胜关长江大桥成为世界首座多线轨道交通桥梁，同时也是目前世界上设计荷载最大的高速铁路桥梁，被誉为中国桥梁史的第五个里程碑。

以上钢拱桥的建设，充分证明我国在大跨径钢拱桥建设方面已经有长足的进步。我国部分大跨度钢架拱桥一览如表 9.1 所示。

图 9.35　南京大胜关长江大桥

表 9.1　我国部分大跨度钢拱桥一览表

建造年份	桥　名	主跨长（m）	钢梁长（m）	结构特点
2000—2003	上海卢浦大桥	550	750	中承式系杆钢箱肋拱桥，全焊接形式
2003—2006	新光大桥	428	782	三跨连续飞雁式钢箱桁架系杆拱桥
2003—2007	重庆菜园坝长江大桥	420	800	公轨两用的刚构、钢桁梁、钢箱系杆拱组合结构
2004	重庆万州长江铁路大桥	360	696	铁路桥，钢桁拱和钢桁梁组合结构
2004—2008	重庆朝天门长江大桥	552	932	公轨两用桥，钢桁拱和钢桁梁组合结构
2006—2009	南京大胜关长江大桥	336+336	1 615	铁路桥，钢桁拱和钢桁梁组合结构

2）国外建设情况

钢桥首次大量应用于桥梁的是 1874 年修建的美国 Missouri 跨越 Stolouis 的伊兹（Eads）桥。该桥为三跨钢桁架拱桥，跨径为（153+158+153）m，采用悬臂架设法。在钢桁拱桥中，最经典的是建于 1917 年的美国纽约的狱门（Hell Gate）桥，跨径 297 m，它对钢桁拱桥的发展起着重要的作用。在国外的大跨径钢拱桥中，澳大利亚建于 1932 年的悉尼港大桥是公铁两用钢桁架拱桥，桥面设有两条城市电车道（图 9.36）；拱肋采用双铰桁拱，两铰设置在拱肋下弦的两端；钢拱跨长 502.9 m，矢高 107 m，桥面高出海平面 134 m，大桥下可以允许万吨轮船出入，两拱肋中心间距为 48.8 m。拱肋的高度是变化的，拱桁高度在拱顶处为 18 m，在拱趾处为 57 m。钢拱用悬臂法拼装，拱架端部拉撑之一是用 129 根直径 70 mm、长约 366 m 的钢缆临时锚于天然基岩上。钢拱支承于桥墩的硅钢支座上，每个硅钢支座承受的推力达 19 700 t。

图 9.36   悉尼港大桥

钢桁架拱桥的技术进步，从其跨径来看，从 1874 年跨径为 158.6 m 的圣路易桥到 1916 年跨径为 297 m 的狱门桥，42 年中跨径增加 90%；到 1931 年跨径为 504 m 的贝永桥，15 年中又增加了 70%；到 1977 年跨径为 518.2 m 的新河谷桥，45 年仅增加 3%。此后，国外再未有大跨度钢桁架拱桥的修建。可以肯定，在钢桁架拱桥的设计和建造方面，近期的技术突破很少。国外大跨度钢桁架拱桥一览表如表 9.2 所示。

表 9.2   国外大跨度钢桁架拱桥一览表

序号	桥 名	国 家	建成年份	跨径（m）
1	新河谷桥	美国	1977	518.2
2	贝永桥	美国	1931	504
3	悉尼港大桥	澳大利亚	1932	503.3
4	弗里芒特桥	美国	1973	383
5	第一代曼港桥	加拿大	1964	366
6	塔歇尔桥	巴拿马	1962	344
7	拉比奥莱特桥	加拿大	1967	335
8	郎克恩桥	英国	1961	330
9	兹达可夫桥	捷克	1967	330
10	伯钦诺夫桥	津巴布韦	1935	553
11	罗斯福湖桥	美国	1990	329

9.2.2   桥型比选

重庆朝天门长江大桥地处重庆市主城区规划的中央商务金三角地带，西接江北区的五里店立交，东连南岸区渝黔高速公路黄桷湾立交，是重庆主城区向外辐射的东西向快速主干道。大桥两岸分别是重庆船厂和弹子石老城区、将来的轨道车站，以及重庆市重要的商务活动窗口地区。该地区人流量、交通量大，地下管网较为复杂，沿线高层建筑及民用、商用房屋密集。

在众多的桥型结构中，能适合如此大跨的桥型集中在拱桥、悬索桥和斜拉桥，而斜拉桥虽然是值得考虑的桥型，但是由于在大桥下游 2.0 km 左右已建有主跨 450 m

的双塔双索面的大佛寺长江大桥，再考虑重庆市各级部门和群众的愿望，仅在拱桥和悬索桥中考虑。

经过上述论证和实际布跨，前期研究中选出以下 3 个方案进行比较：

方案一：（140+546+140）m 跨径中承式无推力钢桁架系杆拱桥（图 9.37）。

方案二：（230+630+230）m 跨径三跨连续钢桁悬索桥（图 9.38）。

方案三：（140+546+140）m 跨径中承式无推力钢箱拱桥（图 9.39）。

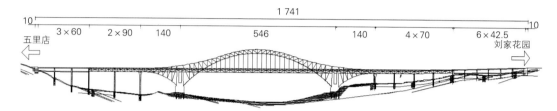

图 9.37 钢桁系杆拱桥方案（单位：m）

1）（140+546+140）m 跨径中承式无推力钢桁系杆拱桥

本方案主跨为 546 m，带有两边平衡边跨，属无推力结构体系。当时在市区两江众多桥型中，除在建设的菜园坝长江大桥为刚构钢箱拱桥外，还没有一座大跨径拱桥，特别是钢桁拱桥。在经济技术有一定可比性下，选择本桥型可为两江景色增辉，具有时代的气息，能担当"门户"的重任。但若采用常规有推力拱桥，由于水平推力太大，需设置庞大的拱座，会扰流碍航。因此采用无推力拱桥，则能有效解决此问题。本方案具有主体突出、外形轮廓柔和、与周边环境融合协调的优点，虽然桥型为 20 世纪 30 年代的结构形式，但其具有古典之美；同时，其大跨径为通航净空留有足够空间。钢桁拱桥典型的实例是澳大利亚悉尼港大桥，主跨 503 m。本方案跨径大，且公轨两用桥在国内外较少，设计、施工均存在一定的技术难度，投资相对较大。

2）（230+630+230）m 跨径三跨连续钢桁悬索桥

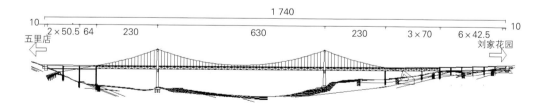

图 9.38 悬索桥方案（单位：m）

本方案主跨为 630 m，三跨连续的悬索桥。当时在市区两江众多桥型中，仅有鹅公岩长江大桥为三跨钢箱加劲梁悬索桥，离本桥桥位约 6 km，三跨连续钢桁悬索桥还没有。在经济技术有一定可比性下，选择本桥型可为两江景色增辉，具有时代的气息，也能担当"门户"的重任。因桥面标高较高，主塔的下塔柱略显得高，造成上塔柱较矮，整体气势上受到影响，但不失为一可比的桥型方案。本方案具有主体突出、外形轮廓显著、与周边环境融合协调也比较好的优点，且属成熟桥型，主塔高耸挺拔，其景观效果好。本桥型抗风及抗震性能好，施工工艺成熟，施工工期较短，无特殊施工难度。其大跨径为通航净空留有足够空间。

3）（140+546+140）m跨径中承式无推力钢箱拱桥

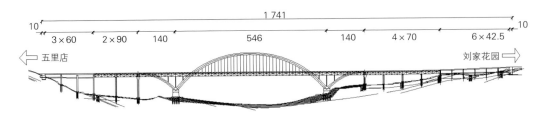

图9.39　钢箱拱桥方案（单位：m）

本方案主跨为546 m，带有两边平衡边跨，属无推力结构体系。与菜园坝长江大桥类似，与国内已建成的上海卢浦大桥基本一致。在经济技术有一定可比性下，具有方案一同样的优点，但是在景观方面比方案一、方案二略差。本方案主体突出、外形轮廓柔和、与周边环境融合协调性尚可，且属成熟桥型；钢箱拱肋自重轻，便于吊装拼装施工，目前上海已竣工通车的卢浦大桥为同类桥型，主跨550 m，可供借鉴。其大跨径为通航净空留有足够空间。本方案跨径大、且公轨两用桥在国内外较少，设计、施工均存在一定的技术难度，投资也相对较大。

结合重庆市建委组织的桥型专家论证会以及会议纪要的精神，与会专家研究推荐（140+546+140）m跨径中承式无推力钢桁拱桥为重庆朝天门长江大桥的首选桥型。

大桥的主跨跨径从546 m变为552 m是在进行初步设计时因详勘地质资料进行调整的（图9.40）。

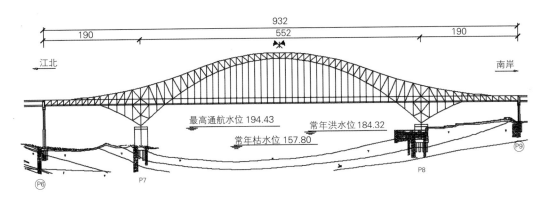

图9.40　主桥桥型布置（单位：m）

9.2.3　桥梁设计

1）结构体系

采用上部桥跨结构与桥墩之间设置铰支座，上部结构自重及运营期间的车辆、行人载货通过铰支座传递给桥墩及基础。三跨布置的桥跨整体受力具有三跨连续梁的特点（图 9.41）。主跨 552 m 范围的大部分结构呈系杆拱的受力特征，竖向载荷作用产生的水平推力由钢制系杆和柔性辅助系杆索承受，不传递给桥墩及基础结构。

三跨连续梁体系保证两岸对称悬拼 552 m 跨中合龙前，两侧主梁为悬臂简支状态，边、中支点相对位置高程的变化，仅影响悬臂简支梁各部位的空间位置，而不会改变合龙前各构件的内力。这有利于主桁拱结构的合龙口相互位置的调整，从而利于主桁拱合龙口的操作控制，保证桥跨结构施工的安全性和便利性。

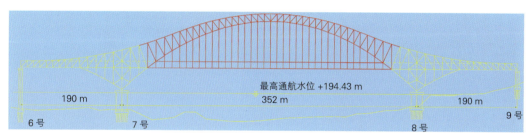

图 9.41　结构体系

2）设计要点

（1）主墩基础

P7、P8 号墩基础为分离式群桩基础，两承台对称桥轴线均为 25 m×19.4 m 长方形、厚 6 m 的钢筋混凝土结构，每一承台基桩为 3 排 12 根桩径 2.5 m 的群桩，每一墩共24 根（图 9.42）。

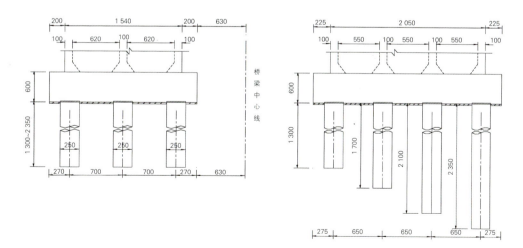

图 9.42　主墩基础设计图（单位：cm）

（2）主墩设计

P7、P8 号墩均为大桥主墩,墩顶均设 14 500 t 球型支座。P7 号主墩墩高 36.0 m,P8 号主墩墩高 26.6 m。整个桥墩墩身横桥向总宽 47.4 m,由两座分离式钢筋混凝土薄壁墩组成,两薄壁空心墩墩身中心距为 37.1 m。为增强两桥墩横向联系,两薄壁墩间设一厚 4.0 m 横板。每座分离式桥墩均为 20.5 m(顺桥向)×15.4 m(横桥向)长方形单箱六室(6.2 m×5.5 m),墩壁厚 1.0 m,墩身内壁上、下两端均设有 3.0 m 长梗肋。墩中央设一道 60 cm 厚横隔板,墩顶部设有高 4.0 m 实体段(图 9.43)。

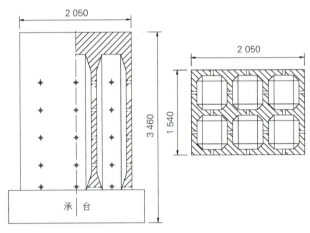

图 9.43 主墩设计(单位:cm)

（3）主拱形式确定

虽然提篮拱具有优美的造型和建成后自身特有的稳定能力等优点,但是对于朝天门长江大桥钢桁架拱桥采用提篮拱,存在以下几方面的问题:

①杆件的类型增多,增加制造、施工成本;

②施工期间的稳定问题和安全问题增加;

③拱圈爬梁吊机的行走系统变得更加复杂;

④拱圈杆件拼装更加困难。

因此,重庆朝天门长江大桥的主体结构为双层桥面的中承式桁拱,采用双片主桁(图 9.44)。

（a）立面视角   （b）车行视角

图 9.44 主拱中承式桁拱结构

（4）主桁设计

①桁架形式确定。重点参阅了日本多座公轨两用桥的结构形式，比如大鸣门桥、北辅瓒濑湖大桥和南辅瓒濑湖大桥以及因岛大桥，这些桥均采用双层桁架式主梁，上层通行汽车，下层为轨道交通，桁架高度 13 m 左右。此外，借鉴香港青马大桥和日本羌马大桥，这两座大桥采用钢箱梁结构，上层通行汽车，箱内为轨道交通，且在箱内轨道交通的旁边还有汽车道路。分析的结论是：由于日本考虑地震较多采用双层桁架方案，而香港青马大桥主要考虑海上风力较大确定钢箱方案。重庆朝天门长江大桥的外部条件比上述桥梁均要优越，结合自身的情况，借鉴国外经验确定本桥为单层桁架形式。同时，为让轨道交通乘客过江时有较好的视觉感受和舒适感，采用完全开敞的桁架梁，并取消斜杆对视角的干扰（图 9.45）。

（a）下层桥面视角　　　　　　　　　　　　（b）立面视角

图 9.45　桁架形式

②桁架杆件截面设计。主桁弦杆为焊接箱形截面，截面宽度有 1 200 mm 和 1 600 mm 两种，截面高 1 240 ~ 1 840 mm，板厚 24 ~ 50 mm。杆件按照四面拼接设计，拼接处杆件高度、宽度均相同，不同宽度和高度杆件之间采用变宽（高）度设计。对于同一杆件，宽度和高度不同时变化。

腹杆采用箱形、H 形及"王"形截面，箱形截面高 1 240 ~ 1 440 mm，板厚 24 ~ 50 mm；H 形、"王"形截面高 700 ~ 1 100 mm，板厚 16 ~ 50 mm，杆件端部按照两面拼接设计。

上层系杆采用焊接 H 形截面，截面高 1 500 mm，宽 1 200 mm，板厚 50 mm。下层系杆采用焊接"王"形截面，高 1 700 mm，宽 1 600 mm，板厚 50 mm。主桁杆件所采用的最大板件厚度为 50 mm，最大长度为 44 m，最大安装吊重 80 t。

③桁架节点设计。重庆朝天门长江大桥主桁节点包含拱肋节点和主梁节点，总数共计 592 个。按构造形式分为整体节点和拼装式节点，其特点如表 9.3 所示。

表 9.3　主桁节点构造形式比较

节点构造形式	主要技术优点	主要技术缺点
拼装式节点	①采用传统制造工艺，工艺简单，技术成熟，制造难度小，费用低；②工厂焊接工作量小	①工厂化程度略低，工地预拼工作量大；②钢材和高强度螺栓用量略多；③节点处构件密封性相对较差
整体节点	①构件整体性好，工厂化程度高；②工地预拼工作量小；③钢材和高强度螺栓用量略少	①本桥特殊节点多，很难进行标准化生产，制造工艺复杂，难度大；②工厂焊接工作量大，制造难度相对较大；③制造费用相对较高

这两种节点形式在国内钢桁梁中均有较多的应用实例，制造技术均较为成熟。结合重庆朝天门长江大桥的技术特点，为降低制造难度、节省工程投资，设计上优先考虑采用拼装式节点。但由于中间支承节点受力非常集中，相邻杆件尺寸和板厚均较大，采用整体节点可以大大减小节点板尺寸。因此，主桁节点在设计上除中间支承节点（E15 节点）采用整体节点外，其余均采用拼装式节点，如图 9.46 所示。节点板最大厚度 80 mm（E15 节点），最大规格为 5 570 mm×7 620 mm（E18 节点），如图 9.47 所示。

（a）现场施工照片

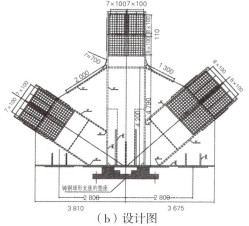

（b）设计图

图 9.46　E15 节点（单位：mm）

（a）现场施工照片

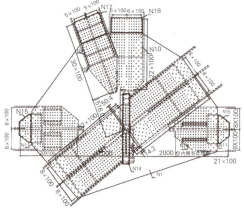
（b）设计图

图 9.47　E18 节点（单位：mm）

④桥面系。上层桥面采用正交异性钢桥面板，桥面板厚 16 mm，采用 U 形闭口肋，沿纵桥向设置横隔板，其间距不大于 3 m；沿横桥向布置 6 道纵梁，在主桁节点处设置一道横梁。下层桥面两侧采用正交异性钢桥面板，桥面板板厚 16 mm，采用 U 形闭口肋，纵桥向设置横隔板，其间距不大于 3 m，横桥向每侧布置 2 道纵梁，在主桁节点处设置一道横梁。下层桥面中间采用纵、横梁体系，其横梁与两侧钢桥面板横梁共为一体，共设置两组轻轨纵梁，其中心间距为 4.2 m；每组轻轨纵梁由两片纵梁组成，两片纵梁通过平联和横联连为一体；纵梁端部通过鱼形板和连接角钢与横梁连接，轻轨纵梁上设置木质桥枕和 60 kg/m 钢轨，作为城市轻轨交通走行轨道。上层桥面在主桁节点外侧设置人行道托架，上置"Π"形正交异性钢人行道板（图 9.48）。

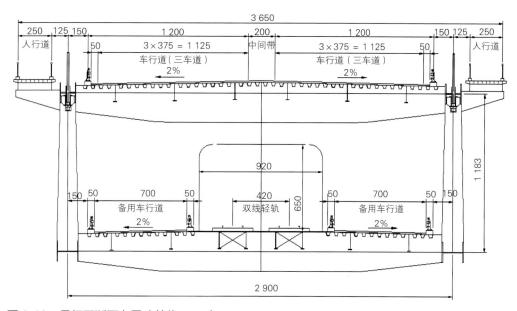

图 9.48 吊杆区断面布置（单位：cm）

⑤平纵联。下层桥面平纵联为交叉型设置，杆件采用焊接工形构件，横梁作为下平联撑杆。拱肋上、下弦平纵联采用菱形桁式，加劲弦平纵联采用 K 形桁式。由于相邻节间存在一定的夹角，平联节点板采用弯折方式进行过渡。上弦 A9 ～ A11 平联作为施工期间的临时平联，在拱肋主桁合龙后予以拆除。

⑥横联与桥门架。主桁拱肋每两个节间设置一副桁架式横联，位于拱肋上下平纵联"m"字形形心处；加劲腿区段每个节间均设置一副桁架式横联。中间支点处设桁架式桥门架，边支点 A1 ～ E1 和 E18 ～ E19 等处均设板式桥门架，E19 ～ E20 处设置桁架式桥门架。

⑦系杆构造。钢桁拱主跨设置有上下两层系杆，立面位置分别在上下桥面行车系的范围内，高度间距为 11.83 m。上系杆主力作用时内力为 27 820 kN，构造采用钢板组成 H 形断面钢制系杆，其结构构造与桁拱杆件相同；下系杆主力作用时内力为 75 840 kN，由于其值较大，为降低钢制系杆的设计难度，下层系杆构造采用 H 形断

面钢结构系杆＋体外预应力索。钢结构系杆端部与拱肋下弦节点相连接，下层体外预应力索锚固于节点端部。下层系杆中设置 4 束高强度钢绞线作为体外预应力，每束钢绞线预先张拉 5 000 kN，使得下系杆钢制断面的最大设计内力减少为 56 320 kN（图9.49）。

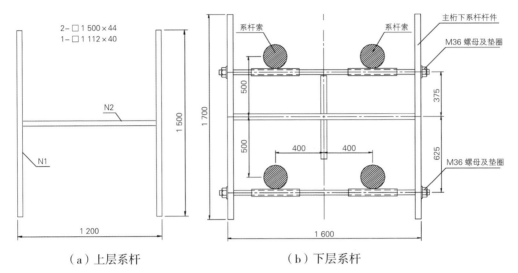

（a）上层系杆　　　　　　　　（b）下层系杆

图 9.49　系杆断面图（单位：mm）

9.2.4　桥梁施工

1）施工临时荷载

安装计算时，施工临时荷载按照以下值计算：吊索塔架自重 10 000 kN；架梁吊机走道 4 kN/m；梁上临时人行道分别为 6 kN/m（上弦）、8 kN/m（下弦）、8 kN/m（中弦）、6 kN/m（系杆）；拱上架梁吊机自重 3 500 kN；桥面吊机自重 1 500 kN；梁端安装脚手架按照 3 个节间考虑，最前端重量为 5 kN/ 个，其余为 15 kN/ 个。总体施工方案布置如图 9.50 所示。

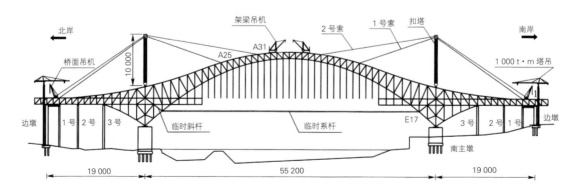

图 9.50　总体施工方案布置图（单位：cm）

2）主要安装步骤

边跨采用部分膺架结合临时墩的伸臂法架设。其中，E1 ～ E3 节点设置膺架，利用墩旁塔吊架设 E1 ～ E3 两个节间钢梁及两个节间的平衡梁，共长 48 m。然后在钢梁上弦拼装架梁吊机，分别在 E6 和 E10 节点设置临时墩，利用架梁吊机分别伸臂 36 m、50 m、80 m 架设钢梁至中间墩。伸臂架设时应在锚跨适当压重，保证抗倾覆安全系数大于 1.3。江北侧边跨不具备通航条件，南岸侧边跨位于岸上，因此边跨安装时考虑采用施工栈桥供料。

中跨采用两侧对称的全伸臂辅以吊索塔架的施工方法，在跨中合龙，中跨安装时考虑从江面供料。中跨安装时，钢梁先整体安装至 108 m（7 个节间），随后仅架设拱肋桁架及吊杆直至跨中合龙。吊索塔架高按照 100 m（指外拉索塔上锚固点至 A15 节点中心距离）考虑，共设两层拉索，前索锚固点分别位于 A25、A31 节点，后索锚固点分别位于 A2、A3 节点，塔架顶部锚固点间距 2 m。中跨钢梁架设时，首先对称伸臂架设至 168 m，同时可以进行吊索塔架的安装，然后挂设内索并进行初张拉，继续架设钢梁，随后挂外索、初张拉、架设钢梁，最后进行跨中合龙。中跨伸臂架设过程中，还应对边跨端部 48 m 范围内进行逐步压重，最大压重量为 1 150 kN/m，全桥压自重总计为 110 000 kN。拱肋桁架合龙时，先合龙下弦再合龙上弦。待拱肋跨中合龙后，安装临时系杆并张拉，完成结构的体系转换，然后逆序逐根撤除拉索及吊索塔架，架梁吊机同时后撤。再利用桥面吊机在上层桥面走行，逐节间安装其余上、下层系杆和上层桥面横梁直至跨中合龙。系杆中跨合龙时，先合龙上系杆再合龙下系杆，系杆合龙完成后拆除临时系杆。然后桥面吊机由跨中后撤，并逐节间吊装下层桥面横梁、平联、轻轨纵梁和上、下层钢桥面板。为部分消除钢桥面板与主桁的共同作用影响，此前所安装的钢桥面板与横梁之间均采用临时连接。全部主构件安装完成后，再进行钢桥面板与横梁之间的正式连接。

主结构安装完成后，安装并张拉辅助系索。全桥附属结构、桥面铺装等全部完成后，辅助系索和吊杆进行全面调索并达到设计要求。

9.2.5 主要技术特点和创新点

1）重庆朝天门长江大桥关键技术和创新点

①根据结构受力特点，主桁杆件选用 3 种强度等级钢材、两种杆件宽度，打破以往国内钢桁架桥杆件设计的传统，使截面选择和结构设计更趋于合理，节省材料。

②首次采用"刚性系杆 + 辅助系索"的组合式系杆，有效降低刚性系杆杆件内力，减小构件规模及用钢量。

③下层桥面采用组合式桥面系，两侧正交异性桥面板满足公路交通需要，中间纵横梁结构体系满足轻轨交通需要，构造简洁，节省用钢量。

④结构采用部分板桁结合的方法，降低板桁温差对桥面横梁受力的不利影响。

2）基于焊接收缩变形及板桁温差的部分板桁结合桥面设计

为解决大桥桥面板与主桁杆件间最大温差9℃对结构局部带来非常不利的影响，结合主桁构造特点，在构造细节具备结合条件的部位：上层 A1 ~ A2 节间、B15 节点、E19 节点、下层 E1 ~ E2、M12 ~ M13 节间和 E18 节点，作为部分结合区段和结合点（图9.51）。新增部分板、桁结合构造，改善了横梁受力和保证桥面连续，同时也不会影响原有主桁结构整体和局部的安全，各部位的应力均在容许范围内。

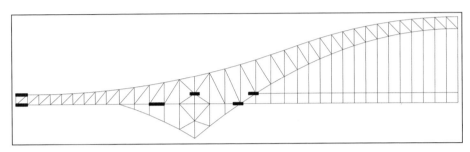

图 9.51　主桁部分板桁结合布置图

3）先拱后梁架设工艺设计

建设中实施的主跨钢桁架设方案为先合龙主跨的钢桁拱，再安装永久钢制系杆和桥面系结构构成的主跨"梁体"至跨中合龙。先拱后梁架设钢桁可大幅减少倾覆力矩量值，有效规避施工过程的安全风险。

桁架结构设计中结合安装步骤，针对主跨桁拱安装时，每侧采用两对临时高强度钢丝扣索和临时塔架辅助的受力系统，借以增加合龙前最大悬臂状态下最大弯矩处的结构高，确保永久主体结构在此工况下各构件的受力在强度的容许范围之内；在边跨端部和临时平衡梁上布置有临时压重物，确保桥跨整体抗倾覆稳定性的安全。

桁拱合龙后，在永久系杆的下方主桁架平面内设置临时系杆拉索，结构形成临时系杆拱的受力体系。通过张拉临时系杆的方式并借助于边支点的高程调整使临时扣索力卸载，让桥跨全结构的最大弯矩由中支点处转移到主跨跨中，同时后期安装结构的自重使桥跨结构增加的受力也主要由临时系杆拱结构承受。增设的临时系杆后，能减少临时扣索的对数及临时扣挂系统的规模。钢桁拱桥安装示意图如图 9.52 所示。

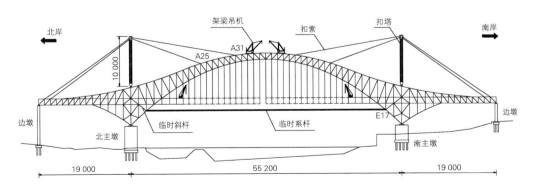

图 9.52　钢桁拱桥安装示意图（单位：cm）

参考文献

［1］黄光宇.山地城市学原理［M］.北京：中国建筑工业出版社，2006.

［2］邓文中.造桥构思［M］.北京：清华大学出版社，2012.

［3］邓文中.桥梁话语：邓文中文选［M］.北京：人民交通出版社，2014.

［4］王福敏，刘亢.山地城市越江复合交通公轨桥隧一体化设计技术［M］.北京：
   人民交通出版社，2016.

［5］杜欣.山地城市桥梁选型与景观研究［D］.重庆：重庆交通大学，2014.

［6］乔丹.山地城市跨江通道规划布局研究［D］.重庆：重庆交通大学，2012.

［7］孙家驷.重庆桥梁志［M］.重庆：重庆大学出版社，2011.

［8］刘安双，刘雪山，代彤，等.重庆石板坡长江大桥复线桥钢-混凝土接头设计［J］.
   桥梁建设，2007(2):35-38.

［9］刘安双，任国雷，马振栋，等.重庆菜园坝长江大桥主拱钢-混凝土接头设计［J］.
   世界桥梁，2006(4):27-30.

［10］刘安双，刘雪山，刘国祥，等.重庆菜园坝长江大桥结构细节设计［J］.公路，
   2007(4):65-68.

［11］赖亚平，杨春，任国雷.涪陵乌江二桥螺旋匝道设计［J］.桥梁建设，
   2007(1):47-50.

［12］马振栋，刘雪山，刘安双，等.重庆石板坡长江大桥复线桥主跨体外索的应用［J］.
   桥梁建设，2007(4):42-45.

［13］马振栋，赖亚平.重庆两江大桥钢桁梁标准化设计的研究与实践［J］.钢结构，
   2015，30(6):22-26.

［14］邓文中.重庆两江大桥设计理念［J］.桥梁，2009(6):4-43.

［15］邓文中.索辅梁桥［J］.桥梁，2008(3):1-3.

［16］马振栋，卢光明，黄刚.高低塔固结体系斜拉桥结构优化设计方法［J］.世界
   桥梁，2015(4):1-5.

［17］陈明栋，陈明，林巧，等.山区河流桥区通航条件和通航安全问题研究［J］.
   水运工程，2009(8):84-88.

［18］丁毅.长联高墩大跨连续-刚构组合梁桥的设计难点及对策［J］.中外公路，
   2014，34(3):135-140.

［19］ 曹洪武.重庆双碑大桥主桥斜拉桥设计［J］.桥梁建设，2010(5):35-38.

［20］ 李芳军.长江上游地区桥梁钢围堰施工方案选择［J］.公路交通技术，2014(2):68-71.

［21］ 杨寿忠，王俊如，向中富，等.前、后支点组合挂篮变形协调性研究［J］.公路交通技术，2013(4):76-81.

［22］ 赖亚平，王科，李锦.泸州沱江四桥主桥扭转、剪力滞效应及关键构造研究［J］.桥梁建设，2016，46(4):17-22.

［23］ 华渝生.重庆石板坡长江大桥复线桥工程［M］.重庆:重庆出版社，2008.

［24］ 华渝生.重庆菜园坝长江大桥工程设计、施工及管理［M］.重庆:重庆出版社，2011.